高维商战智慧

企业盈利破局的底层逻辑与进化之道

王昂 ◎ 著

中国商业出版社

图书在版编目（CIP）数据

高维商战智慧：企业盈利破局的底层逻辑与进化之道 / 王昂著. -- 北京：中国商业出版社，2024. 8.
ISBN 978-7-5208-3084-3

Ⅰ．F272.3

中国国家版本馆 CIP 数据核字第 2024TZ1492 号

责任编辑：黄世嘉

中国商业出版社出版发行
（www.zgsycb.com　100053　北京广安门内报国寺 1 号）
总编室：010-63180647　　编辑室：010-63033100
发行部：010-83120835/8286
新华书店经销
文畅阁印刷有限公司印刷
*
710 毫米 ×1000 毫米　16 开　17.25 印张　273 千字
2024 年 8 月第 1 版　2024 年 8 月第 1 次印刷
定价：78.00 元
* * * *
（如有印装质量问题可更换）

[自序]

唤醒高维智慧，创造无限未来

近年来，直播带货的发展势头很猛，带货人不仅限于专业主播，已演变成"人人可参与"的形态，甚至吸引了众多企业家积极跻身其中。"企业家IP"成为热门话题，电商平台也瞄准了这一市场机遇。得益于新兴服务和技术的支持，企业家们可以轻松地开启自己的直播之旅，无须任何门槛。在此热潮之下，企业家直播有望成为直播带货的新风尚。

我们注意到，越来越多的品牌创始人、企业高管等亲自上阵直播带货，努力塑造个人IP，化身"网红"推广自家企业和产品。雷军、周鸿祎、俞敏洪、董明珠等知名企业家的身影频繁出现在直播间，京东集团创始人刘强东也以AI数字人的形式参与其中。网络上活跃的"企业家IP"日益增多。

随着流量的不断增长，企业家带货的趋势正逐渐渗透到各个行业。例如，钟薛高创始人林盛在入驻淘宝直播的首晚就吸引了84.31万网友观看。华为高管余承东也多次现身直播间，以其科技背景为产品带货，甚至为多个品牌站台，充分展示了企业家直播带货的魅力和影响力。

除了企业家积极投身直播外，"企二代""企三代"们也在互联网平台上崭露头角，精心塑造个人IP，并与家族企业、品牌形成紧密联结。

"我是1999年出生的'企三代'，家族三代都从事商业。如果按小说情节发展，我或许会和兄弟姐妹们争夺家族产业。但就在我以为胜券在握之际，我二叔从英国归来了……"2024年2月，洁丽雅集团董事长石磊的儿子石展承，通过一部名为《毛巾帝国》的短剧，生动演绎了洁丽雅的创业历程。

他在剧中以"毛巾少爷"自居，不仅自己赢得了广泛关注，还让剧中饰演的"二叔"——洁丽雅集团现任总裁石晶的人气急剧攀升。

在"毛巾少爷"与"二叔"的联合带动下，洁丽雅的销售业绩突飞猛进。在2024年5月20日"6·18"大促的首波销售中，洁丽雅天猫旗舰店前四小时的销售额同比激增1300%，荣登天猫家居布艺行业的榜首。而在2024年6月5日，"毛巾少爷"石展承在抖音平台的首场直播带货活动吸引了无数观众，其中"二叔"石晶的惊喜助阵更是将直播推向高潮，他仅出场半小时，便助力销量冲上抖音带货总榜的首位。

事实上，企业家们亲自参与直播、打造个人IP，已成为一种帮助用户更直观地了解品牌的有效途径。通过对网红"企业家IP"的认可和喜爱，用户与品牌之间建立了更深的情感纽带，从而提高了产品的转化率。这无疑是在当前人工智能和数字化迅速发展迭代的大环境下，企业家们与时俱进、紧跟潮流的明智之举。

然而，直播带货并非易事，它需要专业的团队、全方位的解决方案以及高效的策划能力。对于时间宝贵的企业家们来说，如何在繁忙的日程中抽出时间进行高质量的直播，确实是一大挑战。

十几年的创业与管理经历，让我深切地感受到，在商业世界中，从战略到战术，从策略规划到具体执行，都有一个统一的能量场存在。通俗地说，就是企业内部的各个部门高效统一协同运作，最终才能达到理想的效果。而这不是单纯地制定一个战略、策划一场营销活动那么简单，需要企业家高能量、高维智慧来支撑。

在商业语境中，"高维"包含两个方面：一是广阔的"高维视角"，二是强有力的"降维打击"。前者为我们提供更宽广的视野，后者则是我们实施有效竞争的手段。

伟大的创业者之所以伟大，就在于他们具备高维视野和能力，在遇事时能够从上往下洞悉空间能量的分布规律，应对各种复杂情况，化解风险，确保企业的稳健发展；他们内在有道，外在懂术，也就是我们常说的内圣外王。

马斯克之所以能够同时管理九家公司，并不仅仅是因为他高效的做事效率，更重要的是他拥有超乎常人的能量和智慧。这些特质使他能够在有限的时间内做出更多、更准确的决策,从而推动企业的快速发展。同样,稻盛和夫所倡导的利他思维,也是基于他自身的高维视野和能力所得出的深刻洞察。

在全球经济一体化背景下,市场竞争日趋激烈,竞争环境也日趋复杂。如果说过去的商业竞争主要集中于"低维"或"同维"层面的较量,那么现在和未来,我们必须想办法"升维",甚至"错维",站在更高维度上去较量。也只有站在高维视角,掌握高维智慧,才能在未来商业角逐中脱颖而出,胜者为王。

因此,唤醒企业家的高维智慧,是正确决策、制定战略、引领企业创造无限未来的起点。那么,我们如何实现"升维"、获得高维智慧呢?

多年来,通过观察并与那些顶尖的企业家朋友交流,我发现成功的企业家都有两个共性:一是具有前瞻性的商业思维,二是具备与时俱进的商业工具。

如何获得高维智慧?在商界有句老话:创新不如学习,学习不如抄袭,抄袭不如整合。在这个丰富多彩的世界中,你渴望的一切都有可能实现。而你想要的一切,其实这个世界上都有,前提是你要学会整合。在本书中,我将抽丝剥茧地为大家揭开那些高维智慧。例如,现在热门的AI技术,作为一种不可阻挡的趋势,正推动着我们不断前行。所谓趋势,就是不以人的意志为转移,无论我们是否喜欢、是否愿意,都会被这个时代的洪流裹挟着前进。

我一直在思考,我们的工作究竟在解决什么问题?也曾有朋友开玩笑对我说,我们的工作似乎并没有直接产生实际的效益。然而,我每次讲完课或给企业做完咨询后,我都坚定地认为,我们的工作在消除信息差和认知差方面发挥着重要作用。我们收集、处理信息,并以最快的方式传递给更多的小企业,这就是我们工作的意义和价值所在。

因此,今天我将多年来的经验汇成这本书,我自己也感到很荣幸。我知道,就在我夜以继日敲键盘写作的期间,许多企业家仍然在思考是否要打造个人IP,并且总会有些顾虑。他们担心个人IP会给自己带来额外的压力和烦恼,比如失去自由、受到更多关注等。

我想说的是,打造个人IP不仅有助于提升企业的知名度和影响力,还能为企业家自身带来更多的机会和资源。在当今这个信息爆炸的时代,如果我们选择沉默，很可能就会被淹没在信息的海洋中。因此，我们需要勇敢地站出来，发出自己的声音。

只不过，至于怎么发声才最有力量，给竞争者有力地还击，这仿佛是一场通关游戏，更要讲求道与术，以道驭术。比如，在营销的过程中，我们的言论可能会被恶意剪辑、片段化或碎片化传播，甚至被误解和误用。我经营企业多年，也跳过无数次坑。然而，这些都不应该成为我们放弃拥抱这个时代的理由。相反，我们应该学会在风口浪尖上谨慎言行，同时坚持自己的立场和观点。

作为咨询师，我肩负着传播知识、启迪思想的重任。无论我们输出的是创业内容还是商业内容，我们的目标都是让更多的企业家、管理者接触到原本无法触及的商业知识和信息。这是新媒体时代赋予我们的使命和责任。因此，我们应该珍惜这个机会，勇敢地走出自己的舒适区，去迎接更多的挑战和机遇。拥抱机遇不是一股脑儿盲目地向前冲。在追求机遇的同时，更要有长远的规划和全面的考虑。在未来3—5年，数字技术将进一步推动产业升级，引领我们迈进产业互联网时代。这个新时代将见证从消费互联网到产业互联网、从个体经济到产业共同体、从商业互联网到数字互联网的转变，新兴业态将层出不穷。我深感庆幸能生活在这个伟大的时代，并感恩这个充满机遇的时代让我有幸遇到志同道合的伙伴，共同站在正确的赛道上，致力于创造有意义的事业。

在我看来，当一个人拥有权力、财富和影响力时，这实际上是社会给予的一种信任，用来推动社会的进步。根据我多年的观察，如果一个企业家没有坚定的理想信念，一定会被反噬。权力越大、财富越多、影响越广，就越需要用信念来承载。

纵然商业的闯关游戏充满挑战，九死一生，但正是这些勇敢的先行者为社会注入了活力。我们应该为这些勇敢的先行者摇旗呐喊。因此，我也愿意通过自己的力量，为这些企业家打气加油。

最后我想说，无论我们选择说什么、做什么，总会有人支持，也有人反对。但只要我们坚定自己的信念和目标，勇敢前行，就一定能够战胜一切困难和挑战。

经营一家企业，仿佛是种一棵大树，先是在土壤里播种一颗希望的种子，精心培育它生根发芽，茁壮成长。在这个过程中，战略层如同深埋土壤的树根，稳固而深邃，为整棵树提供养分与支撑；战术层则像是伸展在空气中的树枝，灵动而敏锐，捕捉着每一缕阳光和雨露；组织建设与业务设计，便是连接这两者的桥梁，共同构成了企业的坚实骨架。

接下来，就让我们一起踏上这场高维智慧之旅，并以这棵"树"为喻，从根基到枝叶，系统地探索如何一步步长成参天大树。

在创作期间，我看了弘一法师的书，最后，我将其中很喜欢的两句话送给大家：路虽远，行则将至；事虽难，做则必成！

作者

2024 年 4 月

目 录

第一部分　不战而胜

第一章　计篇：不谋万世者不足以谋一时，不谋全局者不足以谋一域 / 003

正道：企业经营，以"计"为首 / 005
顺天：先胜后战，以"势"为据 / 009
立地：五事七计，以"知"为导 / 010
选将：上下同欲，以"人"为本 / 012
修法：用兵之法，以"利"为准 / 014

第二章　势篇：借万物以御天下 —— 做大企业根本无须自己投钱 / 019

时来天地皆同力，运去英雄不自由 / 021
知己知彼，百战不殆：传统企业的阵痛 / 027
人生三借 —— 借智、借势、借力 / 031
不投钱的前提 —— 业务力、组织力、机制力 / 034

第三章　形篇：攻城略地打胜仗 —— 企业先胜后战五部曲 / 039

1个本质：穷则变，变则通，通则久 —— 改变赚钱的底层逻辑 / 041
2个路径：新商业时代的游戏玩法
　　　　　—— 建立顶尖系统与整合顶尖人才 / 045
3个攻略：老板只做三件事 —— 找人、找钱、分钱 / 047

4个思维：互联网思维、平台思维、金融思维、跨界思维 / 050

5个要素：道、天、地、将、法 / 056

第二部分 | 高维增长

第四章 战略模式创新：虚实不露，强弱不泄 / 063

认知破局：用战略的确定性，抵御未来的不确定性 / 065

回归原点：什么才是企业真正的需要 / 071

洞穿本质：为什么你的企业战略无法落地 / 072

突围引擎：企业创新增长三大战略 / 077

第五章 盈利模式创新：守正出奇，大道至简 / 083

别再用产品找模式，而是透过模式去挣到钱 / 085

模式盈利：把用户做大 / 087

产品（服务）盈利：把口碑做好 / 090

品牌盈利：把营销做精 / 094

资源盈利：把平台做强 / 096

系统盈利：把市场做爆 / 098

资本盈利：把资产做轻 / 101

第六章 商业模式创新：功到自然成 / 107

京东：以用户为中心的全渠道平台模式 / 109

小米：把成本变利润的互联网思维模式 / 111

美团：打通本地核心商业的O2O模式 / 113

华莱士：起底"快餐之王"年入35亿元的秘密 / 115

蜜雪冰城：不靠奶茶赚钱的供应链模式 / 118

钱大妈：开启线上社交电商新零售 / 119

郑远元：精准战略破解修脚行业痛点 / 122

第七章　团队创新：人兴财旺，天下无不可用之人 / 125

创建团队：先有人，才有江湖 / 127
顶级老板三件事：吸引人、利用人、成就人 / 131
成大事者先施为怀：让追随你的人先富起来 / 133
人抬人抬成神：一切问题的根源是自己 / 135

第八章　激励创新：一颗心熔铸攻坚铁军，一张嘴领导千军万马 / 137

老板最大的挫败：管束了人身，却未能拴住人心 / 139
造梦：把未来销售给谁，你就收下谁的心 / 141
造神：成为偶像、树立榜样 / 145
造场：让所有人在竞争中进步 / 146
造梯：没有梯子一切梦想都是空谈 / 148

第三部分　持续盈利

第九章　盈利系统：当时则动，物至而应 / 153

价值再造："最好的时代"也是强调价值的时代 / 155
激活组织：形成高山滚石之势，让团队不由自主地冲锋 / 157
系统运营：运筹帷幄之间，决胜千里之外 / 159
顶层设计：没有以始为终的设计，再努力也是无意义的重复 / 161

第十章　机制系统：借力共赢，三分天下 / 165

前面都说好，后面都好说：确立分钱机制 / 167
用赏贵信，用刑贵正：优化奖惩机制 / 169
为员工开设三个账户：现金账户、情感账户、发展账户 / 172
让每个人心中有"数"：职业生涯规划、晋升机制 / 173
一起把盘子做大：定目标、定业绩、定PK / 174

第十一章　渠道系统：以道御术，通天达地 / 177

渠道变现：梦想治百病，变现是王道 / 179
渠道模式创新：从产业整合到利他共赢 / 180
未来渠道风口：S2B2C / 183
没有平台思维，永远只是做销售 / 186

第十二章　招商系统：财聚人散，财散人聚 / 189

老板的最高境界：左手融资，右手招商 / 191
搭建一个卓有成效的招商体系 / 195
招商融资最忌讳的事：主动找别人要钱 / 197
百问百答：让别人主动来问你 / 198

第十三章　路演系统：辞达而已矣 / 201

讲出好项目的步骤 / 203
要讲别人的"想要" / 205
333原则：从喜欢到爱上 / 206
55387原则：你的形象价值百万 / 207

第十四章　营销系统：工欲善其事，必先利其器 / 211

AI引领营销新纪元：机遇与挑战并存 / 213
品牌营销：关键在于"动"起来 / 216
从等客上门到主动出击：打造三位一体的营销团队 / 218
"人工智能+"：AI数字人时代的矩阵策略 / 221

第四部分 | 基业长青

第十五章 做值钱的企业，实现财富跃迁 / 229

企业家要有金融思维 / 231

做有钱的企业，更要做值钱的企业 / 233

消费市场卖会员，创业市场卖模式，资本市场卖股权 / 239

为实体服务，金融思维不能虚无缥缈 / 242

第五部分 | 迈向顶峰

第十六章 万物万联，共生共长

—— 未来的企业不是一台机器，而是一个生态 / 247

物物而不物于物，万物万联是一场挑战 / 249

没有心安的福报，都不会长久 / 252

企业家的最高境界：见自己、见天地、见众生 / 255

企业报国：修身、齐家、治国、平天下 / 259

附　录　王昂商业思考 / 261

第一部分

不战而胜

古人的智慧早已为我们揭示了商业竞争的真相。

在《孙子兵法》的《计篇》中,孙子提出了"以全策争全胜"的思想,他推崇"上兵伐谋",即通过高超的智谋来战胜对手。在众多策略中,他特别强调事先的精心筹谋,制订克敌制胜的作战计划,从而在交锋之前就已稳操胜券。通过深思熟虑的策划,我们能够在战略层面超越竞争者,进而在实际的商业角逐中取得优势。

在商业竞争中,策略的运用需要因人、因时、因地、因事而异,灵活多变。为此,企划成为企业不可或缺的一环。

然而,仅有完美的企划并不足以确保商业成功。《孙子兵法》的《势篇》中指出:"善战者,求之于势,而不责于人。"就是要企业家造能胜之"势",而不是过分苛责下属。在数字化浪潮席卷的今天,传统商业模式已无法适应市场竞争,企业家要以无畏的勇气审视并挑战现状,勇于面对企业的不足,敏锐洞察市场动态,才能引领企业走出困境,盘活企业。

在投身这场由AI驱动、日新月异的新商业博弈之前,我们要善于借鉴古人的智慧,从计到势,再到谋攻与作战,逐步破解商业迷局,重塑商业认知与底层逻辑,躬身入局这场以AI之名迅速迭代的新商业竞争中,为企业的发展注入源源不断的动力和活力,迎接属于我们的曙光。

第一章

CHAPTER 1

计篇：

不谋万世者不足以谋一时，
不谋全局者不足以谋一域

自古以来，兵法、战术与策略在决定胜负中都扮演着举足轻重的角色，商业竞争同样需要深思熟虑的计划和出奇制胜的策略。古人的智慧早已道出了商业策略的核心——"不谋万世者不足以谋一时，不谋全局者不足以谋一域"。

　　在云谲波诡的商业世界中，每一次商业行动都像是一场没有硝烟的战争，企业家既要有长远的眼光，又要有全局的观念。不谋长远者，难以把握当下的机遇；不谋全局者，则容易在局部中迷失方向。就算是短暂的战术上的胜利也可能导致最终战略上的失败。正如历史所见证，项羽虽屡战屡胜，却最终丢失了天下，这正是不看全局、不谋长远的后果。

　　管理的目的，是为了企业的生存与发展。而一个企业的发展，需要从两个维度来考量：一是团队是否能肩负起打造企业美好未来的使命，能否持续创新产品并保持利润增长；二是企业的业务和运营是否能带来稳定、健康的现金流和利润。这要求企业和各层级的管理者都必须具备长远的眼光，对市场变化有充分的预见，对技术发展、团队知识结构以及生产方式等方面的变化，都要有策略性的应对。

　　因此，我们要看得宽广而长远，再回到当下，扎实做好每一项工作。简而言之，就是不要眼高手低，眼界要高远，做事要踏实。只有这样，企业才能稳步前行，实现长远发展。

第一章　计篇：不谋万世者不足以谋一时，不谋全局者不足以谋一域

正道：企业经营，以"计"为首

《孙子兵法》这部中国古老且杰出的兵家经典，不仅在中国军事思想中占有举足轻重的地位，同时也深受全球军事家的赞誉。更重要的是，它已经成为中华优秀传统文化不可或缺的一部分。时至今日，孙子兵法中的基本原则与深远思想，已经渗透到诸多领域。特别是在商业竞争和企业发展的舞台上，其理念得到了广泛的实践与应用。

企业经营，以史为鉴

商场与战场同样需要深谋远虑，许多国外企业家热衷于研读《孙子兵法》，甚至将其视为企业管理的黄金法则，其中蕴含的管理智慧值得我们深入探讨并以史为鉴加以运用。

1. 战略关乎企业生死存亡，不可不察也

"兵者，国之大事，死生之事，存亡之道，不可不察也。"《孙子兵法》的开篇第一句便道出了重点：军事不仅是国家安全的保障，更是民族生死存亡的关键，因此，我们必须对其进行深入研究。在商业领域中，这一理念同样适用，企业战略就如同军事策略一般，关乎着企业的生死存亡。

以柯达为例，这家曾经风光无限的企业，因未能及时洞察数码相机的发展趋势，坚守胶片产品不放，最终因市场环境的巨变而申请破产。同样，诺基亚和摩托罗拉这两大曾经的行业巨头，也因缺乏前瞻性的战略眼光，未能跟上时代的步伐，几经易手后已难复当年之勇。这些都深刻说明了一家企业缺乏战略眼光的严重后果。然而，有些企业却能够成功转型，迎来新的辉煌。以苹果为例，虽然曾一度迷失方向，但在乔布斯回归后，通过推出iPod、iPhone、iPad等创新产品，成功将苹果带回正轨。这也充分证明了正确

的企业战略对于企业发展的重要性。

企业家必须时刻保持敏锐的市场洞察力，紧跟时代步伐，制定并执行具有前瞻性的企业战略，才能在激烈的市场竞争中立于不败之地，实现企业的可持续发展。同时，我们也要不断学习、创新和进步，以适应不断变化的市场环境，确保企业的长远发展。

2. 站在全局的高度抓重点、分主次

"不谋万世者不足以谋一时，不谋全局者不足以谋一域。"《孙子兵法》中的这句话不仅是一句警句，更是一种经营企业的战略思维。其核心思想在于从全局的视角审视并决定商业竞争的胜负要素，深刻把握取得市场优势的关键，以及巧妙运用管理和运营的方法。

尤其是在商战中，无论是分析经济环境与企业发展的关系、经济与商业模式的相互依赖，还是判断市场竞争中的优劣势、协调各个层面的经营策略，《孙子兵法》所展现的整体性、系统性、全局性和互补性思维都极具指导意义。例如，我们接下来要讲的战略预测时要考虑"五事七计"的多元因素，企业管理需"令文齐武"以确保制度与人性的平衡，市场策略要"奇正相生"以灵活应对，商业观念则应"仁诡相济"，既讲诚信又懂策略。

此外，在商展中抓住重点、明确主次同样至关重要。就像《孙子兵法》所强调的，即使企业拥有显著优势，如果资源分散、不分主次，这种优势也会荡然无存，反而可能陷入被动。因此，在全面考虑市场、竞争、产品、服务等各方面因素的基础上，合理配置资源，集中力量突破关键点，是取得商业成功的关键。这正是"并敌一向，千里杀将"的战略在商业中的实际应用，而这种战略思维也是本书的重点内容。

3. 不打无准备之仗，计一定要在行动前

在《孙子兵法》的十三篇中，"计"被列为开篇之作。需要明确的是，这里的"计"并非指阴谋诡计，谋略是术，而经营企业应该先有道。因为战争绝非仅仅依靠小聪明就能取得胜利，而是要通过巧妙的策划来达成目标，这也是我国军事思想中的一项优秀传统。孙子兵法作为计谋的集大成者，特别推崇"上兵伐谋"的战略，即在战争之前进行精心筹划，侦察敌情，清楚地知道敌城险易和我方的士卒数量、训练情况等，从而做出正确的战略决策与作战计划。

这与《三十六计》中的奇谋巧计、阴谋诡计截然不同。《孙子兵法》中的"计",更深层次地指的是计划、布局、计算,通俗地说就是"准备",通过对敌我双方实力的全面评估与对比,以此为基础来判断是否有胜算。只有在确认有胜算的情况下才会出击,否则便选择避战。

同样,在商业世界中,商业策略的运用需要灵活多变,必须根据人员、时间、地点和具体情况来制定。这和带兵打仗是一样的道理,因为经营企业和带兵打仗,本质上都是一个组织和另一个组织之间的对抗,我们可以称之为"争"。而"争"的目的则是"取胜"。为了取得全面的商业成功,就必须做出周全的决策。孙子所倡导的决策优先,"以全策争全胜"的思想,在市场竞争中同样具有重要意义。

然而,要制定正确的战略决策,核心在于明确企业在市场中的定位和主攻方向。换句话说,就是确定企业的主导项目和主导产品,明确企业在市场中的"选位定向"。这是决定企业生死存亡的根本大计。在这个问题上,我们必须投入足够的精力和智慧,因为决策上的微小差异,都可能在企业运营中产生巨大的影响。因此,对于企业来说,在开展任何项目时,一定要在行动之前制订周详的计划,判断清楚胜负的可能性之后才能有下一步行动,绝不能打无准备之仗,切不可轻率行事。

尤其是在面对实力强大的对手时,我们应秉持"实而备之,强而避之"的策略。若无法确保胜利,则需学会等待时机。然而,人们常陷入一个误区,认为只有积极行动才能抓住机会,却忽略了行动的代价。正如俗话所说:"不作死,就不会死。"当敌方实力雄厚时,我们应采取以下策略:一是严加防备,避免正面冲突;二是保持耐心,静待时机;三是通过外交手段协调关系,化解紧张局势;四是密切观察敌方动态,伺机而动,等待其露出破绽,诱导其犯错;五是一旦看准时机,便应果断出击,一举制胜。

以关羽为例,他虽百战百胜,却终因一次失败而身死名裂。这警示我们,胜利并非只靠勇猛和战斗,更需要策略和智慧。《孙子兵法》有云,真正的善战者并无显赫的智名和勇功,因为他们善于选择战机,只打有把握的仗,避免不必要的风险。他们的战争故事或许不够跌宕起伏,却能够稳操胜券,这才是真正的战争艺术。

只不过,在当下,"不确定性"已经成为我们生活的常态,而"确定性"则成为我们共同追求的目标，如何运用这些历史经验则取决于企业管理者的智慧。确切地说，这就需像我们在开篇讲的那样，唤醒更高维度的智慧。

当你的商业逻辑和智慧上升一个或多个维度之后，逐渐形成了高维商业智慧，那么企业的运作体系在基本面上就渐渐形成了一个统一的商业框架。我举个例子：

- 战略层面：以"第一性原理"为指导，进行深入的战略分析；
- 转化环节：根据战略分析的结果，将其拆解为切实可行的商业模式；
- 战术执行：进一步将商业模式细化为具体可执行的业务形态；
- 持续改进：从小尺度的实践中发现新的机遇，并通过战略分析进行验证，从而形成一个不断优化的闭环系统。

这只是举例，框架内容并不是固定的。但沿着这个思路，就可以更科学地分析当前我们所处的环境。过去，我们凭借一腔热情投身商业和产业项目，资金和人才的支持相对容易获得，只要敢于尝试，就有可能取得成功。然而现在，我们必须先展示出确定性的成果，经过多方讨论和验证后，才能做出明智的决策。与追求高风险、高回报的机会相比，人们更倾向于选择确定性更强、风险更低的道路。毕竟，不确定性往往伴随着未知，而人们对未来的恐惧大多源于对未知的惧怕。

尽管恐惧如同深不见底的海水，但我们对中国未来商业的发展的热情却如同熊熊燃烧的火焰。尤其是在经历了前几年时间的蓄势待发后，这股热情有望迸发出惊人的力量，引领我们迎接更加美好的未来。

洗礼过后，必是新生。

顺天：先胜后战，以"势"为据

孙子说："昔之善战者，先为不可胜，以待敌之可胜。"换句话说，就是要事先创造出一种无法被击败的态势，然后等待敌人暴露出可被击败的破绽。这一原则，同样深刻地影响着现代企业经营的战略思维。

在战争中，"势"代表着敌我双方力量的对比与分布态势。而企业经营中的"势"，可理解为企业在市场中的位置和影响力。一个善于"造势"的企业，能够巧妙利用自身资源和外部环境，构建出对自身有利的竞争格局。这种"势"的营造，不仅是通过广告宣传和形象塑造来达成，它更涉及企业组织结构的布局、内部资源的优化配置、技术创新的持续推进等多个方面。

竞争，从本质上而言并没有以弱胜强的神话

在战场上，并不存在以弱胜强的神话。究其根本，都是通过创造局部的以强胜弱（优势），进而推动全局的胜势。因此，我们必须秉持"先胜后战"的原则，即在战斗打响之前，就做好周密的战略计划和充分的战前准备。

其中的关键在于，抓住两个核心要素：一是构建成本领先优势，确保我们在资源投入上更加高效；二是确保资源的合理配置与及时供给，"兵马未动，粮草先行"。

即便是广为人知的田忌赛马的故事，也深刻体现了"先胜后战"的原则，而并非单纯的"以弱胜强"。田忌通过巧妙的战略布局，以局部的优势对抗对手的相对弱势，从而在局部形成压倒性的力量，最终取得了整体的胜利。这不仅是运气或者智慧，更是对战斗前充分准备和精心策划的肯定。

然而，在商战中，每个企业所拥有的资源都是宝贵且有限的，我们更需要通过局部的造势（快速胜利）来推动整体的发展。

具体而言，企业在"造势"过程中，首先应考虑组织布局的合理性，通

过多元化、集团化的发展策略，形成强大的市场竞争力和风险抵御能力；其次，企业内部资源的配置也至关重要，包括人才、财务、物资等各方面的合理分配与整合，以及建立高效的组织结构和管理制度，打造积极向上的企业文化，这些都能为企业积累起强大的"势"能；再次，通过精准的广告投放和企业形象塑造，企业可以在市场中形成强大的品牌影响力和市场号召力；最后，不断的技术创新和产品升级，是企业保持长久竞争力的关键。只有持续提高产品的科技含量，才能在日新月异的市场环境中"胜敌而益强"，通过不断取得战场上的小胜，逐步改变战略态势，最终实现敌我力量的根本转变，赢得更丰富的资源，为更大的战斗奠定基础。

立地：五事七计，以"知"为导

再好的计划和决策最终都要落地实践。那么，精准的计划和正确的决策源于何处？它源自对主客观情况的深刻理解和全面把握。

知己知彼，以全知求全策

《孙子兵法》的第一篇详细阐述了"五事"与"七计"，其核心理念仍是强调战争前的周密准备。孙子有言："知彼知己，胜乃不殆；知天知地，胜乃可全。"对此，他进一步提出了"五事七计"的战略分析框架（见表1-1）。

"五事"指的是道、天、地、将、法；"七计"则包括主孰有道、将孰有能、天地孰得、法令孰行、兵众孰强、士卒孰练、赏罚孰明。这些要素综合起来，实际上是比较敌我双方在政治清明、天时地利、将领才能、军队法令的执行情况，以及士兵的强弱、训练和赏罚制度等方面的优劣。"五事七计"这一计算体系构成了军事战略的基本面分析。通过计算与对比，我们能够在战争开始之前就对胜负有一个大致的判断。

表1-1 "五事七计"SWOT分析框架

"五事七计"SWOT分析框架	
"五事"（比较事项）	"七计"（比较结果）
道	主孰有道
天	天地孰得
地	天地孰得
将	将孰有能
法	法令孰行、兵众孰强、士卒孰练、赏罚孰明

对于企业而言，通过这一分析框架，我们可以更全面地评估敌我双方的实力，从而据此制定出相应的企业发展战略。不仅如此，孙子还着重强调："故明君贤将，所以动而胜人，成功出于众者，先知也。"这正是以"先知"为胜利的先导，通过"全知"来寻求"全策"，再以"全策"来达成"全胜"的战略思维。

我们应当汲取孙子的智慧，通过"五事七计"战略分析框架，不遗余力地构建精细的信息网络，以全方位地收集、深度分析和高效利用各类信息，诸如当前的时代发展背景、激烈的市场竞争环境以及复杂的竞争对手等，从而确保我们在商战中占据先机，稳操胜券。

正如《孙子兵法》中的《用间》一篇所系统论述的战争情报体系一样，企业在商战中亦需精心打造自己的"用间"之道。例如，定期深入研究消费者行为的微妙变化、紧密跟踪竞争对手的最新动向，以及全面剖析那些能够对公司"赢"局产生深远影响的诸多因素。为此，企业设立专门的战略企划部门，通过与学术界、政界、商界、媒体、咨询公司以及会计师事务所等多元化渠道保持紧密合作，以便更全面地洞察市场环境的瞬息万变。

收集到宝贵的"情报"后，接下来就需要根据双方在各方面的实力对比，精心制定一套企业战略。正如《孙子兵法》所强调的"上兵伐谋，其次伐交，再次攻城"的战略思想，企业在商战中亦应灵活调配整合自身资源，以敏锐地捕捉机遇，并有效控制风险。企业战略往往是一个多元化的组合，旨在应对复杂多变的市场环境。

最后，在确保拥有周密的企业战略后，执行便成为决定胜负的关键环节，而高效的执行离不开"人"。

选将：上下同欲，以"人"为本

企业作为一个由人组成的集体，其成功与否在很大程度上取决于人的因素。了解我的人都知道，我从最初独自一人打拼，到如今拥有一支超过300人的团队，这一路上的艰辛与付出，只有我自己能深切体会。每当回想起这段经历，我都深感人在企业中的重要性。

在这个信息爆炸的时代，商业模式层出不穷，似乎只要复制别人的点子，就能轻松取得成功。然而，真正的成功并非简单复制，而是需要有人去实际执行，将理论落地。理论与实践的鸿沟，需要人的智慧与努力去填补。

企业=人+止，再伟大的愿景也要有人去实现

如果你仔细观察就会发现，企业的"企"字，上面一个"人"，下面一个"止"，无"人"便成了"止"。这个字形象地揭示了人在企业中的核心地位（见图1-1）。

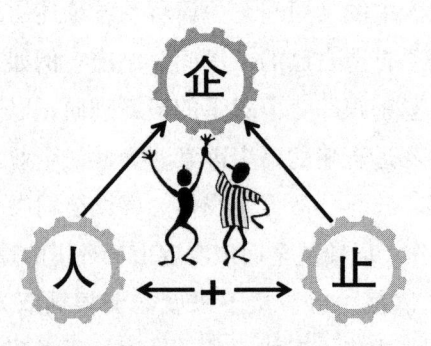

图1-1　企业无"人"则"止"

在这个日新月异的时代，企业必须不断创新才能保持竞争力。而创新来源于人的思维和创造力。只有充分发挥人的主观能动性，才能让企业在激烈的市场竞争中脱颖而出。没有人，企业就会停滞不前，无法持续发展。人是

企业最宝贵的资源，是推动企业不断前进的动力。

《孙子兵法》深刻洞察了人在战争中的主观能动性，并对如何精心挑选、妥善安置、有效管理和紧密团结人才，提供了富有洞见的指导。

1. "国家安危之主"

孙子着重指出将帅是"国家安危之主"，其角色至关重要，选择必须严谨。他明确了将帅必备的五大素质："智、信、仁、勇、严"。智，代表战略智慧与谋略；信，象征忠诚与可靠性；仁，体现对部下的关怀与仁爱；勇，意味着战场上的英勇无畏；严，则是对纪律的严格遵守和执行。

2. "将能而君不御"

孙子倡导"将能而君不御"的理念。这意味着，一旦选定有能力的将领，君主应赋予其充分的自主权，允许其在战场上自由发挥、灵活决策，避免无谓的干预。君主往往对战场的具体状况了解有限，不应束缚将领的手脚。

3. "令之以文，齐之以武"

孙子提出对待士兵要"令之以文，齐之以武"。一方面，通过教育和思想引导，激发士兵为国家和民族的利益而战；另一方面，通过严明的军纪和公正的奖惩制度，确保行动的统一性。

4. "上下同欲者胜"

孙子强调"上下同欲者胜"。一个企业团队，只有上下一心、同心同德，才能形成坚不可摧的力量，奠定胜利的基石。当企业或团队成员都鼎力支持时，我们方可勇往直前；倘若缺乏这样的支持，我们就应审慎行事，不贸然采取行动。这样的智慧，是我们取得最终胜利的重要保障。

如何才能赢得企业团队成员的支持和拥戴？对此，孙子特别提倡爱护和关心士兵，形象地比喻道："视卒如婴儿，故可与之赴深溪；视卒如爱子，故可与之俱死。"这种无微不至的关怀，能够激发士兵的忠诚和勇气，使他们愿意与将领共渡难关，甚至不惜牺牲生命。

修法：用兵之法，以"利"为准

《孙子兵法》之《诡道篇》中讲道："故兵以诈立，以利动；以分合为变者也。"从字面意思来理解，兵以诈立，是踢足球的假动作，并非兵法的根本，更不是价值观。兵以利动，不是见利而动，而是有利才动。

自古以来，战争的核心目标始终围绕着"利"字展开。战争，作为利益争夺的极端形式，这一点在孙子兵法中得到了深刻的阐述。孙子坚信，利益应是所有军事行动的首要原则。他再三重申"兵以利动"，强调只有在有利可图时才采取行动。

如果将这一法则应用到企业经营中，其实有两层含义。

让利给他人（团队成员）——保全别人就是保全自己

前面我们讲到，在企业经营与发展的过程中，没有哪个组织能仅凭一己之力实现壮大。因此，作为企业的"领头羊"，无须事事争强好胜，而应学会"全"——合理让利。商业竞争中的博弈，旨在寻找让各方都能接受的利益平衡点，实现共赢。通过保全他人的利益，我们最终也保障了自己的利益。

正如古人所言："不知诸侯之谋者，不能预交；不知山林、险阻、沮泽之形者，不能行军；不用乡导者，不能得地利。"企业家在用人的过程中亦需深谙此道，只有了解他人的真实意图与客观环境，我们才能做出明智的决策。同理，只有让员工了解在你的企业工作对他有多大的"利"可享可图，才能激活员工的内驱力，为企业创造效益。

让利给消费者——做企业不能失了良心

第二层意思，"兵以利动"是通过权衡利弊、对比成本与收益来衡量的，这与我们现今所讲的效益概念不谋而合。孙子深知战争的双重性，它既能带来国家的繁荣，也可能导致沉重的负担。他不仅指出了战争造成的人员伤亡，还详细计算了战争的经济成本。他阐述道，动用战车千乘，征召士兵十万，长途运输粮食，这一切都需要巨大的开销。正因如此，孙子始终致力于以最小的成本换取最大的军事成果，追求"兵不血刃而利益完整"。这种效益为先的思想，对于企业运营而言，具有重要的借鉴价值。

企业的核心目标在于追求利润，因此，在制定企业战略时，应汲取孙子的智慧，根据盈利的考虑来策划相应的策略。同时，企业在追求利润的过程中，必须恪守社会的法律和道德，不可采取过于极端的手段。

孟子曾言："人之所以异于禽兽者几希。"这微弱的差异，却恰恰是人类独特之处的精髓。那微小却至关重要的差别，便是我们的良心。

良心在人类身上体现为五种心性或情感，它们分别是仁、义、礼、智、信（见图1-2）。

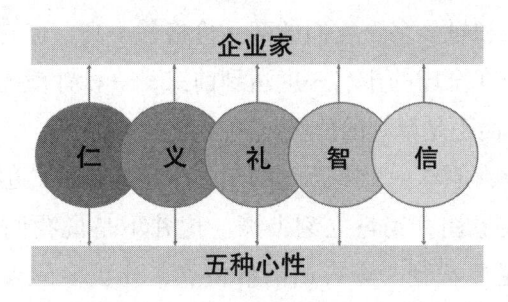

图1-2 企业家应具备的五种心性

1. 仁

人具备恻隐之心，这是仁爱之情的起点。它驱使我们对他人的痛苦与困境产生同情，并激发我们去帮助和关爱他人。

2. 义

人有羞恶之心，它是正义感的源泉。这种心性使我们能够明辨是非，对邪恶与不公产生天然的抵触和反感。

3. 礼

人拥有辞让之心，这是礼仪之道的开端。它教导我们要学会谦让与尊重，以和谐的方式与他人共处。

4. 智

人应具备是非之心，这是智慧的起点。它赋予我们判断对错、明辨真伪的能力，引导我们走向真理与光明。

5. 信

人应具备真诚之心，这是为人处世的根本。它指引我们在人际关系和企业经营的过程中诚以待人走正道。

在中国传统文化中，有两句至关重要的话：其一，人与动物的区别在于人是有心性的；其二，人是有道德观念的动物。若一个人缺失了恻隐之心，那么他便失去了作为人的基本属性。因此，在追求企业利润的同时，我们必须坚守道德的底线，保持那份使人之所以为人的良心。

对于企业而言，树立正确的核心价值观是至关重要的。企业若仅出于牟利之目的而忽视道义，其发展前景必将受限。那些纯粹以赚钱为动机的创业企业，往往难以为继，更无从谈及做大做强。即便短期内取得成功，长远来看也难免遭受社会的唾弃与淘汰。

看看可口可乐和拼多多，它们的商品价格并不高，但它们的销售量却大得惊人。可口可乐在全球的排名一度达到前三，一秒钟就能卖出2000瓶。这就是体量的力量，而不是暴利的价格。

再看看迈巴赫，原本一千多万元的车，少有人问津。但在中国，被奔驰收购后，价格大幅下调，销量立刻上涨。这并不是说我们要降低产品的质量或者价值，而是要找到一个合适的价格点，让更多的人能够接受并购买你的产品。

再比如劲酒，起初只卖3元一瓶，后来涨到5元，但依然卖得很好。为什么？因为它们没有一开始就追求高价，而是先以低价吸引消费者，然后逐步提升价格。牛栏山二锅头也是如此，它们的产品价格并不高，但一年的产值却非常可观。这是因为它们以合理的价格赢得了大量的消费者。

还有一个例子，就是名创优品。它们的产品价格低廉，质量却不错。100元可以在名创优品买一篮子商品。它们卖10元的商品，消费者都会愿意试一试。试想如果单价提高到298元，大部分消费者肯定会犹豫。

很多企业家该醒醒了！做企业可以追逐利润，但不能玩暴利，更不能失去良心。我们应该通过提高销售量，优化管理，降低成本，把利益真正给到员工和消费者，而不是单纯提高价格来获取利润。无论是对于初创企业或个人，即便起初只是为谋生而创业，也应秉持善良与正直，随着企业的发展，再去逐步明确和深化企业的核心价值观，只有这样，企业才能长久发展。

本章所讲的这五计便是使自己"立于不败之地"的"通关密码"。此时，如果认为己方有绝对优势，就出击，一击取胜；否则，就韬光养晦，继续乘势追击，静待"可胜"的时机。

第二章

CHAPTER 2

势篇：

借万物以御天下
——做大企业根本无须自己投钱

商场如战场，传统商业世界充斥着角逐与厮杀。AI 时代让商业世界充满变数，今天的商业更像是一场智者的游戏，一场没有硝烟的战争。想要成为游戏的王者，靠单打独斗，靠一味地烧钱，靠传统模式已经寸步难行。

在 AI 时代，真正好做的生意往往不需要投入太多的资金，甚至可以一分钱不投，前提是你要有整合思维，懂得借的智慧，懂得组团去争取一切可以争取的资源为己所用。

如果一个人的认知与底层逻辑没有改变，此时去创业、去投资，就好比让一个没有学过开飞机的人临阵磨枪，相当于你正在驾驶一架正在极速坠落的飞机。毛羽未成，不可以高蜚。没有认知、没有胆量的创业无异于天方夜谭。你要做的就是在飞机坠毁之前将它修好，并重新冲上云霄。

时来天地皆同力，运去英雄不自由

北宋贤宰相吕蒙正在《破窑赋》[①]中写道："天不得时，日月无光；地不得时，草木不生；水不得时，风浪不平；人不得时，利运不通。"

用现在的话理解，即天空需要适当的时机才能展现日月的光辉，大地需要适当的时机才能滋养万物，水流需要适当的时机才能平静无波，人也需要适当的时机才能顺利前行。

以诸葛亮为例，他在年轻时便展现出惊人的才智和胆略，火烧新野、博望坡和赤壁，帮助刘备打下了蜀汉的基业。然而，当刘备去世，蜀汉需要他独当一面时，他却发现时运已经不在他这一边。那时，曹操已经统一了黄河中下游，深得民心，势力庞大。诸葛亮虽然想恢复汉室，但汉朝已经腐败透顶，这无疑是逆潮流而动。

在上方谷一战中，诸葛亮将魏国30万大军围困，眼看胜利在望，却突然天降大雨，将大火扑灭，司马懿趁机逃脱。诸葛亮无奈仰天长叹"天不亡魏"，感叹时运不济。这充分说明了即使再有才华和努力，如果逆潮流而动，也难以取得成功。难怪很多人说诸葛亮——时来天地皆同力，运去英雄不自由[②]。

古往今来，凡成大事者，必懂借势

荀子在《劝学》中有云："登高而招，臂非加长也，而见者远；顺风而

[①] 《破窑赋》，又名《寒窑赋》《贫贱赋》《劝世章》，民间传说中为北宋吕蒙正的作品（存疑），假托吕蒙正的语气自述从贫苦到富贵的经历，并列举了历史上诸多名人的起伏命运，来说明命运的决定性作用，劝诫世人甘于命运。

[②] 时来天地皆同力，运去英雄不自由：汉语谚语，机遇好时，办事情各方面都来协助；时运不佳时，处处碰壁难以为力，出自《筹笔驿》。

呼,声非加疾也,而闻者彰。假舆马者,非利足也,而致千里;假舟楫者,非能水也,而绝江河。君子生非异也,善假于物也。"

1. 顺趋势

何为"物""时"?

其实就是我们所说的"时势造英雄",也就是趋势,每个时代都有其独特的趋势和机遇。成功的企业家正是善于捕捉这些趋势,顺应时势,从而成就了自己的霸业。

如果你经常关注中国的富豪排名,就可以清晰地看到这种时代特征:40年前,中国的富豪大多是通过能源矿产行业发家致富;30年前,房地产行业成为造富的新领域;20年前,互联网行业的崛起造就了一批新的富豪。而如今,中国的顶级富豪则主要来自小米、美团、拼多多等移动互联网行业。

也许你不禁要问:这些顶级企业并没有扎堆而生,而是均匀分布在各个年代,原因何在?

关键就在于每个企业的发迹都踩中了某个时代趋势的起点。这些企业的决策者们具备了趋势思维,他们能够敏锐地洞察市场的变化,把握机遇,将自己的企业置于风口之上,从而在短短几年间创造出一个又一个的财富神话。

2. 懂借势

在《劝学》中有一个重要的词——借。君子的资质、秉性往往跟普通人没有什么太大的差异,只不过是君子更善于借助外物罢了。在现实生活中亦如此。在漫长的人生岁月里,一个人的力量往往是有限的。面对复杂多变的社会环境和人生挑战,仅凭一己之力很难取得理想的成果。

那么,我们又该如何去达成夙愿呢?

答案就一个字:借——学会借助外力、外物,善于利用有利资源,适时借势。无论是创业投资,还是经营企业,不要总妄想创造认知,要借用认知;不要总妄想平地抠饼,要借用万物。借钱不如借势,毕竟借钱需要还,而借势不用还。懂借势,才有以弱胜强的可能。

那么,如何去借?

借花献佛、借力打力、草船借箭,甚至借酒浇愁、借刀杀人都是"借"。在现实中,借可以分为有形的借和无形的借,如图2-1所示。

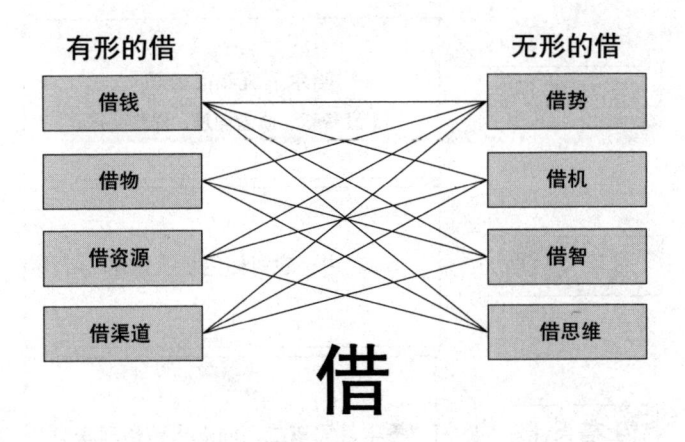

第二章 势篇：借万物以御天下 —— 做大企业根本无须自己投钱

```
有形的借                 无形的借
┌──────┐              ┌──────┐
│ 借钱 │              │ 借势 │
└──────┘              └──────┘
┌──────┐              ┌──────┐
│ 借物 │              │ 借机 │
└──────┘              └──────┘
┌──────┐              ┌──────┐
│借资源│              │ 借智 │
└──────┘              └──────┘
┌──────┐              ┌──────┐
│借渠道│              │借思维│
└──────┘              └──────┘
              借
```

图2-1 各种形式的借

我们再看诸葛亮，作为智慧的化身，他的一生充满了传奇色彩。虽时运不济，但他的许多故事都与"借"字紧密相连。比如，他借天时、借地利、借人和，成功实施了火烧赤壁的战术；他借荆州作为根据地，进而发展自己的势力；他借东风助火势，成功击败了曹操的大军；他通过草船借箭，巧妙地获取了敌人的武器。这些事例无不展现了诸葛亮善于借助各种资源和力量来达成目标的智慧。

然而，诸葛亮所借的并非都需要归还。这是因为他在借的过程中，实际上是在进行资源整合。他将这些资源和力量巧妙地组合在一起，发挥更大的作用。这种整合不需要归还，因为它已经成为一个整体，无法再分割开来。

因此，简单来说，借就是资源整合。

在当前的商业语境中，我们经常听到诸如"白手起家""零资本创业""以小博大"等词汇。这些词汇背后所蕴含的科学理念，实际上是指通过独特的创意、周密的策划、精细的操作以及切实有效的实施，在法律和道德的双重框架内，巧妙地借助他人的资源——无论是人力、物力还是财力——来实现商业目标和赚取利润的商业模式。

蒙牛创始人牛根生曾说过："一个企业90%以上的资源都是整合进来的！"正因如此，即使在没有工厂、没有奶源、没有品牌的困境中，牛根生依然能够引领蒙牛走向成功（见图2-2）。

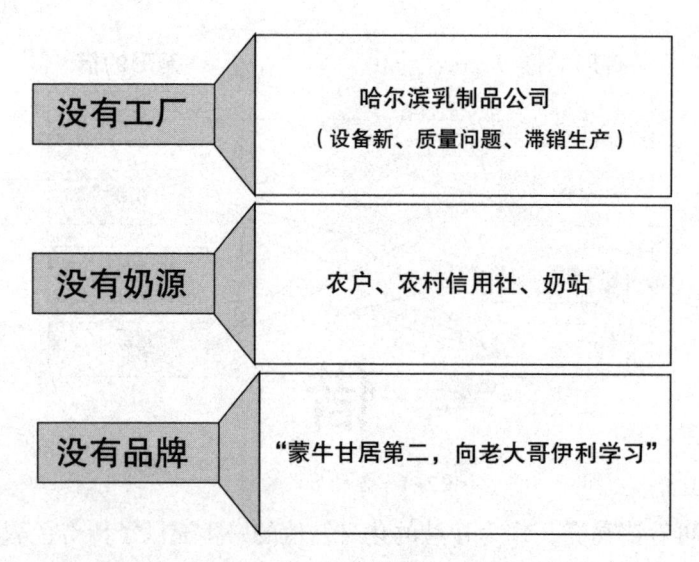

没有工厂	哈尔滨乳制品公司（设备新、质量问题、滞销生产）
没有奶源	农户、农村信用社、奶站
没有品牌	"蒙牛甘居第二，向老大哥伊利学习"

图2-2 牛根生的资源整合能力

牛根生的资源整合能力不仅体现在他对于企业内部资源的优化配置，更体现在他对于外部资源的巧妙运用。他通过与供应商、渠道商、合作伙伴等建立紧密的合作关系，将各方的优势资源进行有效整合，从而实现了蒙牛的快速崛起。

这种资源整合的思维方式和能力，不仅为蒙牛的发展提供了强大的动力，注入了新的活力，也为后来者提供了宝贵的启示。在竞争日益激烈的市场环境中，如何更好地整合内外部资源，发挥各方的优势，将成为企业成功的关键。

整合的最高境界——借天下，御万物

每个人都对成功抱有渴望和向往，但人生的起点并不总是公平的。有些人可能出身贫寒，有些人可能运气欠佳，有些人可能资源有限。然而，这些都不是企业成功的最大障碍。真正的关键在于我们是否能够领悟并真正去实践借的智慧。

要想实现最高效的整合，我们首先要了解资源整合的四个阶段与六个步骤。

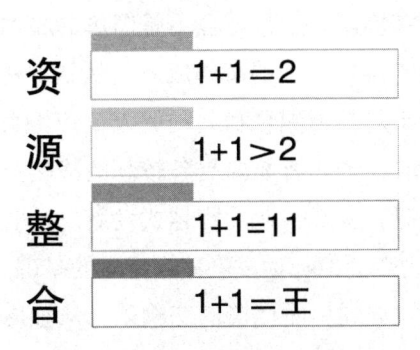

1. 资源整合的四个阶段

资源整合的四个阶段，如图2-3所示。

```
资  | 1+1=2
源  | 1+1>2
整  | 1+1=11
合  | 1+1=王
```

图2-3　资源整合的四个阶段

（1）初级阶段："1+1=2"

在资源整合的初级阶段，我们要意识到合作的重要性，寻找一个合适的合作伙伴，通过双方资源的简单相加，实现基本的业务增长和盈利。这种合作通常是基于双方资源的互补性，通过共享资源、分担成本，达到互利共赢的效果。然而，如果资源整合后的效果不能达到"1+1=2"，则说明整合的效果不佳，需要进一步优化和调整。

（2）中级阶段："1+1>2"

我们已经掌握了资源整合的基本技巧，能够通过交换策略和方法，实现双方资源的深度融合和高效利用。这种整合不只是简单的相加，而是能够产生额外的价值，实现"1+1>2"的效果。例如，两家物业服务企业通过并购和整合，实现了资源共享、优势互补，从而在激烈的市场竞争中获得了更好的发展机会，真正实现"1+1>2"的效果。

（3）高级阶段："1+1=11"

当资源整合进入高级阶段时，我们已经能够将各种资源进行高度集成和创新，实现"1+1=11"的惊人效果。这意味着通过整合，不仅提升了企业的整体竞争力，还创造了全新的商业模式和市场机会。例如，礼品公司通过与区域内优质礼品商的合作，实现了资源的重新配置和团队的重组，从而在短时间内迅速占领了市场。在这一阶段，创业者不仅要赚钱，还要注重资源的再生和创新，以实现更长远的发展。

(4) 顶级阶段："1+1=王"

在资源整合的顶级阶段，创业者已经能够将各种资源融为一体，创造出独特的竞争优势和品牌价值。这种整合不是简单的相加或相乘，而是能够产生质变的效果，实现"1+1=王"的卓越成就。例如，格力电器的朱江洪与董明珠的合作，通过多年的默契配合和共同努力，使格力电器成为家电行业的领军企业。在这一阶段，创业者需要具备较高的战略眼光和领导力，能够洞察市场变化，抓住机遇，实现企业的跨越式发展。同时，他们还需要注重团队建设和人才培养，为企业的长远发展奠定坚实的基础。

资源整合的旅程，如同一曲优美的交响乐，从独奏到合奏，最终实现完美的协奏。每个阶段都是对资源和能力的不断挖掘与提升，每一次整合都是向更高境界的迈进。从初级阶段的简单相加，到中级阶段的深度融合，再到高级阶段的创新突破，最终到达顶级阶段的完美契合，这是一个不断进化、不断超越的过程。

当资源和能力达到契合的状态时，它们就如同音乐中的各个乐器，各自独特而又和谐共鸣，共同创造出令人陶醉的旋律。这种契合不仅是物质的结合，更是精神的融合。

2. 资源整合的六个步骤

在明确了资源整合的四个阶段后，高效的资源整合离不开以下六个步骤。资源整合的六个步骤，如图2-4所示。

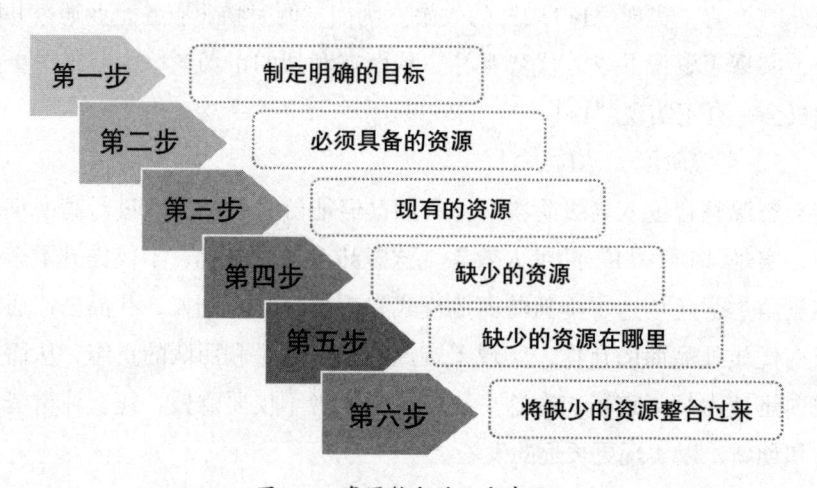

第一步　制定明确的目标
第二步　必须具备的资源
第三步　现有的资源
第四步　缺少的资源
第五步　缺少的资源在哪里
第六步　将缺少的资源整合过来

图2-4　资源整合的六个步骤

第二章 势篇：借万物以御天下 —— 做大企业根本无须自己投钱

要么整合别人，要么被别人整合，这已是大势所趋。整合的至高境界，不在于你拥有多少，而在于你能借用多少，驾驭多少。这便是"借天下，御万物"的精髓所在。这不仅是一种策略，更是一种哲学，一种对世界的深刻理解。从某种意义上来说，存在即合理，每个企业再小，也有自己的资源和优势。但你要知道，即使你不是珍珠，哪怕就是一条线，如果没有它把那些珍珠穿起来，也就做不出一条光彩夺目的项链。中小企业虽然往往只有一些碎片化的资源，但如果我们能精于把这些碎片化的资源再梳理，梳理的资源再分配，善于变无为有、变有为优，合而为势、合而做市，方能借大势、成大事。

知己知彼，百战不殆：传统企业的阵痛

近年来，我们经常看到这样一种现象：各大城市开启大招聘节奏。坐标深圳人才市场，一家电子厂开出了月薪6000元招聘普工，大肆宣传，却很少有人来咨询面试；对面有一家文化传媒公司，以底薪4000元的工资，招聘直播平台才艺达人，很多年轻人都跑过去应试。这种现象可谓是"冰火两重天"，我们不禁开始思考：

· 究竟是实体企业开始落寞了，还是互联网新经济模式已经开始成为主角？

· 这些年，我们身边的商业模式，出现了什么变化？

· 传统企业的老板面临的最大危机是什么？

· 我们该如何转型，挖掘企业新的盈利点，走向风口，让企业再次腾飞？

都说传统生意不好做，其中有个核心点在于，你所经营的传统企业，有没有跟上社会的发展趋势。

在全球经济贸易一体化背景下，企业所面临的挑战与变数也达到了前所

未有的程度。

那么，这些变数究竟体现在哪些方面呢？

三大变数引领企业数字化转型新浪潮

变数1. 全民进入移动互联网时代

随着数字经济的迅速发展，移动互联网已经全面渗透到我们的生活中，智能手机成为日常生活中不可或缺的工具，数字经济在整体经济中的占比逐年攀升。这个时代以其鲜明的特征和深远的影响，正在重塑我们的商业和经济格局。

在这个时代，手机使用时间大幅增长，无论是工作、业务还是购物，移动端已经成为人们商业活动和日常生活的主要阵地。

除了电商领域，企业端的移动应用也在蓬勃发展。从OA系统的文件审批、自助管理，到报销差旅等流程，都可以在移动端轻松完成。相关数据显示，已有数千万家企业正在使用企业微信等移动办公工具，全面提高了企业运营效率和员工协作能力。

在数字时代的驱动下，我国在多个领域，如电商、移动支付、金融科技、AI应用以及共享经济等，均处于世界领先地位。这些领域的快速发展，不仅彰显了我国的创新实力，也为全球经济贡献了新的增长点。

全球跨国公司纷纷关注并跟随中国的电商发展，中国电商的网红现象也有望引领全球数字化营销的新趋势。这背后得益于中国电商生态的日益完善，以及众多企业在技术领域的持续创新和赋能。

面对全新的挑战，新零售作为数字化转型的重要方向之一，以其独特的商业模式和运营效果吸引了众多企业的关注。通过扫码自提、预点自提和无人售货等创新应用，新零售不仅解决了传统零售中的排队问题，还在时间和空间上对传统店面进行了革命性的拓展。这些创新举措不仅节省了人工成本，还通过时空延伸减少了交易成本，并增强了社交功能等附加价值。

变数2. Z世代成为新的消费群体

近年来，消费者正在经历深刻的变化，而其中最引人注目的便是Z世代的崛起。Z世代，通常指的是1995年后出生的一代人，他们正逐渐成为当前的消费新势力，引领消费新潮流。

Z世代在物质和信息都相对富足的环境中成长，因此，他们的消费观念与前辈们有着显著不同。他们追求个性化、多元化的产品和服务，对"颜值"有着较高的要求。同时，他们具有强烈的爱国情感，更倾向于选择和支持国产品牌。

在移动互联网的背景下，Z世代的消费行为呈现出鲜明的特点。他们习惯于在线上寻找和购买商品，对于线下实体店的要求较高，追求的不仅是购物，更是一种全新的消费体验。因此，单纯的线上或线下销售模式已经无法满足他们的需求，企业需要不断创新，整合线上线下资源，提供全方位、个性化的消费体验。

此外，Z世代的兴趣爱好广泛且多元化，他们对音乐、美食、文化娱乐、运动、阅读、游戏以及艺术等多个领域都表现出浓厚的兴趣。这也为商家提供了更多的市场机会，可以通过深入了解他们的兴趣爱好，推出更符合他们需求的产品和服务。

值得一提的是，Z世代还十分注重养生和健康。他们尝试"新中式养生"，关注健康问题，并会进行定期体检。这一特点也为健康产业带来了巨大的市场潜力。

在日常生活中，Z世代还表现出"懒"和"宅"的特点。他们享受上门服务和外送服务的便利，同时也热衷于玩手机游戏、看动漫等二次元文化。宠物也成为他们重要的精神寄托，他们在宠物消费上追求多元化和精细化。

不可否认，Z世代作为新消费人群，正以其独特的消费观念和行为特点引领着消费市场的变革。深入了解并把握Z世代的消费需求和趋势，将是未来市场竞争的关键所在。

变数3. 产能过剩

在当前经济环境下，产能过剩已成为传统行业面临的一大挑战。传统行业红海竞争越发激烈，全行业产能过剩问题凸显。与此同时，科技型和创新型企业却呈现出供不应求的态势。这一现象的根源在于创新能力的缺失。

那么，创新的方向在哪里呢？答案就是数字经济，它为我们提供了前所未有的机会。通过移动互联网、大数据等先进技术，我们可以对传统企业进行重构，打造新的组织架构，提升消费者感知，推动研发、售后和智能制造的升级。数据的运用也将有效降低交易成本，使之趋近于零。

以出行为例，移动互联网已经深刻改变了我们的出行方式，重构了传统出租行业，其核心在于线上与线下数据的整合，形成闭环。这种重构不仅改变了盈利方式，还重塑了企业与消费者之间的关系。其背后的逻辑是利用数据降低交易成本，重构商业模式和盈利来源。

在这样的时代背景下，传统企业的路履步维艰，面临多方面的挑战（见表2-1）。

表2-1 传统企业面临的五大挑战

传统企业面临的五大挑战	
竞争惨烈，产品卖不动	在激烈的市场竞争中，传统企业往往会遇到产品销路不畅的问题。这主要是由于目标受众不明确、缺乏充分的市场调研、销售策略不当、产品质量问题以及品牌知名度不足等原因造成的
模式陈旧，利润上不去	随着时代的变迁和消费者需求的变化，传统企业的经营模式可能逐渐变得陈旧，单纯的业务板块衔接并不足以实现长期发展，导致利润率下滑
内忧外患，人才留不住	人才流失是传统企业面临的另一个严峻问题。这主要是由于薪资待遇不佳、员工看不到未来发展前景以及企业文化缺失等原因造成的
科技迭代，渠道打不通	在科技迅速发展的背景下，传统企业可能面临渠道不畅的问题。这主要是由于企业内部各系统/平台的数据没有打通，导致信息孤岛和资源浪费
做重资产，现金流不转	对于实体重资产投入的企业来说，现金流周转不灵是一个常见问题。这主要是由于资金投入大、回报周期长以及经营管理不善等原因造成的

很多传统企业的老板认为，酒香不怕巷子深，只要我做的产品好，有忠实的顾客，就不怕没生意，甚至不愿意提升自己的服务，更不愿意转型，最后生意越来越差。

深圳有一家餐厅，每次我去这家餐厅吃饭，都要排队，有时候要排一个小时，但是依然很多人愿意排队。

后来我发现，与其说这是一家餐厅，不如说这是一家在线教育和自媒体企业，首先这家餐厅经常搞优惠活动，以很低的价格，让顾客享受到较高的服务，吸引很多人排队。餐厅推出自己的App，App为等餐顾客提供小游戏，让大家玩，还有打游戏领红包、抢优惠券活动，这个优惠券可以用于餐厅的消费后减免，所以大家都在玩这款游戏。针对不喜欢玩游戏的顾客，餐厅还推出了看新闻领优惠券的活动，只要看够30分钟，就能领取30元的满减优惠券。

此外，餐厅还有自己的社群，只要顾客进群，就可以领取优惠券，以及现金红包。同时，餐厅还将店里每一道菜的做法，做成视频，顾客想学习这道菜的做法，可以购买这个视频，这就是"社群+知识付费"。

最后算下来，餐厅本身是微利，而游戏充值、知识付费和新闻的广告分成收入，占到了总体收入的70%以上。原来，餐厅只是一个引流的场地，而真正赚钱的是隐藏在背后的盈利模式。试想，如果这家餐厅不跟着时代的节奏转型，重新整合自己的商业模式，依旧走传统餐饮业的路，别说盈利，恐怕不亏损都难。

相信许多传统企业老板面临一个共同的困境：转型，怕风险太大，企业可能因此垮掉；不转型，又担心企业被时代淘汰。这种"转型怕死，不转型等死"的困境，让不少企业家陷入了纠结和迷茫。

的确，转型的确可能带来短期的阵痛，比如需要投入大量资金进行技术升级、员工培训，甚至可能面临市场份额的暂时下滑。转型虽然充满挑战，但也充满了无限可能。

对于那些害怕转型的企业家，我想说，真正的勇者不是没有恐惧，而是即便心有恐惧也敢于面对。

人生三借——借智、借势、借力

任何转型都伴随着风险，同样，风险中也孕育着机遇。数字化转型不是一句空话，不仅需要企业家拿出勇气和决心，去拥抱变革，更要有超越常人的商业常识与智慧，去适应新的市场环境。

荀子所提及的"借"，实际上是一种智慧，是君子之所以能够超越常人的关键。我们要学会利用身边的一切资源，包括人脉、物资，甚至是时代的潮流和趋势。总的来说，就是借智、借势、借力——我们要学会在合适的时机借助外部的力量，以此来增强自身，实现目标（见图2-5）。

```
        ┌─────────┐
        │ 人生三借 │
        └─────────┘
         ↓   ↓   ↓
      ┌────┐┌────┐┌────┐
      │借智││借势││借力│
      └────┘└────┘└────┘
```

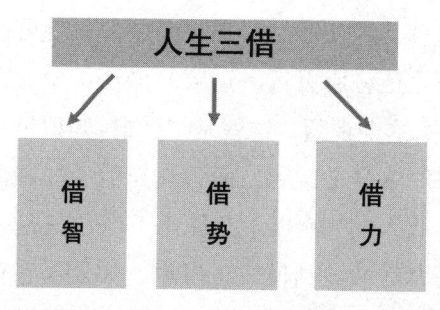

图2-5　人生三借

很多企业家在遇到困境时,第一时间可能会想到借钱,但借钱固然可以解决一时的困难,但借势却能为我们开创更广阔的前景。因为借钱意味着未来需要偿还,而借势则是一种无形的助力,能让我们在成功的道路上走得更远,而且无须偿还。因此,要记住,借钱不如借势,借势方能乘风破浪。

学会整合思维,你想要的这个世界上都有

在这个丰富多彩的世界中,你渴望的一切都有可能实现。而你想要的一切,其实这个世界上都有,前提是你要学会整合。学会整合思维,你才有可能像那些白手起家的创业者一样,从一无所有到无中生有。

在商界有句老话:创新不如学习,学习不如抄袭,抄袭不如整合。

分享一个朋友的故事。十年前,他白手起家,资源有限。令人惊讶的是,在短短十年内,他的连锁店已经遍布全国16个省市。他是如何做到的呢?

起初,他在网上发现许多服务比线下更具性价比。于是,他开始在各大平台上提供设计、老照片修复、签名定制和装修设计等服务。接收到订单后,他会通过电商平台和设计平台转包出去,从中赚取差价。完成的作品再通过社交媒体和免费平台进行宣传。仅仅两年,他就赚得了人生的第一桶金。

后来,他进军餐饮连锁行业。起初,由于缺乏经验,他开的几家店并未引起太大反响。这时,他注意到同城有家店门前总是排着长队。经过一番打听,他了解到这家店的成功背后有一位出色的职业经理人在操盘。他深知,单纯的学习和模仿只能触及表面,真正的关键在于整合。于是,他以优厚的条件成功请到了这位职业经理人。至此,他的店铺如日中天,迅速扩张到50多家。

可见整合思维是成就大事的关键。

那么，对于普通人，特别是那些资源有限的人来说，如何创造更多的资源整合机会呢？我给大家以下四个建议。

首先，改变认知。要深刻认识到，成功并非一蹴而就，而是由一块块资源拼凑而成。即使你一无所有，也要不断思考如何通过合法途径将他人的优势转化为自己的资源。

其次，学会挖掘和共享。每个人都有潜在的、未被充分利用的资源。这些资源可能隐藏在你的社交圈中，等待你去发掘。同时，要懂得分享和合作，通过互利共赢的方式实现资源的最大化利用。

再次，做个有心人。深入了解每个人的价值和资源，无论现在是否用得上都要保持关注。这些信息在未来的某个时刻可能会成为你成功的关键。

最后，对于那些资源有限或不愿打扰身边人的人来说，可以在陌生人中建立新的社交圈。多参加社会活动、商业论坛等场合，这些都是资源的聚集地。

总之，当你掌握了资源整合的思维并付诸实践时，成功将指日可待。

做生意不一定非要自己掏钱

在多数人的传统观念中，做生意往往需要自己投入大量资金。但随着移动互联网的发展和资本市场的活跃，资金已不再是稀缺资源，好的项目和商业模式才更为关键。因此，我们需要转变思路，从单纯的销售产品转向推广项目和商业模式，以创造更大的商业价值。

社会在不断变革，如果企业家的思维方式停滞不前，就难以适应新的市场环境，甚至可能被淘汰；反之，就可能成为大浪淘沙中被留下的"真金"。

金总是深圳一家拥有25年历史的餐厅老板。前几年，餐厅生意每况愈下，门可罗雀。一次偶然的机会，金总找到我，希望我能帮助他的餐厅重焕生机。来到餐厅后，我注意到一款销量特别好的奶黄包，它甚至被制成了十二生肖的形状，既美观又美味。

中餐因其烹饪技术的多样性和复杂性而难以标准化，但这款奶黄包却是个例外。它不仅可以实现标准化生产，还拥有独家秘诀。基于此，我提出了一个新的商业模式：与便利店合作，利用便利店的空闲场地放置恒温展柜销售奶黄包，实现利润共享。

金总迅速与5家便利店达成合作，每天将奶黄包送至便利店销售。一个月后，数据显示每家便利店每天能卖出100多份奶黄包，每份定价10元。由于独家配方和卓越口感，奶黄包深受消费者喜爱，尤其是女性消费者。这样，每家便利店仅靠销售奶黄包就能实现每天1000多元的营业额，一个月超过3万元。除去成本和分成后，每家店能净赚6000元，5家店一个月就能创造超过3万元的净利润。

然而，这只是商业模式的初步验证。为了快速扩张并抢占市场先机，我们决定打造一个中央厨房专门生产奶黄包。但投资和配送体系需要至少100万元资金。由于金总手头资金紧张，我们决定通过融资来筹集资金。

考虑到项目的紧迫性和资金需求的特点，我们选择了出让收益权的融资方式。这种方式速度快、风险低，且无须担心股权问题。我们通过出让部分奶黄包的年净利润进行融资，在两周内成功筹集到了300万元资金，用于建设中央厨房、搭建配送系统和招募市场拓展人员。

项目顺利启动后，我们对口感和展柜技术进行了升级。一年内与400多家便利店达成合作，覆盖了深圳和东莞两个城市。最终，除去所有成本后，金总一年净赚了1200万元。就这样，通过转变思维方式将重资产的餐厅生意转化为轻资产运营模式，金总成功实现了财富增长。可见，在当今时代，做生意不能仅停留在卖产品的层面，而要打开思维，学会杠杆借力和资源整合，这样才能把生意做大做强。

很多人在抱怨生意不好做，资金投入大却可能面临血本无归的风险。然而，这往往是因为他们没有找到符合这个时代的赚钱方式。

如果将商机比作一盘棋局，那么每个企业都是其中的一枚棋子。当你发现自己所处的道路行不通时，不妨换个角度思考，整合手中的资源，寻找新的突破口，赢得商业的先机。那时你很快会发现，手中的一盘棋活了！

不投钱的前提——业务力、组织力、机制力

对于企业家而言，能最大限度地节约成本，甚至不用投入一分钱就把生意做成，把企业做大做强固然是好事，但这也是有前提的。单靠情怀和远见

第二章　势篇：借万物以御天下 —— 做大企业根本无须自己投钱

"空手套白狼"取得成功的企业家毕竟是少数。在现实中，大部分企业如同你我普通人一般，一个成功的企业也必然是业务力、组织力和机制力三者相辅相成的结果。其中，业务力和组织力是企业稳固发展的两大支柱；而对于众多上市公司和互联网企业来说，机制力同样至关重要，它是激发企业活力和创新力的关键所在。

卓越企业依靠的三大能力，如图2-6所示。

```
业务力  →  做好做大靠业务
组织力  →  做强做稳靠组织
机制力  →  做长做久靠机制
```

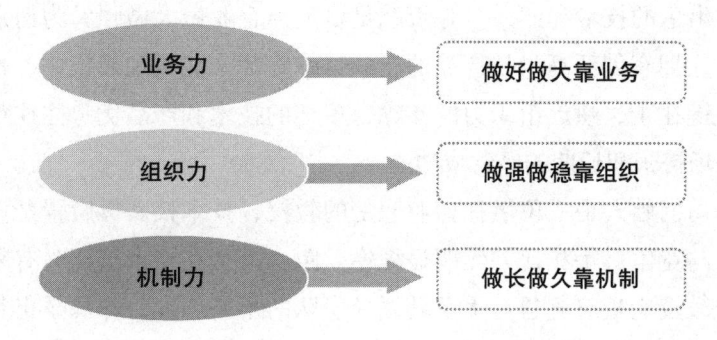

图2-6　卓越企业要具备的三大能力

1. 业务力——做好做大靠业务

企业要想稳健发展、持续壮大，首要的支撑就是强大的业务力。业务力不仅体现在优质的产品与服务上，更包括将这些产品与服务精准地推向市场、实现价值的能力。这种能力的核心，既源于对产品卓越品质的不懈追求，也离不开对市场需求变化的敏锐捕捉，更需要一支高效执行、团结协作的团队来落地实施。

华为便是一个鲜活的例证。这家科技巨头之所以能够在全球市场占据一席之地，其强大的业务力功不可没。

首先，只有过硬的产品才能赢得客户的信赖。华为始终坚持技术创新，投入巨资研发新产品，确保技术领先、品质卓越。然而，仅仅拥有好产品还远远不够，如何将产品推向市场、转化为实际的销售业绩，同样考验着企业的业务力。

其次，在华为这片星辰大海中，强大的营销团队是一群耀眼的星辰，引领着华为在智能时代的浪潮中乘风破浪。要知道，华为从一家注册资本2.1万元的小公司起步，如今已发展成全球通信设备行业的领导者和世界级领先企业，20.7万员工遍及170多个国家和地区，为全球30多亿人口提供服务。在惊叹于华为的惊人发展之余，越来越多的企业开始学习华为的管理和营销体系。

可以说，业务力是企业发展的核心驱动力。无论是科技企业，还是餐饮企业，都需要通过在产品研发、市场推广、客户服务以及实现盈利等多个方面所展现出的综合能力，来应对市场的挑战和机遇，并有效地将这些产品或服务转化为市场上的竞争优势和商业价值。

2. 组织力——做强做稳靠组织

仅有出色的技术和产品，是否就足以支撑企业做大做强？为何众多由科学家创立、拥有创新高科技产品的企业，最终却未能实现规模化、长久化的发展？关键在于，缺乏组织力的支撑，单纯的技术和产品优势往往难以实现持续的市场扩张和长期的经营成功。

某公司创始人是一位堪称行业翘楚的教授，技术权威毋庸置疑。公司上市初期，与竞争对手相比并无明显规模差距，甚至在技术层面略有领先。然而，这位教授老板对竞争对手及其领导团队的不屑态度，却暴露出其对组织力重要性的忽视。他过于看重个人技术能力，而忽视了团队协作和组织建设的力量。

事实上，许多技术专家出身的企业家都容易陷入以下两大误区。

首先，他们可能过于专注技术，而忽视了对人性的理解和对人才需求的洞察，往往导致他们难以吸引和留住优秀人才。一个成功的企业家，不仅需要精通技术和产品，更需要懂得如何调动人的积极性、激发团队的潜能。

其次，这些企业家可能过沉迷技术和产品的细节，而忽视了战略规划和经营管理的重要性。他们往往事必躬亲、关注琐碎事务，却未能从宏观角度把握企业的发展方向和战略布局。与此同时，他们也容易忽视团队建设和组织能力的提升，这无疑限制了企业的长远发展。

回顾上面所提教授老板的故事，我们不难发现：尽管其公司在技术层面具有优势，但由于缺乏组织力和战略眼光，最终未能实现与竞争对手的抗衡。15年后，竞争对手的规模已是该公司的十几倍，品牌和产品也走向了全球市场。这一鲜明的对比，无疑为我们提供了深刻的启示：技术固然重要，但组织力才是企业做大做强的关键。

3. 机制力——做长做久靠机制

有企业家宣称，要做百年企业。这样的底气从何而来？是人才储备的雄厚、商业模式的先进，还是战略布局的深远？其实，这些都是重要因素，但最为核心的是机制。

在企业中，如何让内部部门全力支持对外部门，攻克难题？答案是机制力，通过构建自组织、自管理、自驱动的生产力单元，再逐步扩展至其他单元，最终借助各单元间的利益追求和博弈，从而达成组织的政策意图和管理目标。然而，没有"一劳永逸"的机制，只有与时俱进的设计。

对于普通企业来说，机制力的重点在于如何合理分配利润。说白了就是解决如何分钱的问题。

任正非深谙此道，他强调"钱分好了，80%的管理问题都解决了"。

我们还是以华为为例，其能够持续发展的秘诀并非单纯的人才聚集，而是科学、合理的利益分配机制。任正非曾自谦地表示，自己在华为的发展中贡献有限，但如果真要说他有什么贡献，那就是在分钱的问题上没犯过大错。

实际上，如何分钱并不是一件简单的事，它涉及企业的战略规划、员工的价值贡献、市场环境的变动等诸多因素。单纯依靠老板的直觉或员工的诉求来决定分配，显然是不够科学和公平的。企业需要的是一套系统、科学、灵活的分配机制，能够根据员工的实际贡献和市场环境的变化，动态地调整利益分配。

华为的利益分配机制是一个值得我们借鉴的范例。它以战略为导向，基于员工的价值贡献，以奋斗者为本，实现了多元化的精准激励。这种机制不仅确保了企业的长远发展，也极大地激发了员工的工作热情和创新能力。

因此，企业必须根据自身的实际情况，正视利益分配问题，探索适合自身的科学分钱之道。

业务力、组织力、机制力成为推动企业稳健前行，甚至可以不投钱的三大内核。业务力让企业立足市场，组织力凝聚团队人心，机制力保障高效运作。三者相辅相成，共同构筑了企业坚实的基石，使企业在资源有限的情况下，依然能凭借这三大力量蓄势待发，继续披荆斩棘，"攻城略地打胜仗"。

第三章
CHAPTER 3

形篇：

攻城略地打胜仗
——企业先胜后战五部曲

无数企业家用他们的智慧和汗水，在各自的领域内取得了耀眼的成绩，如雷军、刘强东等。作为这群奋斗者中的佼佼者，他们"打胜仗"的故事不仅是中国奋斗精神的缩影，更激励着无数年轻人为梦想而努力奋斗。

正是这片欣欣向荣的土壤，以及为实现中国梦而努力的时代氛围，最终孕育了那些商业巨擘，也让更多企业家有机会在全球范围内攻城略地，打出漂亮的胜仗。

但在商业的战场上，胜利并非偶然，而是需要深思熟虑的策略和坚定的执行力。本章将从本质的逻辑变革到具体的实施路径，从老板的三大核心任务到必备的四种思维方式，再到决定胜败的五个要素，我们将一一进行具体剖析，开启"先胜后战"的发展五部曲，从而学会在商业竞争中攻城略地打胜仗的底层逻辑。这是实现创新增长的关键。

1个本质：穷则变，变则通，通则久
——改变赚钱的底层逻辑

《易传·系辞下》有云："穷则变，变则通，通则久。"此言不虚，世间万物，无不在变化中求得生存与发展，人生如此，商业亦然。

变，是亘古不变的法则。变，可能是一种新的方法，也可能是一种巧妙的策略。在变化中，我们可以积蓄力量，调整状态，寻找更佳的时机和突破口。

这不禁让人想起明代的李时珍，他原本一心考取功名，然而命运弄人，三次落榜。但他并未沉溺于失败，而是转变目标，立志从医。历经27年的精心研究，他写出了洋洋几百万字的医学巨著《本草纲目》，流传至今，影响深远。

回到现代，曾几何时，乡镇集市上的小铺，靠着售卖邮票、信封和代寄信件为生。然而，时代变迁，手机普及，人们交往方式革新，那些未及时转变经营策略的店铺，终因生意萧条而黯然关门。也有那么一些店铺，同样是起家于代寄信件，却能够随着时代的脉搏跳动，从"接送快递"到"直播卖货"，每一次转变都抓住了市场的机遇，生意兴隆，财源滚滚。

鬼谷子曰："故变生事，事生谋，谋生计，计生议，议生说，说生进，进生退，退生制，因以制事。"无论是我们前面讲到的计划准备，还是借万物御天下，本质上都是要我们改变赚钱的底层逻辑，根据情势敏锐地捕捉信息，迅速地做出反应，据此顺势而为、因势利导、乘势而上。

做生意的最高境界——借用他人之物致富

以史为鉴，我们可以发现，想要改变赚钱的底层逻辑，第一步，也是最重要的一步，改变思维模式。

举个最简单的例子。

不知从何时起，创业与"烧钱"似乎画上了等号。上一章我谈到做生意未必非要自己掏钱。但我知道，有很多人尤其是创业小白不相信这样的理念。实际上有这种想法的人是没有从根本上改变赚钱的底层逻辑。

更多年轻的创业者面临这样的情况：当人力、场地、商务等成本如无底洞般吞噬着资金，使得许多"一清二白"的创业者难以负担。在进退两难之际，不少人消失在了时代前进的巨浪之中。

就这样，久而久之，"烧钱"成了创业的代名词，让人误以为没有足够的资金就无法迈出创业的第一步。

想来也是，如果你是身家亿万的富翁，你还会想要去创业吗？最多算是投资。

许多行业领军人物都是低成本甚至零成本创业的成功实践者。1987年，娃哈哈创始人宗庆后在42岁时开始沿街卖棒冰；同年，华为创始人兼现任总裁任正非在43岁时摆摊售卖减肥产品；1998年，京东创始人刘强东在24岁时创业售卖光盘。

因此，创业与资金多少并无必然联系。有钱固然好，但没钱也并非不能成功。许多人一生中都有过无数次的创业想法，但最终往往选择放弃。"晚上想想千条路，早上起来走原路。"这或许是许多怀揣创业梦想的人的真实写照。然而，只有那些敢于迈出第一步并坚持到底的人，才有可能在创业的道路上取得成功。

当你真正把思维扭转过来时，接下来，要好好想想，既然没有那么多钱，如何去创业做生意呢？空手套白狼吗？

的确也可以这样理解，但专业一点地说，我将其称为"无中生有"的商业哲学。

"无中生有"，并非凭空创造，而是在看似虚无中寻找机会，借用资源，创造价值，也可以称为"借鸡生蛋"。这一理念与《道德经》中的智慧不谋而合："三十辐共一毂，当其无，有车之用。埏埴以为器，当其无，有器之用。凿户牖以为室，当其无，有室之用。故有之以为利，无之以为用。"这段话深刻阐述了"无"与"有"的辩证关系。在现实中，我们往往只关注实实在在的事物，却忽视了"无"的巨大价值。以盆子、杯子为例，它们的内部是空的，因此能容纳万物；房子内部是空的，所以能为我们提供遮风避雨的住所。

在商业世界中，"无中生有"的思维同样重要。企业家需要在市场的空白中寻找商机，通过创新与服务来填补这些"无"，从而创造出新的价值。这种从无到有的过程，正是商业发展的核心动力。

给大家举个例子就明白了。

朱新礼，这个名字或许对大家来说并不熟悉，但一提起汇源果汁，想必是家喻户晓，无人不晓。没错，朱新礼正是汇源果汁的创始人。

在创业之前，朱新礼是山东省某县的公务员。然而，1992年，他做出了一个重大的决定——辞职下海经商。他接手了当地一家亏损高达千万元的罐头厂。

大家可能会好奇，一个公务员如何有能力接手这样一家罐头厂？其实，朱新礼并没有花费一分钱。他通过开出一张远期支票，以项目救活罐头厂、养活数百名工人，并承担原厂450万元的债务等条件，成功拿下了这家罐头厂。

接手后，朱新礼面临的最大问题是资金匮乏。然而，他敏锐地发现了商机，开始做起了补偿贸易。他通过引进外国设备，以产品作为抵押，在国内生产产品后，将产品销往国外，以部分或全部收入分期或一次性抵还合作项目的款项。凭借这个方法，他一口气签下了800多万美元的单子，并承诺在5年内返销产品以部分付款还清设备款。

1993年年初，在20多名德国专家和工程技术人员的指导下，他的工厂开始投产。此时，朱新礼听闻德国将举办国际食品博览会，便毫不犹豫地购买了机票，独自前往参会。

在德国的博览会上，朱新礼凭借出色的商业头脑和谈判技巧，在德国当地华侨的帮助下，成功签下了一笔巨额订单——3000吨苹果汁，合约金额高达500多万美元。这是他创业路上掘得的第一桶金，此后他的事业便如日中天。

如今，汇源果汁已经成为家喻户晓的品牌，年产值超过百亿元。而朱新礼的个人身家也突破了40亿元，成为一位真正的商业巨子。

下面，我们来复盘一下朱新礼的商业模式。

· 第一步：承诺付钱预先盘下企业；

- 第二步：用贸易补偿方法以产品换设备；
- 第三步：以产品抵押生产新产品；
- 第四步：以新产品返利返销盈利；
- 第五步：还款；
- 第六步：再签新合同守信用；
- 第七步：出口；
- 第八步：赚钱；
- 第九步：进入下个阶段，继续采取这个模式……

总的来说，朱新礼的商业模式盘活了库存，巧妙地将存货转化为设备和资金，再通过大胆地签订新合同，用新合同进行融资和还款，从而实现了企业的原始积累和滚动发展。最终，他敏锐地发现了果汁这个在中国尚未形成大规模市场的产品，并利用先发优势，迅速将汇源果汁打造成了行业的领军企业。

"无中生有"模式顶层设计——让别人为自己赚钱

当下，许多传统行业的经营者面临以下经营困难：店铺租金和员工工资不断上涨，而客流量却在减少。他们曾经日进斗金，如今却可能面临日亏数万元的困境。虽然面临压力，但为了面子和未来的不确定性，他们选择咬牙坚持。这反映了缺乏创新思维的企业家所面临的困境。

用"无中生有"这一商业模式理论，我总结出三种主要模式（见图3-1）。

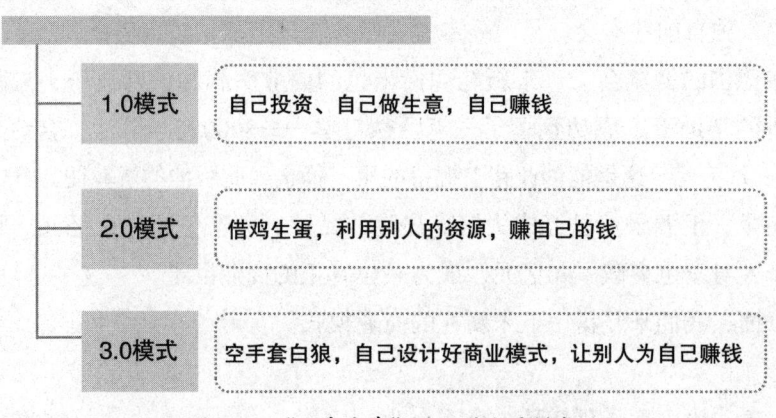

1.0模式	自己投资、自己做生意，自己赚钱
2.0模式	借鸡生蛋，利用别人的资源，赚自己的钱
3.0模式	空手套白狼，自己设计好商业模式，让别人为自己赚钱

图3-1 "无中生有"的三种主要模式

以卖包子为例，普通人会选择租一家门店，自制自销。但如果我们与餐厅合作，利用餐厅早间的闲置时间，支付一定的租金，并从全城最好的包子铺批发包子来销售，这就是典型的2.0模式。

高手则更进一步，他们设计玻璃保温箱，与很多超市合作，将保温箱放置在超市内，让超市代为销售包子，实现共赢。此外，还可以与超市合作推出包子月卡，用户充值50元即可在一个月内每天免费领取两个包子，并获得40元的超市消费卡。这种模式下，用户以50元的价格享受了一个月的包子供应和40元的消费卡，看似商家亏损，实则不然。商家给超市30元的消费卡成本，包子的成本为18元，这样商家从每个用户身上还能赚取2元。更重要的是，这种模式锁定了用户的长期消费，并有可能通过电商、广告和知识付费等渠道实现盈利。

可见，高手赚钱的秘诀在于设计一套极具吸引力的商业模式，让合作方无法拒绝。在不花费自己资金的情况下，整合大量资源为自己所用，让别人为自己创造更多的财富，合作共赢。

2个路径：新商业时代的游戏玩法
——建立顶尖系统与整合顶尖人才

当我们扭转了赚钱的底层逻辑后会发现，原来赚钱并没有我们想象中的那么难。

《鬼谷子》曰："物有自然，事有合离。逆之者，虽成必败。"意思是说万物皆有其内在规律和分合之道，违背这些规律，即便短暂成功，最终也难逃失败的命运。只有遵循商业发展的规律，才能事半功倍，玩转这场新商业时代的游戏。

接下来，我们要做两件事，以便找到更多"聪明的人"与我们为伍，为我们创造更多的财富。

全世界最顶尖的人都在做的两件事情

比尔·盖茨在一次公开访谈中说过,全世界最顶尖的人都在做两件事情,如图3-2所示。

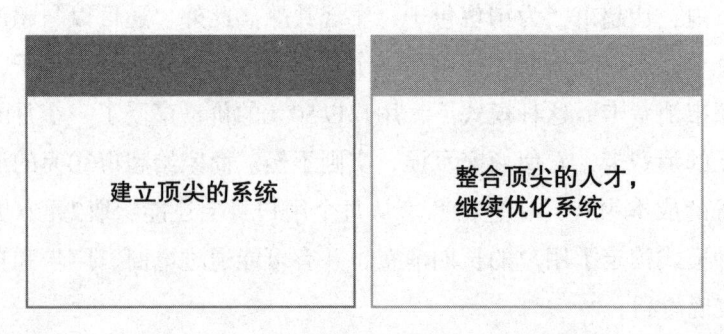

建立顶尖的系统　　整合顶尖的人才,继续优化系统

图3-2　全世界最顶尖的人都在做两件事情

从单打独斗到商业巨擘,从"一个"聪明人到拥有"上万"聪明人,比尔·盖茨的商业帝国就是最好的证明。

早期,比尔·盖茨怀揣着一个宏大的愿景,即构建一个能够承载万物、灵活多变的平台,Windows操作系统便在这样的背景下应运而生。比尔·盖茨以Windows为基石,不仅推动了微软在个人计算机时代的崛起,使其稳坐科技巨头的宝座,同时也将自己推上了世界首富的位置。这一成就的背后,是比尔·盖茨对系统打造精益求精的态度,以及不断优化完善的执着追求。正是这种对卓越品质的不懈追求,让Windows系统成为行业的佼佼者。

在微软创立初期,公司坚持只招募软件行业中前5%的精英人才。比尔·盖茨坚信,"单纯地增加人员并不能有效提升工作效率""关键在于选拔少数真正的行业佼佼者,并给予他们充分的信任"。这一独特的人才理念,成为微软与其他企业的核心差异,也是其成功的重要因素。

尽管如今比尔·盖茨早已从微软董事会卸任,但他的影响力依旧无处不在。通常,在人们固有的认知中会认为,一个企业的创始人离开后,这个企业可能会逐渐衰败。然而,微软却打破了这一常规,即便在技术飞速发展的今天,它依然稳坐国际商业舞台的顶端。

比尔·盖茨是一位公认的天才。他的智商高达220,学术能力评估测试(SAT)考试接近满分,他的数学解法在数学界产生了深远的影响。然而,他并没有将这些智慧仅用于个人成就，而是将其融入商业战略中。

在商业世界中，个人的才华固然重要，但更重要的是如何将这些才华汇聚到一起，形成强大的合力。比尔·盖茨深知这一点，因此他不断地寻找并吸引那些比他更聪明的人加入微软，共同打造顶尖的系统。

他打破了传统的"智商金字塔"模式，不再将领导者视为唯一的智者，而是致力于构建一个由众多"聪明人"组成的团队。这种模式的转变，使得微软能够持续创新，不断前行。

在微软的历史上，许多关键时刻的转折都得益于这些"更聪明的人"。从早期的数学专家到后来的软件开发者，他们的加入为微软注入了新的活力，推动了公司的发展。

为了吸引这些顶尖人才，比尔·盖茨可谓煞费苦心。他不仅亲自出面邀请，甚至不惜花费大量时间和精力去说服他们。这些努力最终都得到了回报，微软的研究队伍日益壮大，会聚了全球顶尖的计算机专家。

其中，史蒂夫·鲍尔默的加入更是比尔·盖茨多年努力的结果。他以高薪和股份为诱饵，成功地将这位杰出的人才纳入了微软的麾下。这一举动在当时引起了不小的轰动，但比尔·盖茨坚信这是值得的，因为鲍尔默的加入为微软带来了巨大的推动力。这再一次印证了，在商业世界中一个人的力量是有限的，只有汇聚众人的智慧才能创造真正的商业帝国。

3个攻略：老板只做三件事 —— 找人、找钱、分钱

将企业管理的琐碎投射到日常管理中，许多领导者往往被紧急事务牵绊，如员工离职、突发问题等。然而，即便我们全力应对这些紧急状况，有时结果仍难尽如人意。同样，当企业遭遇困境时，我们可能会急于寻求解决方案，甚至在企业已经陷入危机时才开始寻求知识。

以下是不同层次的领导者处理事务的方式，看看你在哪一层（见表3-1）。

表3-1 领导者做事的三个层次

领导者做事的三个层次	
一流的老板处理明天的事	他们不仅关注当前的企业运营,更着眼于未来的市场趋势和战略方向。通过预见和规划,他们为企业铺设了长远的发展道路,确保企业在未来能够持续繁荣
二流的老板处理今天的事	他们专注于当前的企业运营和管理,确保各项工作顺利进行。虽然他们能够有效应对日常挑战,但可能缺乏对未来趋势的洞察
三流的老板处理昨天的事	他们往往陷入对过去问题的处理和解决中,难以抽身出来规划未来。这种方式可能导致企业错失发展机遇,甚至面临更大的风险

企业家最重要的三件事

有朋友曾对我说:"你看俞敏洪,真是个天生的企业家,转型后依然风生水起。"

殊不知,并非所有人都是天生的"老板命"。创业的道路上困难重重,据统计,97%的创业者都以失败告终,成功者仅占3%。但更多时候,企业的最高决策者决定了企业能走多远。真正的企业家要做的远不止于解决问题的层面,而是要将目光投向更远的地方,成为布局的高手,多花一些时间在重要的事情上面。

结合前文所述,对于老板来说,最重要的只有下面这三件事,解决了这三个问题,你就成功了一大半。

人在哪里、钱在哪里?

事情谁来干?

钱怎么分?

对此,如图3-3所示,对应最重要的三件事,我们可以提炼出三个答案。

图3-3 老板最重要的三件事

1. 找人

杰出的企业家都是用人高手。刘邦曾言自己文不如萧何，武不如韩信，在筹谋策划方面更是不如张良。但这三位人中龙凤都能为他所用，正是得益于这些得力助手的辅佐，他才得以一统天下，建立大汉王朝。简而言之，就是："我并非全能，但我的手下精英荟萃，因此我成功了！"可见，能够识别和善用人才，方为真正的领导者。

作为企业老板，即便你在某些方面才华欠缺，也必须具备挖掘和团结人才的能力。反之，如果一个企业的老板才华横溢，但手下员工却碌碌无为，那么这样的企业也难以长久。因此，企业家不仅要挑选合适的员工，还要找到志同道合的合作伙伴。如果选人不当，即便企业家再怎么努力管理，团队也难以形成合力。因此，选对人才能做对事。正如雷军曾说，寻找人才就像三顾茅庐，甚至需要三十次顾茅庐的诚意和毅力。在小米创立初期，雷军在人才搜寻上投入的时间超过了80%。

2. 找钱

为了企业的持续发展和快速成长，融资能力也是企业家必备的工作之一。我们必须不遗余力地为团队筹措资金。理想固然是驱动力量，但稳定的物质基础同样重要。缺乏资金支持，即便团队再出色也难以持久，毕竟谁会愿意在缺乏报酬的情况下长期付出努力呢？

以有赞为例，这家成立于2012年的企业在其十年的发展历程中，曾多次面临经济困境。特别是在2014年下半年至2015年上半年，有赞在短短一年内耗费了超过1亿元。然而，它总能转危为安，这主要归功于其创始人卓越的融资能力。数据显示，2013年至2020年，有赞成功获得了7轮融资。其中，2019年尤为显著：4月，腾讯领投9.1亿港元；同年8月，又获得百度3000万美元的战略投资。2020年4月，有赞再次融资1亿美元。

试想，如果你经营一家教培企业，你对自己的产品或课程充满信心，无奈发展仍然迟缓。抑或你非常擅长产品研发，却在人才选拔和资金筹措方面存在短板，那么企业经营的压力势必会日益加剧。

3. 分钱

薪酬问题往往是企业最为棘手的问题之一，有数据显示，员工离职的90%原因与薪酬待遇有关。实际上，只要薪酬达到员工的期望范围，很少有人会因收入过高而选择离职。

由于很多企业家在创业初期历经艰辛，在花费上可能较为节俭，不愿意为员工提供过高的薪酬。然而，"分钱"也并不仅仅是支付工资那么简单，它更涉及如何科学、公平地激励员工，而最终考验的是领导者的心胸、格局，以及是否愿意并有能力进行合理分配的魄力。企业建立一套透明、公正的薪酬体系至关重要，这样员工才能清楚地知道自己的付出与回报是如何对应的。既然员工加入企业是为了获得经济回报，那么薪酬体系就应当既具有吸引力又切实可行，确保员工的每一分努力都能得到应有的回报。这样，企业才能真正留住人才，共同创造更多财富。

找人、找钱、分钱共同构成了企业经营的稳固铁三角。作为企业的掌舵人，精准把握这三个核心环节是经营之本。

俞敏洪曾在一次北京大学的开学典礼上说道："人生是一场不懈的奋斗，每个人的生命轨迹都独一无二。那些怀抱远大理想、心怀善意的人，总能把平凡的日子累积成非凡的成就。相反，若是一个人失去了梦想，停止了前进的脚步，那么他的生活终将沦为琐碎和平庸。"

抛开企业经营的琐碎，创业之路固然充满了挑战，企业家只做这三件事当然还不够。但在追逐梦想的道路上，我们始终步履不停，所有事情的起点不过是一颗坚定而执着的心。无论今后我们的思维、模式、路径升级迭代成什么样子，都会因为心中的那份热爱与憧憬，引领我们驶向更加光明的未来。

4个思维：互联网思维、平台思维、金融思维、跨界思维

美国斯坦福大学心理学教授卡罗尔·德韦克曾说过："决定人与人之间差异的，不是天赋，而是思维模式。"

过去的十年，商业环境已经发生了翻天覆地的变化，我们见证了中国移动互联网的迅猛崛起，这也为众多年轻创业者提供了大展宏图的舞台，一

部分做得好的企业已经先行分到了一杯羹。这也警醒后来者,倘若我们仍固守陈旧的思维方式,将难以在未来的商海中立足。正如国内著名商业咨询顾问刘润所说:"平庸的人改变结果,优秀的人改变原因,而高级的人改变思维。"思维模式,往往是成就一个人的重要因素。因此,当你迷茫于发展的方向,或质疑自己的努力付出时,有没有想过可能是自己的思维方式需要调整?

思维懂得"变"的时候,问题才有"通"的时候

在本章开篇我们讲过,变则通,通则久。当一条路走不通的时候,我们可以试着让思维拐个弯。这也是我们常说的思路决定出路,掌握以下四种思维模式,你的企业更容易在业界崭露头角,如图3-4所示。

互联网思维

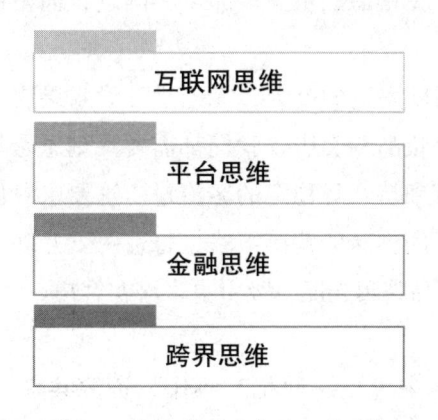

平台思维

金融思维

跨界思维

图3-4 企业家应具备的四大思维

1. 互联网思维

互联网思维的概念最初是由百度公司创始人李彦宏所提出,如今已成为业界耳熟能详的词汇,并衍生出丰富的内涵。然而,能够深刻理解并灵活应用互联网思维的人才仍然稀缺。

互联网思维是一个宽泛且深远的概念。在移动互联网、大数据、云计算等技术迅猛发展的时代背景下,它代表着对市场、用户、产品以及企业价值链的全新审视方式。简而言之,互联网思维就是利用互联网信息的优势,更高效地实现目标,其本质在于让商业回归人性。

互联网思维强调以用户为中心,将用户的需求和体验放在首位。在价值

链的各个环节中，始终贯穿着"用户至上"的原则。这种转变反映了信息时代的特点，即用户从过去的"被动选择"转变为如今的"主动选择"。在互联网时代，用户拥有了更多的自主权和选择权，因此，满足用户需求、提升用户体验成为互联网产品设计的核心。

以微信为例，这个产品功能丰富且复杂，但用户却能轻松上手。这得益于微信团队以"傻瓜"模式来验证产品，即站在普通用户的角度，确保产品的易用性和直观性。这种以用户为中心的设计理念，正是互联网思维的典型体现。

如今，互联网思维不仅代表着一种全新的商业思考方式，更是推动企业不断创新、提升用户体验的关键所在。

例如，都是在卖水果，都是经营传统生意，为什么有些店生意好到爆，而有些店顾客稀少？关键原因不是产品出了问题，而是做生意的思维跟不上时代的发展趋势。

在移动互联网高度发达的今天，无论是开设水果店、美容养生会所、餐厅、美甲店，还是化妆品专卖店，我们都需要深刻思考如何利用线上渠道进行有效引流，从而带来持续且稳定的客流量。这要求我们不仅要提供优质的产品和服务，更要运用创新的营销策略，打造一支互联网时代的营销团队，结合线上平台，扩大品牌曝光度，吸引更多潜在客户。

2. 平台思维

平台思维，简单来说是一种相互协作、资源共享、共生共赢的思考方式。这种思维模式在商业领域的应用日益广泛，成为推动创新和增长的重要力量。

京东、拼多多、科技巨头苹果和谷歌等企业的成功，彰显了平台思维的巨大威力。这些企业通过构建开放、共享的平台，吸引了众多商家和消费者，从而实现了快速崛起。

平台思维的核心在于打造一个多方位共赢的生态圈，通过善用现有平台资源，让企业、员工、合作伙伴以及消费者都能从中受益。这种思维模式不仅有助于企业的快速发展，还能通过构建稳固的平台基础，吸引并整合各方资源，推动整个产业的进步与繁荣。

3. 金融思维

随着金融市场的持续演变和竞争的日益激烈，传统业务运营也逐渐认识到金融思维与金融意识的关键性。金融思维，简而言之，就是将金融理念与实操技巧融入企业日常运营中，借助精细化的风险管控和高效的资本运作，以期达到提升企业盈利能力的目标。这种思维方式为企业带来的益处不仅限于成本和收益的优化，更能在激烈的市场竞争中为企业赢得一席之地。尤其是对于那些扎根于传统行业，如制造业、农业以及服务业等的企业而言，金融思维的引入无疑是一场及时雨。这些传统行业往往更加依赖本土资源和传统的经营模式，决策过程多依赖于经营者的个人经验和直觉，而缺乏更为科学和系统的管理决策工具。正因如此，通过整合财务管理、资本运作以及市场营销等多方面的资源，将金融思维融入传统业务运营中，提升自身的盈利能力显得尤为重要。

4. 跨界思维

随着互联网科技的迭代，行业之间的界限日益模糊。互联网企业正广泛渗透到零售、出版、金融、通信、娱乐、交通和媒体等多个领域。

为何当今的互联网企业能顺利跨界，甚至在跨界竞争中脱颖而出？关键在于"用户"。企业一旦掌握了用户数据并深谙用户思维，便能成功实现跨界发展。未来真正卓越的企业，必定是那些紧握用户和数据资源、勇于跨界创新的组织。

李笑来在《财富自由之路》中深刻指出："在某个技能上死磕，确实是一个策略，但更好的策略是多维度打造竞争力。因为在单个维度上，比的是长度；在两个维度上，比的是面积；在三个维度上，比的是体积。所以每次跨界，都是给自己拓展一个新的维度，维度多了，竞争力自然就强了。"

仔细观察不难发现，那些在新行业中崭露头角的人，往往都具备了跨界思维。他们能够将过去的经验和专长融入新行业，从而成为行业中的佼佼者。对于创业者而言，应用局外人的视角来审视行业内的产品至关重要，因为行业的真正颠覆者常常源自行业之外。

以雷军为例，他在涉足小米手机之前，主要从事金山软件的开发，与手机行业无直接联系。然而，小米手机一经推出便大放异彩，迅速成为知名品牌，并一度领跑国内手机市场。

古诗云："不识庐山真面目，只缘身在此山中。"这告诫我们，在创业道路上，必须学会运用跨界思维，跳出行业框架，否则，我们的视野将受到限制，难以实现颠覆性的创新。

重塑洗浴中心：传统行业与移动互联网的碰撞

有一次我在郑州授课，一位满面愁容的学员令我印象深刻——李总。

"王老师，我在郑州开了家洗浴中心，但生意一直不见起色。"他开门见山地说。

"您目前是怎么宣传的？"我好奇地问。

"主要就是靠朋友圈转发，但效果有限。"李总有些无奈。

"那我们来点不一样的吧。"我笑了笑，提议道。

接下来，我为他量身定制了一套结合移动互联网思维的整体营销方案。

在此强调一点：我们处于移动互联网时代，就一定要用移动互联网的思维解决传统企业的经营问题，很多老板跟我说，我又不是做互联网的，你教我互联网思维也没用，其实大错特错，最传统的企业才需要嫁接移动互联网思维。

下面，我把这家洗浴中心的创新营销方案告诉大家。

第一步：创新引流

"李总，我们要做的是吸引更多的目光。"于是，我们设计了限量版洗浴年卡，并决定通过高端场所进行合作推广。很快，500张年卡兑换券被送到了各大高档餐厅和会所。消费者在这些地方消费满600元，即可获得一张兑换券。

第二步：媒体造势

年卡兑换活动开始的那天，我们邀请了本地媒体和自媒体进行现场报道。标题为"洗浴中心大放送，年卡免费领"的新闻迅速占领了本地门户网站的头条。当天，就有数百人排队领取年卡。

第三步：灵活定价

一周后，我们将年卡价格调至200元，并限量500张销售。由于前期的造势，年卡迅速售罄。再过一周，价格提升至300元，并在三周内成功售出6000张年卡，收入超过80万元。

第四步：跨界整合

当洗浴中心客流量稳定后，我们停止了年卡的销售，并转型为综合服务中心。在洗浴中心内开设了特产、保健品等销售点。同时，通过建立客户社群，提供免费赠品，如土鸡蛋、泰国香米试吃装等，逐渐与客户建立了深厚的信任关系。

当这些基础工作做好后，企业的盈利自然是水到渠成，并且具备了可持续发展的动力。短短一个月内，通过社群销售了150吨泰国香米，每斤利润达到0.5元，为洗浴中心带来了额外的15万元收入。

通过这次合作，李总的洗浴中心不仅实现了盈利，还成功转型为综合服务中心，为客户提供了更多的价值。同时，这也再次证明了传统行业与移动互联网思维结合所带来的巨大红利。

总的来说，通过巧妙结合免费引流、话题营销、跨界思维与平台思维，我们为李总的洗浴中心量身定制了一套创新的营销方案。短短一个月内，该中心不仅从年卡销售中获得了可观收入，还通过农产品和特产销售进一步提升了盈利能力，总计收入高达120万元。

许多传统行业的经营者往往受限于固有的思维模式，难以突破发展瓶颈。然而，学会运用四大思维的策略组合，便能为企业找到新的生存与发展之道。在我们的方案中，免费引流仅是第一步，它成功吸引了大量潜在客户。接下来，我们利用多点盈利思维，深入挖掘并满足客户的多元化需求，从而实现了洗浴中心的业务拓展和收入增长，为企业带来了源源不断的回头客和口碑传播。

但对于上述几种思维和营销模式，知行合一才是成功的关键。我们不要仅仅停留在理论层面，要敢于付诸实践，才能在激烈的市场竞争中脱颖而出。

千万不要做思想上的巨人、行动上的矮子。

5个要素：道、天、地、将、法

在本书第一章，我们通过对《孙子兵法》中"五事七计"的SWOT分析了解到，经营企业离不开道、天、地、将、法五大要素，它们共同构成了企业稳固发展的基石。其中，"道、天、地"是大略，而"将"和"法"则是雄才，而这五大要素其实也体现了天道、人道与地道的三才之道，彰显了一种师法自然、通天达地的王者智慧。

- 天道：修天道——通天，虚无；
- 人道：尽人道——克己，正心；
- 地道：行地道——救世，兼爱。

具体而言，天道要求我们追求高远，虚无缥缈中探寻真理；人道则强调自我克制与正心修身；而地道则是要我们立足于现实，以救世之心，行兼爱之道。

我们之所以一再强调"道"的重要性，甚至本书的第一篇章，并非一上来就讲方法论，而是先悟道。我个人认为，这是企业家经营企业入正道的先决条件。

古人有云，"形而上者谓之道，形而下者谓之器"。道，是那些我们看不见却至关重要的思想、精神和信仰。对于一个志在长远发展的企业来说，重视道这一层次的文化建设至关重要。这包括塑造员工的思想观念，引领他们追求精神价值，并建立起坚定的信仰。

相对而言，器则是那些我们可以直接感知的有形因素，如企业形象设计或产品调性等。然而，在中国文化中，我们强调道与器的统一，二者相辅相成，不可分割。企业家在关注具体事务的同时，更应注重"形上"的思考与观照，这正是经商的基础核心之所在。为此，我们必须掌握儒、道、佛三家思想的精髓。这三家思想对于我们的生命、生死以及人生观有着深远影响。

荀子曰："水火有气而无生，草木有生而无知，禽兽有知而无义，人有气、有生、有知，亦且有义，故最为天下贵也。"人在宇宙天地间之所以宝贵，是因为我们拥有气、生命、知觉以及道义。因此，我们在行事时更应把握分寸，即使是好事也不能做过头，以免走向反面。

而儒学的核心价值观，即在前面提到的"仁、义、礼、智、信"，更是为我们提供了行为指南。尤其是"仁"这一概念，其精髓在于"爱"，但这种爱并非溺爱，而是要有度、有义的爱。

总之，我们在经营企业的道路上，在企业文化建设中，应大力践行社会主义核心价值观，以客户为中心，遵纪守法，这是企业能够成功的关键。

经营企业的顿悟与渐修：企业家想成功一定要走正道

在复杂多变的商业环境中，企业家所面临的挑战远超过单纯地追求盈利。他们肩负着自我觉醒、创造社会价值以及助力他人成功的多重使命，这涵盖了支持员工发展、提升客户满意度、推动经济社会发展等内容。

因此，深刻理解并践行商业之道已成为企业家的核心修炼。那些真正领悟了商业之道的企业家，才能够洞察行业本质，预见市场未来，从而游刃有余地制定出各种策略，找到发展路径和解决问题的方法。显然，未来成功的企业家，必将是那些"悟道"者。从这个角度而言，"道"往往也是企业的软实力（见图3-5）。

| 道 | 天 | 地 | 将 | 法 |

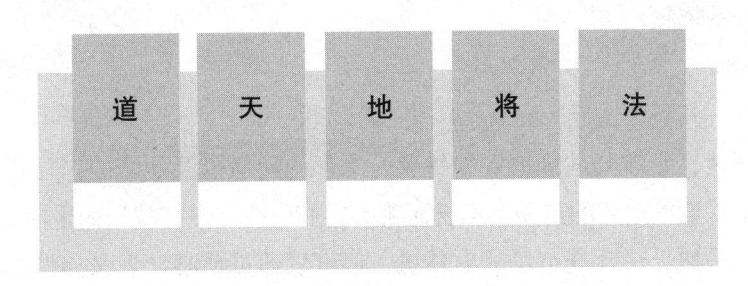

图3-5　企业家走正道离不开五大要素

1. 道

道者，令民与上同意也，可与之死，可与之生，而不畏危。

换言之，道是使民众与领导者志同道合的力量，它能让人们为了共同的目标而奋斗，无畏艰难险阻。

对于企业而言，道意味着员工与管理者共同的目标、使命和愿景。若企业仅凭物质利益去吸引和保留员工，那么这样的团队就如同因利益而暂时聚集的团伙，难以经受真正的考验。作为领导者，你是为员工提供一份有深远意义的事业，还是仅仅提供一份养家糊口的工作？这两者所带来的结果截然不同。

诚然，许多公司都宣称有宏大的企业愿景，并试图通过宣传来影响员工，但如果这些愿景未能与员工的实际利益相结合，那么这些愿景就只会是空洞的口号。例如，有的银行可能宣称要成为"国际一流银行"，但如果员工感受不到这一愿景与自身利益的关联，那么这样的愿景就很难激发员工的共鸣。

2. 天

天者，阴阳、寒暑、时制也。天时，涵盖了昼夜更替、晴雨变化、四季轮回等自然现象。这些变幻莫测的天时，对世间万物产生着深远的影响。正如我们前面所讲的"时来天地皆同力，运去英雄不自由"。当时机成熟，仿佛整个世界都在为你助力；而一旦时运不再，即便你是盖世英雄，也难以施展拳脚。这种大势，是人力所无法左右的。

例如，有一家软件企业风云一时，却最终没落，虽然其没落的原因复杂多样，但未能紧跟移动互联网的浪潮无疑是关键所在。这家企业主打电脑端软件，然而随着移动互联网的普及，越来越多的人在日常生活中已逐渐摆脱了对电脑的依赖。

3. 地

地者，高下、远近、险易、广狭、死生也。

所谓地，则涉及地理位置的优劣、地形的险易以及地域的广狭等因素。在战争中，地形地势的重要性不言而喻，它们往往能左右战局的走向。

我们虽然无法改变市场的大环境，但可以通过精心计划来为自己创造更有利的地利条件。同时，不断完善企业的经营系统、提升管理的能力也是至关重要的。

古人云："天时不如地利，地利不如人和。"这句话在企业经营中同样适用。即便在有利的市场环境下，如果没有扎实的系统和过硬的技能储备，企业家也很难抓住机遇。因此，在追求天时与地利的同时，我们更应注重自身能力的提升和系统的完善。

4. 将

将者,智、信、仁、勇、严也。

所谓将,就是将帅的智谋、诚信、仁慈、果断、严明。

将领,乃军队之魂,必备五大品质:智、信、仁、勇、严(见表3-2)。

表3-2 将领的五大必备品质

将领的五大必备品质	
智	足智多谋,能洞察战机,运筹帷幄
信	言出必行,使将士信赖,军心稳固
仁	关爱士卒,体恤民情,以得人心
勇	身先士卒,勇往直前,激励士气
严	治军严谨,纪律严明,确保战斗力

一将无能,累及三军。优秀的将领,以智取胜,以信立威,以仁服众,以勇带兵,以严治军,方能带领军队取得胜利。

5. 法

法者,曲制、官道、主用也。

法,乃军队之基石,涵盖组织编制、人事管理、军需保障等诸多方面。对于现代管理而言,法即系统的组织能力,包括组织架构的搭建、人力资源的配置以及后勤保障的完善。现代管理学的诸多理念,实则源于古老的军事管理智慧。

在法的实施过程中,恩威并施乃是一大关键。所谓"恩",意指领导者需不断提升自身价值,以惠泽他人,并时刻流露出助人的真诚意愿。人际关系的本质在于价值的互换,领导者的价值高,自然能吸引更多的同行者。

而"威"则要求领导者在施恩的同时,不失威严,设立明确的界限。对于那些不懂感恩或与团队核心利益相悖的个体,必须展现出必要的决断力。过度的慷慨可能会滋生依赖,一旦援助停止,反而会招致不满。因此,恩威并施不仅是一种管理策略,更是领导者在人生道路上应秉持的哲学。

凡此五者——道、天、地、将、法,皆为军事之要素,缺一不可。深知此五者,将帅方能运筹帷幄,决胜千里;反之,则难以取得胜利。这五个方面不仅是古代战争的智慧结晶,也与现代管理学的核心理念不谋而合。

以现代管理学的视角观之,"5W1H"分析法与孙子所提的"五事"有着异曲同工之妙(见表3-3)。

表3-3　用5W1H分析法看"五事"

道(Why)	探究事情的原因与目的,正如企业要明确自身的使命与愿景
天(When)	把握时机,如同企业在市场竞争中敏锐捕捉商机
地(Where)	了解自身所处的位置与环境,就像企业需要清晰自己在市场中的定位
将(Who)	明确执行者,即企业需选拔合适的人才来担当重任
法(How)	具体的执行方法与策略,类似企业制订切实可行的运营计划

利而诱之,乱而取之。有些企业却未能深谙此道,走上了歧途。

成大事者有三戒——毋贪、毋忿、毋急,首要之务是戒除贪婪。贪婪为万恶之源,愤怒易招灾厄,急躁则易跌倒。真正能称霸天下者,必须严守三戒:不贪、不忿、不急。贪婪会使你失去更多,愤怒会让你陷入困境,急躁则易导致你失足跌倒。唯有摒弃贪心,方能避免踏入陷阱。因为所有的骗局,皆源于一个"贪"字。

例如,某企业在3·15晚会上被曝光使用槽头肉等劣质原料生产食品,因此被罚1287万元。该企业显然违背了"道"的原则,失去了诚信与道德底线,最终自食恶果。再看另一个案例,某一品牌花洒曾以高昂价格定位自己,却未能提供与之相匹配的产品品质与服务,最终遭遇市场冷遇。这便是对"法"的忽视,没有制定出切实可行的市场策略与产品定位。

这两个案例都深刻说明了"五事"在企业管理中的重要性。我每每在授课期间都会反复叮咛前来听课的企业家朋友,学商业模式的同时,一定要走正道,绝不骗人。

这样简单的道理,孙子早已告诉我们,不是孙子过于聪明,而是战争的残酷性逼迫人们必须全面考虑各种因素才能取得胜利。同样,在商业竞争日益激烈的今天,企业也需深谙"五事"之智慧,方能立于不败之地。

过了最基础这一关,你才能通往未来的高端局,进一步通过模式创新,实现高维增长。

第二部分

高维增长

增长是解决企业问题的关键，而创新是推动企业增长的重要驱动力。许多企业并不缺乏创新意识，只不过总是过程痛苦，收效甚微。

为什么会这样？被誉为"最受尊敬的CEO"的杰克·韦尔奇给出了他的答案。在结合大量企业的现实案例和经营困境观察后，他在《商业的本质》一书中指出，努力却结果并不良好的痛苦来源是"缺乏协同力"。当我们努力去实现某项目标时，有人在干，有人在看。知道与做到之间仿佛隔着最遥远的距离。虽然有些是故意的，有些则是无意的，但若遇到太多不能同频共振的人，效率和结果就会大打折扣。

其实，企业增长是一个多面体，要从多维度去思考问题，才能打开创新的潘多拉魔盒。

在飞速变革的时代，创新者如同勇敢的航海家，不断探索着未知的海洋。他们深知，唯有不断创新，才能在激烈的市场竞争中脱颖而出，实现高维增长。从盈利模式的守正出奇到商业模式的深入拆解，从组织结构的谋略布局到团队建设的蓬勃兴旺，再到激励机制的巧妙运用，每一步都考验着创新者的智慧与勇气。

在这一部分，我们将深入探讨创新者在盈利模式、商业模式、组织、团队以及激励方面的创新实践。

第四章

CHAPTER 4

战略模式创新：

虚实不露，强弱不泄

《鬼谷子·抵巇》中说道："经起秋毫之末，挥之于太山之本。"强调在处理问题时，即使是看似微不足道的小细节，也可能成为影响全局的关键因素。

然而，自战略概念被引入企业管理领域以来，关于企业战略的理论、方法和工具层出不穷，如 PEST 分析、波士顿矩阵、SWOT 分析、竞争态势矩阵、定位理论等，这些理论和工具为企业战略制定提供了丰富的视角和手段。然而，尽管这些理论和工具为从业者提供了大量的参考，但在实际操作中，很多人仍会感到迷茫和不知所措。

这种迷茫并非源于对战略理论和方法的理解不足，而是在于如何将这些理论和方法与企业的实际情况相结合。对于企业战略的思考，关键在于如何深刻理解企业以及在特定市场环境中的企业。

有效的企业战略必须建立在对企业自身状况的深刻认知之上。这包括了解企业的核心竞争力、市场环境、客户需求以及内部资源等方面。只有全面而深入地了解企业自身，才能制定出既符合市场趋势又体现企业特色的战略。所以，对企业战略的思考，我们应当回归企业本身，深入理解其内在特质和外部环境，从认知开始破局，以此为基础构建出真正适合企业的战略框架。只要框架确定了，企业就如同在海上航行的船只有了方向，内容则可以在企业的不同生命周期，随着发展进程随时更换迭代。

认知破局：用战略的确定性，抵御未来的不确定性

在快速变化的世界中，唯一不变的就是变化本身。然而，对于企业而言，面对这种不确定性，找到并坚守那些不变的原则和价值变得尤为重要。

真正的高手不仅关注市场的瞬息万变和潜在的机会，更聚焦于那些在长周期内保持稳定的要素。这些不变的因素，可能是用户需求、行业核心价值，或是企业持续发展的基石。这些要素叠加起来构成了企业在某一时期的发展战略。贝索斯正是通过洞察并满足用户不变的需求，构建了亚马逊的商业帝国。但回归到问题的本质，实则是一位企业家对未来发展战略的精准把握。

我常常告诫身边的老板朋友："千万不要用战术的勤奋掩盖战略的懒惰。"老板必须时刻警惕，避免在方向上犯错，因为一旦方向错了，前进便是后退。

方法错了可以复盘，发展方向错了就是灾难

在企业经营中，我们常会发现，问题的根源往往并非策略或执行不当，而是起始的方向选择有误。一旦方向偏离，即便后续付出再多努力，也只是在错误的轨迹上渐行渐远，甚至可能引发重大的经营失误。

可能有的老板不以为然，甚至说："我们企业不存在这样的问题，因为我们每周都会复盘。"

复盘这一常用的反思机制，固然能够帮助我们审视项目执行过程中的得失，优化策略与流程。然而，你是否想过，当项目的基础方向错误时，复盘可能只会加深我们在错误路径上的惯性，而无法扭转失败的局面。

也有的老板会自信满满地说自己很有战略眼光，足以应对不确定的未

来。那么不妨回顾一下自己思考问题的方式,大多数人习惯于从底层细节出发,逐步向上看,这种方式在处理具体事务时或许行之有效。然而,一个有战略眼光的人则是自上而下地审视问题,从全局和长远的角度来谋划。例如,先设定一个宏大的愿景或目标,再逐步分解、细化到各个层面。他们看到的是整个森林,而不仅仅是树木。

经营企业也是一样的道理,我们需要自上而下地找到战略上的确定性作为行动的指南针。这意味着老板们需要用未来的视角审视现在,明确什么是不变的,并据此制订战略计划。无论是对于企业,还是个人,这一点都适用。正因为未来充满了不确定性,我们才要把握当下,做好眼下确定的事。

那么,对于企业来说什么是确定的事呢?

战略三要素——目标、环境、能力的平衡

美国耶鲁大学教授约翰·刘易斯·加迪斯写了一本书叫《大战略》。他提出,战略的核心在于目标与能力的平衡,并巧妙地运用"狐狸与刺猬"的比喻来阐释这一观点。

在加迪斯的理论中,狐狸象征着多变与灵活,它们对周围环境有着敏锐的洞察力,能够迅速适应各种情况,这代表着能力;而刺猬则象征着专注与坚定,它们对目标有着明确的追求,无论遭遇何种困境都始终如一,这代表着目标。战略思维,便是要融合这两种特质,既要有宏大的目标作为指引,又要具备实现这一目标所需的能力。加迪斯在书中还引用了多位历史人物的成功案例,他们都是在目标与能力之间找到了完美的平衡,从而成就了伟业。

加迪斯的观点与《孙子兵法》都融合了狐狸与刺猬的思维。然而,从另一个角度来看,《孙子兵法》所强调的"死生之地,存亡之道,不可不察也",更多的是在探讨环境与能力之间的匹配关系。

我个人更愿意将《大战略》与《孙子兵法》的战略思想相结合,构建一个包含目标(方向)、环境和能力三要素的战略模型。在这个模型中,一个组织不仅要保持正确的方向,持续为"初心"配置资源,还要确保自身能力与不断变化的环境保持高度适应性。

在现实生活中,我们常常看到,那些不能适应环境的能力往往难以持续

发展，甚至可能在惯性之后迅速衰败。因此，一个成功的组织必须像狐狸一样灵活多变，像刺猬一样目标坚定，同时又时刻保持能力与环境的匹配。

从战略规划和布局的角度来看，能力构建确实是其中的核心环节。然而，在实际操作中，我们往往会发现，逻辑自洽并不总是容易实现。这就引发了一个问题：如何理解并应用战略中的目标、环境和能力这三个关键要素（见表4-1）？

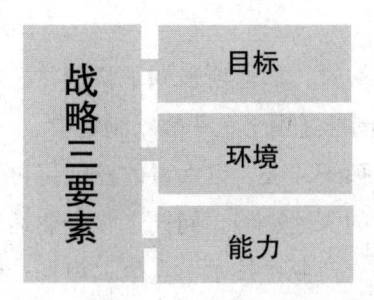

图4-1 战略三要素

在思考新东方、学而思等企业的战略转型时，我们可以看到，尽管它们曾有着宏大的目标和战略意图，但环境的突变使它们不得不进行转型。新东方成功转型为直播电商，这并不意味着它放弃了之前的目标和战略意图，而是在新的环境下，寻找到了与自身能力相匹配的新目标。这恰恰说明，在快速变化的时代，不存在一劳永逸的战略，只有不断追求环境与能力的匹配，才能确保企业的持续发展。

要素一：目标

目标，作为组织的灵魂，不仅昭示着其战略意图和广阔愿景，而且代表着一种超越当前能力和资源的远大抱负。这种抱负，虽然起初可能与现实状况存在显著差距，但正是它为组织点亮了前行的灯塔，注入了不懈奋斗的精神力量。

实际上，目标确保了资源在长期发展中的优化配置和持续投入。在资源有限的企业环境中，抵御短期利益的诱惑，避免资源的分散和浪费，对于实现长期目标至关重要。如若不然，对短期盈利的盲目追求很可能会削弱对长期战略目标的投入，这无疑是对企业宝贵资源的挥霍。

因此，明确而宏大的企业目标、战略意图或发展方向，构成了战略规划的核心要素。以华为为例，其"保持方向大致正确，确保组织活力"的战略纲领，彰显了行业领军企业对正确方向的坚定追求。对于其他众多企业而言，通过设立明确的标杆和参照，形成清晰的战略意图或长远目标，不仅有助于在竞争中占据优势，更能确保企业与时俱进，不被时代淘汰。

此外，目标在统一内部思想方面也发挥着重要的作用。通过向中层乃至全体员工传达企业的长远目标，可以促进整个组织形成共同的价值观和行动准则，实现上下同心、共识共行的局面。

要素二：环境

在解读《孙子兵法》时，加迪斯强调了认清并适应存在的限制和约束条件的重要性。这一理念同样适用于企业战略制定中。

前文我们讲到，《孙子兵法》以大量的篇幅探讨了"地"的概念，凸显了空间要素对军事力量的深远影响。同样，在企业运营中，环境同样发挥着举足轻重的作用。政策、产业、技术、竞争、市场、传播和渠道等多重环境因素共同塑造了企业的经营格局，并限制了企业资源和能力的发挥。

企业要时刻保持对环境的敏锐洞察。例如，十年前电商平台的崛起彻底改变了传统的渠道生态，而如今短视频和自媒体的流行则对品牌传播方式产生了深远影响。这些变革为企业带来了前所未有的机遇，但同时也伴随着挑战。只有那些能够迅速适应环境变化的企业，才能抓住时代的红利，成为行业的佼佼者。

当前，我们正处于数字化转型的浪潮之中。谁能在这场变革中抢占先机，提高管理和决策效率，谁就能在激烈的市场竞争中脱颖而出。那些对环境变化反应迟钝的企业，则可能面临被淘汰的风险。

要素三：能力

构建企业核心能力是推动企业持续成长的基石，而《孙子兵法》为我们提供了宝贵的启示。

（1）能力的基础要素

正如前文所讲，孙子提出："故经之以五事，校之以计，而索其情，一曰道、二曰天、三曰地、四曰将、五曰法。"这五个要素可概括为资源性要素（天与地）、团队要素（道与法）以及干部或人才要素（将）。

资源性要素：在特定的空间与时间条件下，环境能为企业提供哪些资源，如产品、技术、资金、设备和品牌等，这些都是由资源性要素所衍生的。有了资源以后如何整合为自己所用是关键之处。

团队要素：主要体现在精神的"道"与组织的"法"上。"道"是统一团队思想、凝聚人心的核心理念；"法"则是组织人员的方式、模式和制度，确保行动的一致性。

干部培养：作为人才要素的核心，干部是组织发展的基石。有计划地培养和选拔干部队伍，为企业的长远发展提供坚实的人才支撑。《孙子兵法》强调干部应具备"智信仁勇严"的素养，这是对他们在决策、指挥、组织与管理方面的全面要求。

管理者的重要性不仅在于他们的个人技能，更在于他们能否管理和带领好团队。一个优秀的领导能够激发团队的潜能，实现整体力量大于部分之和的效果。

（2）要素的运用能力

在构建了以资源性要素、团队要素和干部或人才要素为基础的核心能力之后，关键在于如何有效地运用这些要素。

《孙子兵法》提供了系统的战略和战术体系，以及具体的方法和工具来指导这些要素的运用。当企业的能力建设与能力运用形成良性循环时，就构成了企业的核心竞争力。这种核心能力是难以被竞争对手模仿的，因为它是一个由多种技术、生产技能、流程和企业文化组成的复杂系统。后面章节我们会详细讲述这些系统。即使竞争对手能够获得某些技术或流程，也难以完全复制或照搬整个核心能力系统。

上述三个要素的运用有一个条件：在构建战略体系时，必须达成三个关键要素的平衡，这些平衡点会根据组织成长的不同阶段而有所调整。这三个平衡分别是：一是目标与能力的平衡。这意味着组织设定的目标需要与其当前及可预见未来的能力相匹配。目标过于远大而能力不足，或目标过于保守而能力未被充分利用，都会阻碍组织的健康发展。二是目标与环境的平衡。组织的战略目标需要与外部环境相适应。这包括市场需求、竞争态势、政策法规、技术进步等因素。只有目标与外部环境保持和谐，组织才能在激烈的市场竞争中稳步前行。三是环境与能力的平衡。组织的能力建设必须考虑到外部环境的变化。环境在变，能力也需随之调整。这样，组织才能灵活应对各种挑战，抓住市场机遇，实现持续发展。

在企业创立初期，应更多关注"环境与能力的平衡"。这一阶段是摸索和试错的过程，企业需要敏锐捕捉并利用环境中的有利条件，以实现初步的发展。

而随着企业进入成长期，"目标与能力的平衡"变得尤为重要。此时，企业应明确自身核心能力，并将其与战略目标紧密结合，以确保企业能够在激烈的市场竞争中脱颖而出。

在企业面临变革时，"目标与环境的平衡"则成为关键。企业需要回顾初心，重新定位自己在市场中的位置，同时调整战略以适应新的环境挑战，从而找到新的增长点，推动企业的持续发展。

那么，确定了三要素之后，如何确保方向正确呢？简单来说有三点：一是明确企业目标和市场定位至关重要。在做出任何重大决策之前，我们必须清晰界定自身的长远目标和阶段性期望，以确保各项决策均服务于这些核心目标。二是老板应保持敏锐的市场洞察力，不断吸收新知识，掌握行业动态。在这个日新月异的商业环境中，我们必须持续更新自身的市场认知，以便更准确地把握市场脉搏，避免因信息滞后或认知局限而导致方向性错误。三是当发现决策失误时，老板应具备及时调整的勇气和决心。承认并纠正错误，可能意味着需要推翻过去的努力，但这也是企业成长和进步的必经之路。

如果有一天我们企业的战略能达到"无形"的境界，便能像孙子说的那样"深间不能窥，智者不能谋"，意思是即便敌方深潜的间谍也难以窥探我方真实意图与实力。因为在此境界下，我方虚实难辨、强弱莫测，使得即使智计高超的敌方也难以谋划出克敌之策。

当然，在确保战略正确以后，我们也应该积极拥抱变化，不断寻求自我革新。正如那句"自杀叫重生，他杀叫淘汰"，与其被动等待被市场淘汰，不如主动求变，自我革新，以战略的确定性驾驭未来的不确定性。

回归原点：什么才是企业真正的需要

既然企业战略的重要性日益凸显。然而，要制定有效的战略，我们必须首先回归到企业战略思考的原点，深入探寻企业的核心需求。这不仅是对企业存在基础的重新审视，更是对未来发展方向的深思熟虑。只有通过洞察企业的本质，明确生存与发展的紧迫性，进而聚焦于增长这一核心问题，才能为企业描绘出一幅清晰且富有远见的战略蓝图。

回到企业战略思考的原点

如果暂时无解，那么我们就先回到思考的原点，抽丝剥茧地洞察问题的本质。先来思考以下三个问题。

第一个问题：企业的本质是什么

德鲁克曾深刻指出，企业是由人所创造和管理的，而非抽象的"经济力量"。我们不能仅从利润的视角来界定或理解企业。企业是一个能够高效运用各种资源创造财富（即生产力）的组织，其核心目的是创造顾客并获取经济成果。营销和创新构成了企业的两大支柱。显然，顾客是企业的根基，他们不仅为企业带来经济效益，更定义了企业的本质，同时为社会创造了就业机会。社会之所以将企业作为创造财富的工具，正是为了满足顾客的需求。

第二个问题：企业的需求是什么

任何一家企业的首要需求都是生存与发展——无论企业怀揣怎样的愿景和使命，其首要任务都是确保自身的生存与发展。这是企业不可动摇的第一需求。

然而，作为社会经济体系中的一员，企业的运营状况受到宏观经济环境、法律法规、技术革新、人类认知以及竞争格局等多重因素的共同影响。企业时刻面临客户流失、竞争力下降、财务亏损甚至破产的风险。因此，企业必须全面考虑市场环境的变化和资源配置，并据此做出明智的抉择。企业战略的核心就是在确保企业生存和长远发展的前提下，进行重大的决策和资源配置规划。

第三个问题：企业战略的核心是什么

企业的生存与发展，归根结底是增长的问题。为此，企业战略的本质就是要解决这一核心问题，即明确"在哪里增长""增长多少""如何增长"。

其中，选择"在哪里增长"尤为关键。是在现有领域深耕还是拓宽新领域？是寻求共同发展还是通过竞争实现增长？是替代旧有模式还是开创新的应用场景？企业选择了增长的方向，也就同时选择了在哪里吸引和创造顾客。

接下来，确定"如何增长"也至关重要。这需要我们综合评估企业的产品实力、营销能力、生产效率和组织能力等内部要素，以及企业获取资源的可能性。

这些决策和问题对企业的战略规划和资源配置具有深远影响，要求我们从技术可行性和环境适应性两个角度进行深入思考。

企业家只有先想明白了这几个问题，再去思考战术的层面，这样制定出来的战略才是有效的。否则，一切创新都是天方夜谭。

洞穿本质：为什么你的企业战略无法落地

在传统战略思维中，企业往往侧重于从价值链各环节挖掘核心优势，并通过组织、流程和文化等方面的系统打造，将这些优势转化为具有刚性和排他性的核心竞争力。在工业时代，这种策略确实为企业带来了长期的竞争优势，因为产业结构稳定，顾客需求相对单一。然而，随着行业环境的快速变化，尤其是在互联网时代，这种刚性核心竞争力可能迅速转变为劣势，导致许多曾经辉煌的企业如我们前面提到的柯达、摩托罗拉等逐渐衰退。

而现代企业战略需要解决的是企业在特定时期面临的最根本、最主要的问题。一旦明确战略目标和任务，关键在于找到并实现这些目标所需的核心能力。这种能力并非企业已有的固定优势，而是根据战略目标动态构建和整合的。例如，华为从代理产品起步，逐步发展为全球化企业，其成功不仅依赖于产品技术研发和业务流程建设，更在于其强大的学习能力和奋斗精神，这些才是华为真正的核心能力。因此，我们必须区分企业的核心能力和战略实现所需的核心能力。前者是构建后者所需能力的基础，包括组织的学习和实践能力、创新能力和组织适应性等。这种动态的核心能力构建方式，将使企业在不断变化的市场环境中保持灵活和竞争力。否则，再天衣无缝的战略也无法落地。

很多企业普遍存在的问题：战略很好却不落地

企业战略的实施落地，是企业生存和发展的基石。然而，许多企业正面临战略难以落地的困境，这已成为制约其前进的普遍难题。尽管众多企业通过咨询和培训引入了战略解码的工具和方法，期望能借此推动战略的顺利实施，但这些方法往往仅从执行层面出发，未能触及战略思维层面的核心问题。

战略无法落地的根源，并非仅仅在于执行不力，而更多地在于企业在战略思考上存在的误区。例如，一些企业误解了"战略决定战术"的原则，导致战略与战术之间的脱节；有些企业战略未能找到顾客需求、产品与企业需求之间的平衡点；有的企业战略在技术层面上忽视了技术进化的规律和生态系统的适应性；同时，部分企业战略未能及时适应新的竞争态势，或者内部未能就战略达成共识，缺乏战术上的迅速决断和团队的战略定力。

当然每个企业自身的情况不同，各有各的理由，我个人认为，在诸多因素中，尤为关键的是许多企业未能跟上时代的步伐，难以适应新的竞争环境。特别是在如今这个充满易变性、不确定性、复杂性和模糊性的环境下，这一点显得尤为重要。与工业时代相比，如今的变化速度更快，市场机会的存在时间更短。这就要求企业能够迅速思考、准备并完善自己的战略，以抓住稍纵即逝的机会。在VUCA环境下，能否在短暂的机会窗口期内迅速做出反应，并形成规模优势，往往决定了战略的最终成败。

VUCA：应对当今多变世界的战略思维与战略框架

随着互联网、数字化、智能化浪潮的推进，企业正身处一个复杂多变、充满不确定性的经营环境（VUCA）。

VUCA，是Volatility（易变性）、Uncertainty（不确定性）、Complexity（复杂性）、Ambiguity（模糊性）四个英文单词的首字母缩写。这个概念最初起源于军事领域，自20世纪90年代开始逐渐被广泛采用。随着时间的推移，VUCA不仅被企业界接纳，更渗透到了包括营利性公司和教育机构在内的各类组织战略思维中（见图4-2）。

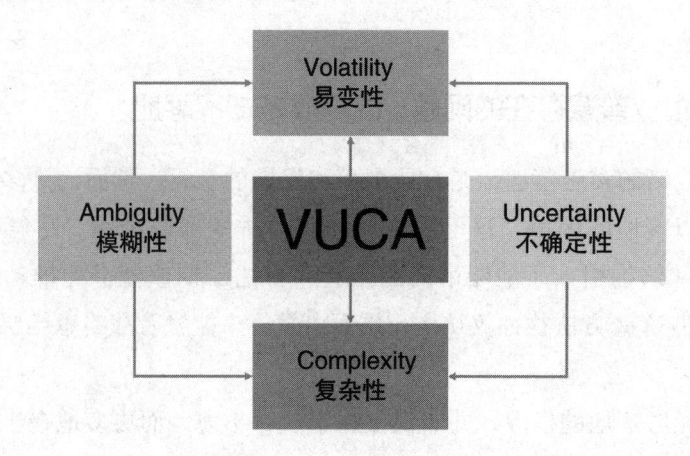

图4-2 VUCA代表的含义

在当下这个充满挑战和机遇的时代，VUCA成为一个重要的战略框架，帮助企业和其他组织更好地理解和应对外部环境的易变性、不确定性、复杂性和模糊性。

在这样的时代背景下，企业的首要目标是确保生存，进而灵活适应快速变化的环境，并迅速找准发展方向。为实现这一目标，企业需要重新审视其战略视角和业务焦点，并进行思维方式的转变。

1. 从寻找战略机会到捕捉机会窗口

在工业时代，由于知识更新缓慢且市场机会长期存在，企业有充足的时间来思考、准备并优化其战略。然而，在VUCA环境下，国际贸易政策、经营环境、新技术及消费者需求的快速变化和不确定性导致机会的窗口期大大缩短。机会稍纵即逝，把握难度显著增加，因此，能否及时捕捉并利用这些短暂的机会窗口，已成为战略评估的重要标准。

首先，企业的战略目标应聚焦于成为细分领域的领导者，即实施"数一数二"战略。在不确定的环境中，为确保企业的生存与发展，必须在机会窗口期内迅速扩大规模，形成压倒性的规模优势。其次，在战略资源的分配上，企业应集中优势资源，以迅速抢占机会窗口。为实现这一目标，企业需要精确界定其"作业面"，并集中所有资源对这一领域发起"饱和攻击"（All In），以确保在竞争激烈的市场中脱颖而出。

2. 企业经营焦点的转变：从产品和顾客到场景

随着生产力的不断提高和市场环境的演变，企业经营的重心也经历了从生产中心到产品中心，再到顾客中心的转变。在生产力低下、物资匮乏的时代，供不应求的市场环境使得企业自然而然地以生产为中心，主要关注产量的管理，而消费者则处于被动消费的状态。

随着生产力的提高，产品种类日益丰富，消费者的选择也随之增多。这一时期，企业经营开始转变为以产品为中心，注重产品质量和品牌建设，从而开启了市场营销的新篇章。而当市场需求进入存量阶段，竞争变得日益激烈，顾客逐渐成为市场的主导，企业经营也因此转变为以顾客为中心。

然而，在充满易变性、不确定性、复杂性和模糊性的VUCA环境下，企业所面临的客户群体也呈现出极大的不确定性。特别是在互联网和数字化技术快速发展的今天，以满足特定场景中的需求为出发点进行产品设计，已经成为一种新的趋势。这种以场景为中心的设计理念要求产品能够满足同一场景下多种角色的需求。

因此，以场景为中心进行应用开发，创造并满足顾客需求，再通过不断迭代升级来完善产品，已经成为企业在VUCA环境下降低经营风险、提升竞争力的有效手段。这种以场景为中心的应用开发还有可能颠覆传统行业格局，例如，数码相机颠覆传统相机市场，多场景应用的智能手机取代传统的语音通信手机、照相机、CD机等。

在实施以场景为中心的经营策略时，企业需要从传统的客户视角转变为更广泛的非客户视角，聚焦于场景中存在的问题或未来可能出现的冲突，以此为基础开发出新的需求和解决方案。

3. 从PDCA到OODA：适应VUCA环境的决策循环演变

半个多世纪以来，PDCA循环（计划—执行—检查—行动）已成为企业管理的标配。这一循环在稳定或可预测的变化环境中尤为有效，它帮助企业明确目标、制订计划并监控执行。然而，在快速变化和深度不确定的VUCA时代,企业往往面临目标模糊、环境多变的挑战,使传统的PDCA循环显得力不从心。

在VUCA环境下,企业需要的是一种更加灵活和快速的决策机制。这就是OODA循环(观察—判断—决策—行动)的价值所在。它强调在混沌和模糊中迅速观察形势、做出判断、制定决策并立即行动,通过快速循环和不断纠偏来适应环境变化。在这种模式下,PDCA循环并未被完全抛弃,而是作为OODA循环中"行动"阶段的补充和完善,计划周期也变得更加短暂和简洁。

4. 从追求组织效率到提升组织适应性:应对 VUCA 环境的策略转变

在相对稳定的经营环境中,企业战略方向明确,业务重点突出。此时,企业的制度和流程成为战略执行的有力保障,而企业之间的竞争往往聚焦于组织效率。金字塔式的官僚组织结构(及其演进的职能矩阵式)在既定的制度和流程框架内,展现出高效的决策和执行能力。然而,这种结构在模糊和不确定的环境中显得灵活性和适应性不足。

随着经营环境变得越发快速变化和深度不确定,VUCA环境对企业提出了新的挑战。在这样的背景下,组织需要具备对各种可能出现场景的快速应对能力,包括迅速做出决策和调整策略,以抓住稍纵即逝的机会窗口。这就要求组织在保持一定效率的同时,更加注重提高灵活性和适应性。因此,企业需要从过去单纯追求组织效率的思维模式,转变为更加注重提高组织的适应性,以更好地应对VUCA环境带来的挑战。

总的来说,无论制定怎样的战略,未来如何转型,企业战略的核心目标始终都是解决企业生存和发展这一根本问题,其实质就是要促进企业的增长。因此,无论何时,我们都要从企业的实际需求出发,深入挖掘并识别出那些能够推动企业增长的机会。想明白了这些问题,接下来才是如何去制定一个适合企业发展的科学的战略体系,即在企业内部建立起解决问题所必需的各种能力,包括技术创新能力、市场洞察力、组织变革能力等。千万不要在没想明白之前就去做设计,那样得来的结果不叫顶层设计,更无法指引企业驶向美丽的彼岸。

突围引擎：企业创新增长三大战略

当前，全球产业格局正在加速重构，无论是实力雄厚的巨头企业，还是相对羸弱的中小微企业，大家在发展过程中面临的宏观挑战和机遇都是交织叠加的。我有幸在授课期间与许多企业家深入交流，深切体会到他们在市场竞争中的无奈与期待。许多企业家都表示，在激烈的行业竞争和业务增长的压力下，他们感到力不从心，尤其是这两年生意不好做，所在的行业内卷太严重，业务增长乏力，想"躺平"但又不甘心，还是想看看能否找到新机会，保持一定的业务增长。我在敬佩之余，结合这些年的观察思考，提炼总结出了推动企业创新增长的三大关键战略，旨在帮助企业跳出传统的竞争框架，寻找新的增长点，以应对日益加剧的行业内卷现象。

企业创新增长三大战略

在探讨企业如何实现增长的问题上，管理学界的前辈们已经为我们提供了丰富的理论与实践经验。在我看来，这些经验可以归结为三大核心战略（见图4-3）。本书后续的内容也将围绕这三大战略进行详细展开和深入探讨，而关于三大战略具体的讲解和实施方案，将在后面的章节中详细阐述。

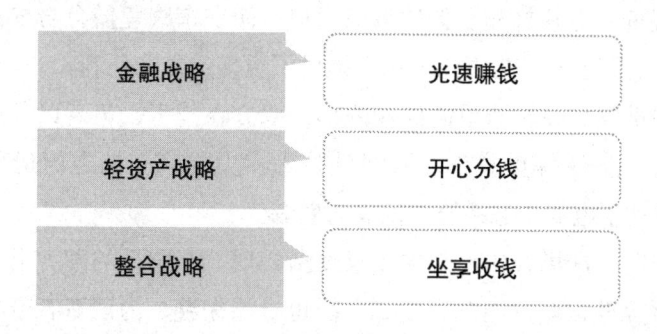

金融战略	光速赚钱
轻资产战略	开心分钱
整合战略	坐享收钱

图4-3　企业创新增长三大战略

1. 金融战略

金融战略的核心在于运用金融杠杆，将企业打造成一个能够源源不断产生现金流的"银行"。

（1）金融杠杆的运用。我们将深入探讨如何巧妙运用金融杠杆，将企业的资金运作效率最大化。通过合理的财务规划和资本运作，企业可以像银行一样，源源不断地产生现金流，从而支持企业的持续发展和扩张。

（2）创新收款模式。为了加速企业的资金周转，我们将探讨如何设计创新的收款模式。通过先收钱、收股东、收人才的策略，企业可以在扩张之前确保充足的资金流入，从而降低运营风险，提升发展速度。

（3）银行金融模式设计。为了让企业的资本运作更加高效和安全，我们将探讨如何设计类似银行的金融模式。这种模式可以让投资人在零风险的情况下进行投资，从而吸引更多的资金支持企业的发展。同时，这种模式还能够提升企业的信誉度和市场竞争力。

我们以腾讯与京东的"金融联姻"为例作简要说明。

在互联网巨头腾讯的版图中，电商领域一直是其希望进一步拓宽的疆土。与此同时，电商领军者京东，也怀揣着更大的市场野心，急需资金与资源的注入来稳固和拓宽自己的商业领地。

在这样的背景下，一个战略决策悄然酝酿。腾讯决定通过战略投资，携手京东共创未来。这不仅是一次简单的资本注入，更是一场深度的资源整合与合作。

随着腾讯与京东投资协议的签订，腾讯正式成为京东的重要股东，双方的合作也由此拉开了序幕。腾讯运用其亿级用户的社交网络平台，巧妙地为京东引导流量，为其打开了新的市场门户。而京东则凭借自身丰富的商品资源和优质的电商服务，为腾讯的用户提供了更多选择和便利。

但这并不仅是一场简单的商业联姻，双方在技术、运营以及市场推广等多个领域也展开了深度合作。腾讯的技术实力与京东的电商运营经验相结合，共同推动了电商生态系统的发展与繁荣。

实践证明，这场合作带来的成果逐渐显现。在腾讯的助力下，京东的市场份额显著提升，双方的电商生态系统也日臻完善，为消费者带来了前所未有的购物体验。同时，这一联姻不仅加强了腾讯和京东在各自行业内的地位，更对整个电商行业产生了深远的影响。

腾讯投资京东，不仅是一次战略投资，更是一次共赢的合作。双方携手,共同打造了一个强大的电商生态系统,为中国的电商市场注入了新的活力。

2. 轻资产战略

轻资产战略的核心在于通过优化资产配置,降低企业的运营负担,从而实现更加灵活和高效的发展。

(1)招商融资新战略。为了吸引更多的合作伙伴和投资者,我们将探讨如何制定有效的招商融资战略。通过定期举办招商会等活动,企业可以向潜在合作伙伴展示自己的实力和发展前景,从而吸引更多的资源和资金支持。

(2)长期战略布局。为了让企业的发展更加具有前瞻性和可持续性,我们将探讨如何设计未来10年甚至更长时间的战略布局。通过明确企业的发展目标和愿景,以及为实现这些目标所需的关键步骤和资源配置,企业可以更加有针对性地制订发展计划,确保长期稳健的发展。

(3)轻资产布局。为了提高企业的运营效率和灵活性,我们将探讨如何实现轻资产布局。通过将公司转变为平台、员工转变为创客、高管转变为股东、客户转变为业务的模式创新,企业可以降低固定资产的投入和运营成本,从而更加专注于核心业务的发展和创新。这种布局不仅有助于提升企业的市场竞争力,还能够激发员工的创造力和积极性,推动企业的持续创新和发展。

下面我们以顺丰为例,看看这家此前一向以重资产为主的物流企业如何实现了轻资产的飞跃。

长久以来,顺丰一直是中国快递物流的佼佼者。然而,随着市场的竞争,它也遇到了前所未有的压力。为了保持领先地位并应对不断上涨的成本,顺丰决定走出一条不一样的道路——轻资产战略转型。

这场转型并非一蹴而就,而是需要深思熟虑和精细布局。顺丰首先把目光投向了物流科技。它大力研发并应用了智能分拣系统、无人机配送和自动化仓储管理等先进技术。这些技术的引入,极大地提高了操作效率和准确性,让顺丰在快递物流领域再次领先一步。

但这还不够。顺丰知道,要想真正实现轻资产运营,必须建立一个高效、灵活的多式联运网络。于是,它开始整合陆运、空运、海运等多种运输方式,打造了一个全方位的物流体系。这一举措不仅提高了运输速度,还为客户提供了更多样化的服务选择。

与此同时，顺丰还构建了一个先进的物流信息系统。这个系统能够实现货物信息的实时共享和跟踪，让客户随时了解货物的动态，大大提高了客户服务质量。

随着时间的推移，顺丰的轻资产战略开始显现出其强大的威力，运输效率显著提高，货物配送时间大幅缩短，客户满意度也随之增加。更重要的是，通过更有效的资源利用和减少不必要的资产投入，顺丰成功降低了运营成本，使其在激烈的市场竞争中保持了强大的盈利能力。

3. 整合战略

整合战略的核心在于通过并购、合作与联盟，以及上下游的投资整合，实现资源的优化配置，从而提升企业的竞争力和市场份额。具体可以分为以下三点。

（1）战略并购。并购是快速扩大企业规模、获取更多资源的有效途径。我们将探讨如何通过巧妙的策略，以最小的代价（甚至是0元）并购同行业的企业，从而实现业务的快速扩张和资源的有效整合。这不仅能够提升企业的市场竞争力，还能够通过资源整合，降低运营成本，提高盈利能力。

（2）合作联盟。在日益激烈的市场竞争中，单打独斗往往难以取得优势。因此，我们将探讨如何与其他企业建立紧密的合作关系，形成强大的联盟。通过统一管理、统一系统的资本运作战略布局，联盟成员可以共享资源、分担风险，共同应对市场的挑战。这种合作模式不仅能够提升企业的抗风险能力，还能够通过资源共享，实现互利共赢。

（3）上下游投资整合。为了进一步提升企业的竞争力和盈利能力，我们将探讨如何实现上下游产业的投资整合。通过与供应商、分销商等合作伙伴的紧密合作，企业可以更加深入地了解市场需求，优化产品供应链，降低运营成本。同时，这种整合模式还有助于企业拓展新的业务领域，开发更具市场竞争力的产品和服务。

说到整合能力，就不得不说到阿里巴巴的电商生态整合传奇。

随着互联网的飞速发展，电商行业日新月异，单一的电商平台已难以满足消费者日益多样化的需求。阿里巴巴明白，要想保持领先地位，就必须打造一个全方位的电商生态系统。

于是，一场轰轰烈烈的整合大幕拉开了。阿里巴巴开始通过收购和兼并来迅速扩大业务范围。饿了么、高德地图等知名企业相继被纳入阿里旗下，这些收购不仅大大增强了阿里巴巴在相关领域的实力，更为其电商生态系统注入了新的活力。

但这只是整合战略的一部分。阿里巴巴还敏锐地捕捉到线上线下融合的趋势，通过新零售战略，将线上线下的购物体验融为一体。盒马鲜生、天猫小店等实体店铺如雨后春笋般涌现，与天猫、淘宝等线上平台形成了完美的互补，为消费者提供了前所未有的购物便利。

阿里巴巴的野心远不止于此。它不仅想成为一个购物平台，更想成为消费者生活中的全方位服务商。于是，支付宝、阿里云、菜鸟网络等一系列服务应运而生，形成了一个庞大而完整的电商服务生态。

这一系列整合战略的实施，带来了显著的成果。阿里巴巴的业务范围不断扩大，从电商延伸到了金融、物流、云计算等多个领域。消费者可以享受到从购物到支付、从物流到售后的全方位服务，这种一站式的购物体验让消费者对阿里巴巴的依赖性越来越强。

如今，阿里巴巴已经成功构建了一个庞大的电商生态系统，成为行业的佼佼者。这一切都得益于其高瞻远瞩的整合战略和坚定不移的执行力。阿里巴巴的故事不仅是一个商业传奇，更是一个关于如何通过整合战略实现跨越式发展的生动教材。

虽然我们所提及的都是那些已经成功的巨头企业，但实际上，这些战略并非仅适用于大型企业。每一个有志于突破重围、实现持续增长的企业，无论规模大小，都可以从这些成功案例中汲取智慧。因为真正的高维商战智慧，是跨越行业和规模的，它像一盏明灯，照亮着所有渴望成长的企业前行的道路。

第五章

CHAPTER 5

盈利模式创新：

守正出奇，大道至简

在瞬息万变的商业世界中，盈利模式创新是企业持续发展的关键。守正出奇，大道至简，不仅是一种战略思维，更是企业在激烈的市场竞争中脱颖而出的法宝。本章将带你探索盈利模式的多元创新，从产品、品牌、资源、系统到资本，每一环节都蕴藏着深厚的商业智慧。

我们不再局限于仅仅通过产品去寻找盈利模式，而是要学会透过各种盈利模式去创造财富。把用户做大，我们便能从模式中寻得盈利之道；把口碑做好，产品便能成为我们最有力的广告；把增值做精，品牌将成为无形的资产；把平台做强，资源便能转化为源源不断的收益；把市场做爆，系统将成为我们扩张的利器；把资产做轻，资本将成为我们腾飞的翅膀。

在这一章中，我们将深入剖析守正出奇的思维在商业实践中的运用。正如《道德经》所言："以正治国，以奇用兵，以无事取天下。"我们在坚守商业正道的同时，也要善于运用奇思妙想，打破常规，以创新的方式开拓市场，赢得客户。让我们一起踏上这场盈利模式创新的探索之旅，领略商业世界的无限可能。

第五章　盈利模式创新：守正出奇，大道至简

别再用产品找模式，而是透过模式去挣到钱

在商业领域，产品和盈利模式的关系往往被误解。许多初创企业和创新者常常陷入一个误区：他们先开发出一款产品，再去寻找与之匹配的盈利模式。然而，这种做法不仅效率低下，而且风险极高。在这个快速变化的时代，我们需要转变思维，从"用产品找模式"转变为"透过模式去挣钱"。

透过模式去挣钱，意味着我们在构思产品之初，就要对盈利模式有清晰的认识和规划。这样做不仅可以提高我们的商业敏感度，还能确保我们的产品从一开始就具有市场竞争力。当我们明确了盈利模式，就能更精准地定位目标客户，更有效地进行市场推广，从而实现快速盈利。但在此之前，我们首先要了解我们所处的商业时代背景。

商业5.0时代到来

随着数字化技术的迅速发展和深入应用，商业领域正在翻开新的篇章。过去，我们见证了商业从1.0到4.0的跳跃式发展，每一次跃迁都标志着商业模式的巨大转变。而在今天，我们正站在商业5.0的门槛上，迎接一个以数字化生态圈为核心的全新商业模式（见图5-1）。

```
商业1.0：实体店时代
        ↓
商业2.0：电子商务的崛起
        ↓
商业3.0：移动商务的浪潮
        ↓
商业4.0：智能化的飞跃
        ↓
商业5.0：数字化生态的共创
```

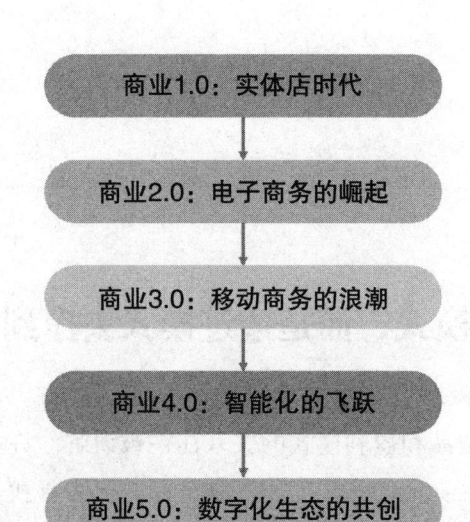

图5-1 商业的演进

1. 商业 1.0：实体店时代

商业1.0代表的是传统的实体店商业模式，其核心在于线下交易与实体体验。消费者亲自踏入商店挑选商品，而商家则依赖地理位置、传统广告和促销活动来吸引客流。在这个阶段，商业竞争主要聚焦于地段选择和市场营销策略。

2. 商业 2.0：电子商务的崛起

互联网的广泛普及催生了商业2.0——电子商务时代。在线交易和电子支付的兴起使得消费者能够便捷地在网上购物并完成支付。在这个时代，网站的易用性和用户体验成为竞争的关键，商家致力于打造一个安全、高效的在线购物平台。

3. 商业 3.0：移动商务的浪潮

随着移动设备的广泛普及，商业进入了移动商务时代，即商业3.0。消费者现在可以通过手机和其他移动设备随时随地进行购物和支付。商业模式也随之多元化，涌现了App购物、社交媒体营销等新形式。此时，移动设备的覆盖率和应用商店的排名成为决定竞争力的重要因素。

4. 商业 4.0：智能化的飞跃

商业4.0标志着智能化商业模式的到来。在这个阶段，人工智能和大数据分析等先进技术成为商业竞争的新引擎。企业利用这些技术进行精准的数据分析和个性化服务推荐，从而提升客户满意度和忠诚度。同时，智能化技术还在优化企业运营和提高工作效率方面发挥着重要作用。

5. 商业 5.0：数字化生态的共创

商业5.0代表着数字化生态商业模式的崭新时代。在这个时代，企业不再局限于自身的产品和服务，而是致力于构建一个共生的数字化生态圈。通过跨界合作和共享经济及借助AI工具等，企业推动商业模式的创新和升级。数字化技术不仅使市场预测和决策更加精准，还促进了整个商业生态的协同发展和进步。

总之，单纯依赖产品去摸索盈利模式的时代已经一去不返。相反，通过深入洞察市场趋势，理解消费者需求，并构建出与之相契合的盈利模式，透过模式去挣钱，这不仅是一种策略，更是一种前瞻性的商业思维。

接下来，就让我们一起摒弃传统的产品中心思维，拥抱盈利模式的创新，实现财富的跃迁。

模式盈利：把用户做大

在数字化时代，企业的成功不仅取决于产品或服务的质量，更在于企业能否构建一个强大的用户基础。这是把用户做大的核心思想。通过创新的盈利模式和精准的市场定位，企业可以吸引并留住大量用户，进而将这些用户转化为忠实的粉丝，为企业的持续发展提供源源不断的动力。

主动出击的蜜蜂商法：从"等客上门"到"主动采蜜"

在未来的商业世界中，没有客户只有粉丝，没有企业只有平台，没有员工只有创客。这将是一个以用户为中心，以粉丝为基础的新时代。因此，企业必须不断创新盈利模式，扩大用户基础，培养忠实粉丝，得用户者得天下。

然而，许多企业常常陷入"等客上门"的被动模式，就像蜘蛛织网一样，等待着蚊子自己撞上网。然而，这种模式往往导致企业错失大量机会，甚至面临饥饿的困境。为了摆脱这种被动，我们需要从过去等客上门的蜘蛛织网法，转向一种更为主动的商业模式——蜜蜂商法。

蜜蜂商法的核心理念是主动出击，积极寻找并采集商业机会，就像蜜蜂主动采蜜一样。这种模式要求企业具备敏锐的市场洞察力和行动力，能够及时发现并抓住商机，从而确保持续的商业成功。

通过蜜蜂商法，企业可以更加灵活地应对市场变化，不断拓展业务领域，提升品牌影响力和市场份额。与蜘蛛织网的被动等待相比，蜜蜂商法更具有活力和竞争力，能够帮助企业在激烈的商业竞争中主动出击，寻找并抓住每一个商业机会。蜜蜂商法案例见表5-1所示。

表5-1 蜜蜂商法案例

360与瑞幸	360通过提供免费的杀毒软件吸引了大量用户，而瑞幸则通过高品质的咖啡和便捷的购买方式赢得了消费者的喜爱。两者虽然行业不同，但都通过独特的盈利模式成功吸引了大量用户
滴滴打车与交通电台	滴滴打车通过智能手机应用提供了便捷的打车服务，而传统的交通电台则逐渐失去了听众。滴滴的成功在于它利用技术创新满足了用户的出行需求，从而吸引了大量用户
QQ、微信与短信、电话	QQ和微信通过提供丰富的社交功能和便捷的沟通方式，逐渐取代了传统的短信和电话。它们的成功在于不断创新，满足用户日益增长的社交需求

这些案例都表明了一个道理——我消灭你和你无关！在商业模式创新的浪潮中，那些能够快速圈粉、吸引并留住用户的企业往往更具有竞争力。例如，小米公司通过其独特的粉丝文化，成功地将大量消费者转化为忠实的米粉。这些粉丝不仅为小米的产品买单，还积极为其宣传和推广。

因此，企业的终极目标应该是圈粉——无论是果粉、米粉还是花粉，拥有大量粉丝的企业将在未来的商业竞争中占据有利地位。为了实现这一目标，企业需要先把人圈到，才能把盘子（市场）做大。

掌握用户思维：打造"以用户为中心"的盈利模式

想要扩大用户基础，实现业务增长，关键在于深入理解和经营用户。很多时候，我们或许对自己的产品信心满满，市场反应却平平。这是为何？问题的核心往往在于缺乏用户思维，即我们的产品视角与用户实际需求存在偏差。

经营者和产品经理常常困惑："为何我精心设计的产品无人问津？价格已经如此亲民，怎么还是卖不动？市场需求旺盛，订单却寥寥无几？"当你觉得产品出类拔萃却销量不佳时，很可能是因为你没有站在用户的角度思考问题，没有真正捕捉到用户眼中的"好"。

以亨利·福特为例，他在马车盛行的时代，通过深入市场调研，发现用户真正需要的是更便捷、更舒适的出行方式，而非仅仅是马车的改进。于是，福特汽车应运而生，满足了用户的根本需求。这个例子深刻揭示了产品成功的本质：实现用户价值。而用户价值，必须基于深入的用户理解和需求洞察。

打造产品时，我们应以用户为中心，致力于帮助他们实现价值，赋能他们生活的方方面面。只有深入洞察用户需求，我们才能更好地满足他们，实现产品的市场价值。

要深入理解用户，模拟他们的决策过程是一种有效的方法。用户思维要求我们不仅关注数据，更要了解数据背后的人。用户的每一个选择，都是其个人需求和偏好的体现。

以购买行为为例，用户的决策过程是一个复杂且理性的思考过程。他们会考虑为什么买、为什么不买，以及应该买什么样的产品。要理解用户，我们需要代入他们的角色，亲身体验他们的决策过程，包括场景设定、决策制定和购买行为。

模拟用户决策，我们可以按照以下五个步骤进行（见图5-2）。

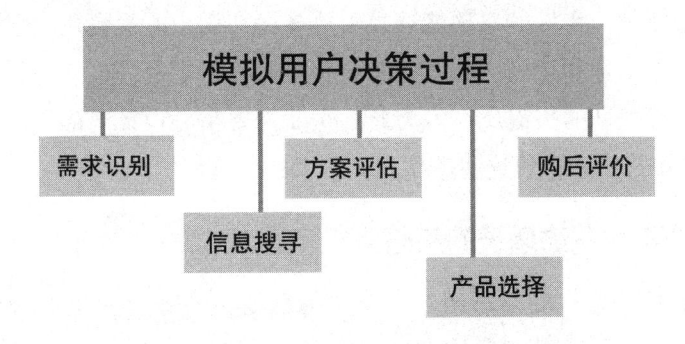

```
          模拟用户决策过程
   ┌─────────┬─────────┬─────────┐
需求识别   方案评估   购后评价
        信息搜寻   产品选择
```

图5-2 模拟用户决策过程

·需求识别：明确用户需要解决什么问题或满足什么需求。

- 信息搜寻：了解用户如何收集信息和评估各种选择。
- 方案评估：探究用户如何权衡不同方案的优缺点。
- 产品选择：分析用户最终选择产品的决定因素。
- 购后评价：关注用户购买后的反馈和评价，以便持续改进产品。

模拟用户决策的过程，掌握用户思维，不仅是为了打造一款优秀的产品，更是为了构建一个以用户为中心的盈利模式。在这个用户为王的时代，谁能够更好地理解用户，满足用户需求，谁就能够在产品、产能过剩的今天逆流而上。

超级头部企业之所以能够成为行业的佼佼者，不只是它们打造出了大众认可的产品和服务，更因为它们拥有庞大的体量，成功地做大了市场的盘子，吸引了无数的用户，从而拥有了更广阔的前景，未来的路也越走越宽。

产品（服务）盈利：把口碑做好

在如今这个信息爆炸、选择多样的时代，产品的口碑成为消费者选择的重要依据。一款产品想要在激烈的市场竞争中脱颖而出，实现持续盈利，就必须把口碑做好。口碑不仅是消费者对产品质量的认可，更是品牌信誉和市场影响力的体现。良好的口碑能够吸引更多潜在用户，提高用户忠诚度，进而促进产品的销售和盈利。因此，对于企业而言，把产品或服务做好，提升口碑，是实现盈利的关键所在。为此，企业需要精心设计产品，并组建一支强大的团队来推广和销售这些产品。

产品分类与业绩增长的策略分析

在追求业绩增长的过程中，一个关键的策略就是对产品进行细致的分类，并针对不同客户群体进行精准营销。通过这一策略，企业可以更好地满足不同消费者的需求，进而提升销售业绩。

产品的设计应该满足不同类型客户的需求。就像丰田汽车一样，它的产品线涵盖了从经济实惠的丰田mini到高端豪华车型，确保了无论客户的预算和需求如何，都能找到合适的产品。这种产品分类策略不仅拓宽了市场，还提高了客户满意度。

价格战略也是关键。一个成功的企业应该拥有多元化的产品线，以吸引各个年龄层和收入水平的消费者。例如，茅台通过推出酱香拿铁等创新产品，成功吸引了不喝酒的消费者，从而扩大了市场份额。

此外，为了吸引更多客户，企业需要设计低门槛甚至零门槛的产品。这种做法可以降低客户的试错成本，让他们更愿意尝试企业的产品。一旦客户对产品产生了兴趣，企业就可以通过升级产品来提高客户的消费水平和忠诚度。

如图5-3所示，总的来说，我们将产品划分为四个层次：入门产品、常规产品、主流产品和顶尖产品。每一层次的产品都对应着不同的客户群体和营销策略。

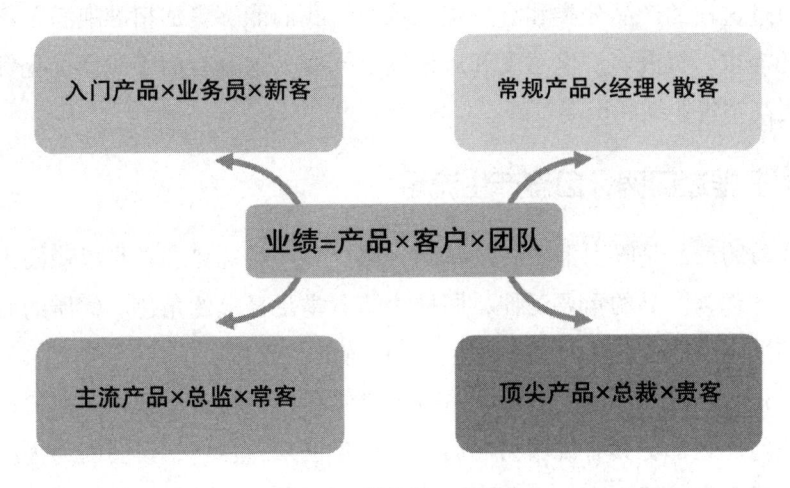

```
入门产品×业务员×新客         常规产品×经理×散客

            业绩=产品×客户×团队

主流产品×总监×常客           顶尖产品×总裁×贵客
```

图5-3　产品的四个层次

1. 入门产品

这类产品主要面向新客户或初次接触我们品牌的消费者。入门产品通常以亲民的价格和简洁的功能吸引消费者，降低他们的购买门槛。通过业务人员的推广，入门产品能够快速吸引新客户，为后续的客户关系维护和升级打下基础。

2. 常规产品

针对有一定购买经验的散客，我们提供常规产品。这类产品在功能和品质上相对入门产品有所提升，价格适中，能够满足大部分消费者的日常需求。通过销售经理的专业推介，常规产品能够稳固并扩大我们的客户群体。

3. 主流产品

当客户对我们的品牌和产品有了一定的信任和依赖后，我们会推出主流产品。这类产品在设计、功能和品质上都达到了较高的水平，能够满足消费者更高的需求。营销总监将带领团队，通过精准的市场分析和个性化的服务，将主流产品推销给我们的常客。

4. 顶尖产品

针对高端市场和贵客，我们提供顶尖产品。这类产品不仅在设计、功能和品质上追求卓越，还融入了独特的品牌文化和价值观。总裁级别的高层将亲自参与顶尖产品的推广和销售，以确保为客户提供最优质的服务和体验。

通过这样的产品分类和客户定位策略，我们能够更加精准地满足不同消费者的需求，提升客户满意度和忠诚度。同时，这也有助于我们优化资源配置，提高销售业绩和市场口碑。

服务塑造口碑，口碑产生流量

优质的产品是吸引消费者的基础，但只有产品优势还不足以稳固市场地位。服务作为产品的重要延伸，同样扮演着举足轻重的角色。优质的服务不仅能够提高用户满意度，更是塑造良好口碑的关键。

当企业提供了出色的服务，消费者自然会口口相传，这种正面的口碑传播比任何广告都更具有说服力。而这些被吸引来的客户，又会因为优质的服务而变成忠实的回头客，进而形成稳定的用户群体。即便产品没有绝对的竞争优势，通过提供卓越的服务，企业同样可以在市场中脱颖而出。服务可以弥补产品在某些方面的不足，甚至在某些情况下，优质的服务能够成为企业独特的竞争优势。

因此，做好服务是提升口碑、吸引流量的重要手段。企业应该重视服务体系的建设，不断提高服务水平，让消费者在享受产品的同时，也能感受到企业的用心和关怀。这样，企业的口碑自然会越来越好，流量也会随之而来。

第五章 盈利模式创新：守正出奇，大道至简

在深圳，我有幸见证了王总的美发生意如何从一家小店迅速崛起为一个庞大的美发帝国。王总，一位我曾多次为其提供专业建议的老友，以其独到的商业洞察力和创新精神，成功打造了一个年营业额高达9000万元的美发连锁品牌。

王总的美发事业始于一个简单的理发工具，凭借他精湛的技艺和热情的服务，很快便赢得了顾客的信赖。然而，他并未止步于此，而是怀揣着更大的梦想，决定在深圳开设一家标志性的旗舰店。这个四层楼的门店，不仅提供美发服务，更是一个集美容、形象设计于一体的综合服务中心。

为了打造这家旗舰店，王总邀请我为其量身定制一套经营方案。在我的建议下，王总采纳了"免费＋口碑＋平台＋跨界服务"的商业模式，以降维打击的策略，提供高品质的服务却收取适中的价格，从而迅速占领了市场。

那么，这套模式究竟是如何运作的呢？

我们打破了传统美发店与理发师的分成模式，将全部收益归理发师所有。这一举措吸引了大量优秀的理发师前来应聘，为我们的店铺注入了新的活力。通过三天的试用期，我们筛选出技术精湛的理发师，确保顾客能够享受到最优质的服务。

随着店铺生意的火爆，我们向每位理发师收取3万元的入场押金，从而实现了轻资产运营。这一策略不仅降低了我们的运营成本，还让我们有足够的资金去拓展更多的分店。

在平台思维和跨界思维的指导下，我们引入了AI试衣机器，打造了一个集美发、服装搭配、高端会员服务于一体的综合平台。这种消费升级的策略，不仅满足了消费者日益多样化的需求，还为我们带来了更多的增值服务收入。

针对高收入群体，我们推出了上门理发等高端会员服务，以满足他们对时间和效率的追求。这一举措进一步提高了会员的忠诚度和美誉度，为我们带来了可观的收益。

在营销方面，我们坚决杜绝员工向顾客推销会员卡的行为，以提升顾客的购物体验。相反，我们通过推出免费剪发、打折活动等营销策略，吸引了大量顾客前来消费。同时，我们还利用好友邀请卡等裂变手段，让顾客自发地为我们的品牌进行口碑传播。

凭借这套创新的商业模式和精准的营销策略，王总的美发店在短短一年时间内收购了36家分店，实现了9000万元的年营业额和450万元的纯利润。这个成功案例不仅彰显了王总卓越的商业才能，同时也告诉我们，商业模式的设计，以及平台思维和跨界思维，是开发你所在行业新盈利点的重要手段。

品牌盈利：把营销做精

好的产品和服务需要精细化的营销推向市场，让品牌触达消费者，占领用户心智。

近年来，微信、微博、新闻客户端等新兴媒体迅速崛起，传统媒体无论是影响力、权威性还是传播力都受到了冲击，受众群体也瞬间流失。面对这些挑战，很多企业在做品牌营销时也将目光转向了新媒体领域，我就见过很多企业几乎是同时开启了微信公众号、微博，或者自建了App。但问题是，首先，很多企业在媒体运营这方面做得还不是十分专业；其次，尤其是以前运营传统媒体的人，在向新媒体转型的过程中，会误以为直接将传统媒体上的内容转到新媒体平台上即可，结果并不被受众认可。为此，我们要打破传统媒体思维，将传统媒体与新媒体进行整合与融合，要想实现精细化营销，必须做好品牌打造这一基础工作。品牌，其实质就是一种信任，一种背书。这种背书来源于多个方面，共同构成了品牌的信誉和影响力。

产品好不好、品牌有没有影响力，自己说了不算

今天，我们仅仅依靠产品自身的优秀是不够的，还必须有人为你的品牌说好话，而且这些人必须具有足够的影响力。记住一句话——你厉害没有用，要有人说你厉害；有人说你厉害没有用，要说你厉害的那个人很厉害！

通过精细化营销和全方位的品牌背书，你的品牌才有机会走向更广阔的市场，实现更大的盈利目标（见表5-2）。

第五章 盈利模式创新：守正出奇，大道至简

表5-2 全方位的品牌背书

全方位的品牌背书	
媒体背书	媒体的权威性和广泛覆盖性使其成为品牌背书的重要手段。想象一下，如果你的产品能够在央视这样的国家级媒体上亮相，那无疑是对品牌实力和产品质量的有力证明。我们帮助你实现这一目标，将你的产品推向更广阔的舞台
明星背书	明星的影响力不言而喻，他们的代言能够为品牌带来更多的关注和认可。我们与多家影视公司紧密合作，以适中的费用，就能为你的品牌找到合适的明星代言人，进一步提升品牌的知名度和美誉度
资本背书	投资公司的支持和股权代码的获得，不仅为品牌提供了资金保障，更是对品牌未来发展潜力的肯定。这种资本背书能够让消费者更加信任你的品牌，从而推动销售业绩的提升
权威背书	在当地寻找具有权威地位的医生，如主任级、院长级的医生，为你的品牌进行背书。他们的专业性和影响力将极大地提升品牌的信誉度和专业性

其实，现在的消费者越来越精明，他们不会简单直接地接受你们硬塞给他们的信息。他们会明确忽略、回避一些他们不喜欢的信息。其媒体消费行为也呈多元化趋势，他们会通过多元化的路径去获取自己认为更有价值的品牌信息，会主动地找到问题的解决方法。

品牌需要更好地了解消费者，才能把信息高效地传递出去并让消费者接受，而此时，营销"黄金时间"的把握就变得极为重要。实际上，把握营销"黄金时间"，体现的本质问题是对消费者的洞察。无论是媒体平台、品牌广告主还是营销代理机构等，未来面临的最本质问题仍然是怎样在对的时间，选择对的媒体，并用对的内容来打动对的人。

我在为一家高科技企业做顾问时，曾用"传统+新媒体"的方式帮助该企业引爆广告传播，获取了流量。我运用的是中央权威纸媒报道+地方主流纸媒，新闻客户端、互联网媒体、微信自媒体等全面引爆的方式。以自媒体（Owned Media）与合作媒体（Earned Media）、付费媒体（Paid Media）组成了媒体矩阵。

当然，现在受欢迎的媒体平台还有很多，如抖音、快手、小红书等，我将在后面章节中详细解析。

在今天这个数字经济风起云涌的时代，消费者越来越追求品牌体验与互动，品牌仅靠传统的15秒或者30秒的硬性广告已经变得越来越没有说服力。在当下，新媒体形态层出不穷，媒体格局和传播方式也发生了巨变，营销的

方式不再局限于传统报纸等社交媒体。这对企业的品牌营销提出了更高的要求。尤其是今天的消费形态和消费结构以及营销的趋势都在发生改变：从传统媒体思维，到移动互联网时代的产品思维、流量思维，到今天的全媒体思维，唯有全面考量全媒体的宣传环境，灵活多变地运用多种营销渠道，才能实现品牌营销效果最大化。而在未来，如何让品牌与内容之间产生互动，如何通过全媒体把核心内容通过不同的方式进行延伸和呈现，让品牌"活"起来，这几乎是所有品牌面临的新一轮挑战。

资源盈利：把平台做强

当你有了用户之后，就相当于有了流量，那么流量如何变现呢？这时候你就需要平台思维，给用户免费，但是要向商家收费，这就是平台思维。当你将传统生意利用平台思维来经营，你会发现，收益也会超乎你的想象。

从根本上说，平台并非仅仅为商家引流，而是通过商家的活动不断积累和沉淀用户资源。如今，在新商业浪潮的冲击下，许多传统实体店感到经营压力日益增大。为了寻求出路，不少商家选择加入各类平台，希望通过平台的引流效应来改善经营策略。然而，他们很快发现，要想在平台上获得更多曝光，往往需要额外的投入，而这些投入很多时候并不能直接转化为商家的私域流量，反而是在为平台的长远发展做铺垫。

平台思维是一种利他的、帮人的思维

平台经济的魅力在于其开放、共享与共赢的特性。真正的平台思维，是站在一个更宽广的视角，通过助力他人成功来实现自身的成长。比如，阿里巴巴从一开始就致力于"让天下没有难做的生意"，这种利他的商业理念最终成就了其商业帝国。

因此，平台思维其实也是一种帮人的思维，帮助别人赚钱的同时，自己顺便赚点钱。在这个框架下，我们可以通过实体经营、资本运营和产融结合三个方面把平台做大做强。

1. 实体经营

实体经营很好理解，就是企业通过生产、销售和服务等实际业务活动来创造价值。在平台思维中，实体经营可以与其他企业或个体进行资源共享和优势互补，形成生态链。例如，一个电商平台可以汇聚各种品牌和供应商，为消费者提供更多选择和便利，同时也帮助供应商扩大销售渠道，实现共赢。

2. 资本运营

资本运营是指企业通过投融资、并购、重组等手段来优化资本结构、扩大规模、提升竞争力。在平台思维中，资本运营可以帮助企业快速整合资源，实现跨越式发展。例如，通过并购或投资其他创新型企业，可以获得新技术、新市场或新客户资源，从而提升自身实力。

3. 产融结合

产融结合是指产业与金融的深度融合，通过金融手段促进产业发展，同时产业发展又反哺金融业。运用平台思维，产融结合可以发挥金融的杠杆作用，为产业链上的各个环节提供资金支持，推动整个生态链的快速发展。例如，供应链金融就是一种典型的产融结合模式，它通过金融手段解决产业链上下游企业的融资问题，从而促进整个供应链的稳定和高效运转。

关于上述三点我将在后面章节详细阐述。概括地说，平台思维可以贯穿实体经营、资本运营和产融结合等各个环节。

举个例子，今天很多实体店面临的核心挑战，是如何构建属于自己的私域流量平台，以避免过度依赖外部平台，从而实现自主引流、锁客和复购。大家可以尝试以下策略。

（1）智能裂变，扩大平台用户基础。构建和扩大自己的流量池是至关重要的。通过精心设计的分销、裂变增长、储值卡、红包和抽奖等策略，激励用户从单纯的消费者转变为推广者，从而实现用户的快速增长和活跃度的提升。

（2）打破界限，建立去中心化的跨行业合作平台。平台模式的本质在于分享和互利。通过搭建跨行业的合作平台，实体店不仅能够增加自身的盈利能力，还能在更广泛的商业生态中找到新的增长点。这种合作模式有助于商家摆脱单打独斗的局面，形成强大的营销推广矩阵，同时拓宽收入来源。

平台模式"让实体商家做得更轻松",这也是对新商业时代变革的积极响应。通过将实体店转型为平台,我们能够全方位地解决商家在资金、客流、营销和模式创新等方面面临的挑战。通过搭建平台、整合资源、共享优势,企业可以实现自身发展的同时,也帮助其他相关方实现价值最大化。这样,我们不仅为合作伙伴创造了价值,也为自己打开了更广阔的发展空间。

这种共赢的理念不仅有助于提升企业的竞争力和影响力,也有助于打造一个共赢的商业生态,推动整个产业的持续健康发展。

系统盈利:把市场做爆

商业世界的核心,无疑在于创造经济价值,简而言之,就是赚钱。

成功的企业,无一不是通过精心设计的系统在稳定盈利。企业的利润源泉主要来自两个方面:一是开拓收入来源,二是控制成本支出。而在这两者之中,开拓收入来源,尤其是营销环节,显得尤为关键。一个成功的营销策略,需要依托创新的商业模式和出色的产品。优秀的产品不仅应具备广阔的市场前景,还需满足企业多元化的利益诉求。

一个高效的组织系统,能够充分激发员工的潜力,为他们提供强大的动力,减少工作中的阻碍,从而让人力资源的价值最大化。同时,一套出色的营销业务流程系统,能够有效地推广企业产品,并让企业的优质服务深入人心。

企业内部管理,与农耕之道有异曲同工之妙。想要丰收的农夫,会精心肥沃土壤,遵循农时,并勤于田间管理,如此才能确保作物的茁壮成长和高产。在此类比中,肥沃土壤就是构建健全的系统,遵循农时则是洞察市场环境,而田间管理则相当于企业的日常管理。只有这些环节都做得恰到好处,企业才能收获丰硕的成果。

好的系统是帮助企业盈利的重要工具

面对系统建设,企业常有的疑虑并不可怕。真正可怕的是缺乏信心和信念：不相信自己能够构建出优秀的系统，不相信系统能为企业创造利润，不相信系统能解决实际问题，甚至不相信团队能够有效执行系统。

然而，一旦你掌握了系统建设的核心原则，所有疑虑都将烟消云散。

系统建设实则是一种具有长远眼光的投资。一个优秀的系统，不仅能够帮助你实现盈利目标，更是一种能够提高效率、减少浪费、优化资源配置的重要工具。通过系统，我们可以将人的潜能最大化，减少沟通误差和资源浪费，提高对物资和人力资源的利用率。同时，系统还能将原本单线程的工作模式转变为高效的多线程模式，并将宝贵的经验积累转化为企业的宝贵资产，从而减少对个人经验的过度依赖。

总的来说，好的系统不仅是一种投资，更是推动企业持续盈利的强大引擎，如图5-4所示。

```
┌──────────────────┐
│   人才匹配系统   │
└──────────────────┘
         ↓
┌──────────────────┐
│   市场销售系统   │
└──────────────────┘
         ↓
┌──────────────────┐
│   绩效考核系统   │
└──────────────────┘
         ↓
┌──────────────────┐
│ 生产与工作流程系统 │
└──────────────────┘
         ↓
┌──────────────────┐
│   整合盈利系统   │
└──────────────────┘
```

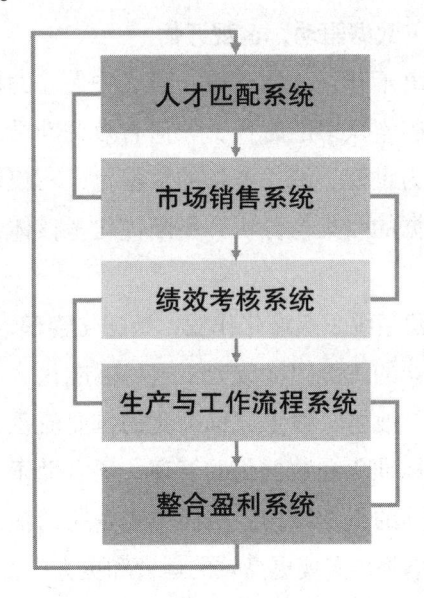

图5-4　五大系统

1. 人才匹配系统：精准选拔，适才适用

随着社会的进步和个人自我意识的觉醒，现代求职者和企业间的关系正经历深刻变革。企业与员工的关系日益类似电脑与U盘的互动模式：企业搭建平台和接口，员工则像U盘一样，只要匹配即可迅速融入并开始工作。同时，员工不再局限于特定企业，而是可以通过网络随时接收并完成临时任务。在这种双向选择的新时代，招聘不再是简单的雇佣行为，而是一种基于相互吸引的合作关系。一个完善的内部系统，对于吸引和留住高端人才具有不可或缺的吸引力。

2. 市场销售系统：标准化流程，服务至上

当今的营销已经转变为服务型营销，远非过去单一的产品推广。产品销售仅是第一步，优质的产品品质已成为市场检验企业的基本门槛。服务质量、售后支持以及产品升级的便利性，已成为消费者在选择商品时的重要考量因素。销售过程的标准化不仅体现了企业的服务意识和服务理念，也是提升客户满意度的关键环节。销售数据的分析和重复消费的引导，同样是系统建设中必须重视的方面。特别是对于以网购为主的企业而言，大数据分析已成为其竞争优势的重要来源。此外，物联网设备的整合使得企业的售后服务由被动转为主动，对于赢得市场口碑和消费者信任起到了至关重要的作用。

3. 绩效考核系统：数据驱动，客观评估

企业的发展壮大离不开人才的支撑，而优秀人才的培育则需要良好的环境。在当今这个分心因素众多的时代，如何有效调动员工的积极性并对其进行准确评估，显得尤为重要。绩效考核的数据化，不仅使得评估过程更加客观公正，还能通过数据的收集与分析，不断优化考核体系，从而对员工进行全方位的引导和塑造。

4. 生产与工作流程系统：标准化作业，数据化管理

日本企业普遍设立的IE部门，致力于通过标准化法对生产和作业中的各个环节进行深入研究与改善，以形成标准化的作业流程，并持续推动改善。这一过程不仅实现了标准化和数据化的管理，还有助于将企业逐步打造为重视后台支持、轻装上阵的组织结构，从而增强企业的核心竞争力。通过强化后台支持和优化前端作业，实现更高效的运营和更大的竞争优势。

5. 整合盈利系统：实现资源最大化利用与共赢

除了上述几点，本书重点要讲的是整合盈利系统，其核心理念在于通过高效整合各方资源，创造盈利机会。系统自身便蕴含强大的盈利能力，诸如机票、酒店等服务项目，仅仅是实现盈利的媒介。简而言之，系统盈利的精髓就在于"巧妙引导他人投入，而利润则流入我方口袋"。

据我观察，很多企业家在参加完某些商业课程后，便决心整合资源，却往往长时间讨论而无果。这并非因为他们缺乏远见，而是缺少一个有效的系

统——能够融合社会资源的系统。他们的协商往往停留在简单的利益交换层面。

整合盈利系统的构建起点应是：我们拥有哪些核心竞争力，能为他人提供何种服务？服务的本质在于"利他"，即我们常说的"成人达己"。系统不仅具备强大的融合与创新能力，更体现了商业智慧这一无形资产。例如，当投资的酒店或机场客流量不足时，我们不仅能为其引流，还能从中获取服务费用。

以美团为例，它无须自行开设餐厅或门店，只需将线上用户流量引导至线下门店，既帮助门店降低了营销成本、提升了营业额，也为自身赚取了更多的用户流量和服务费。

许多人将系统简化为"工具性流程"，并将其置于商业模式之下。然而，我们所探讨的系统实则是多种模式的综合体现，系统凌驾于单一模式之上，能够容纳并运行多种模式。以阿里巴巴为例，其系统内先后容纳了B2B、C2C、B2C及F2C等多种模式，它们并行不悖，共同构成了阿里巴巴强大的商业系统。同样，汉庭酒店也在其系统内推出了多个酒店品牌，形成了产业化系统。

建立和优化企业的系统，不仅关乎企业内部资源的最大化利用，更是实现各方共赢、推动企业可持续发展的关键。管理大师彼得·德鲁克有一句名言，"当前的企业之间的竞争，不是产品之间的竞争，而是商业模式之间的竞争"。换个角度来看，其实也是系统的竞争。

资本盈利：把资产做轻

近年来，由于国内外经济环境的不断变化，重资产企业在市场竞争、资金筹措、投资回报等方面遭遇了前所未有的挑战。这些企业，如制造业和房地产业，通常背负着巨大的经营成本和资金投入，而利润率却相对较低。相比之下，轻资产运营模式以其灵活性和高效益逐渐显现优势。轻资产模式侧重于人力、服务、营销和品牌建设，资金投入少且回报率高。因此，越来越多的重资产企业正积极向轻资产模式转型，以适应当前复杂多变的市场环境。

其实，随着产业结构的不断演变，现在正是布局未来第二、第三产业的关键时刻。真正具有远见的企业家，如李嘉诚、雷军等，他们的成功不仅在于某一产品的成功，更在于对整个产业链的深度布局。在最辉煌的时刻，他们已经开始考虑向第三产业，甚至第四产业转型，以实现企业更长远的发展。

以"星巴果"为例，这家以水果销售为主的企业，巧妙地借鉴了星巴克的营销策略。他们大胆派发了100万元的免费水果券，成功吸引了2万名客户，其中20%转化为会员，为店铺带来了高达1200万元的收益。

"星巴果"还推出了推车服务，这一创新举措不仅解放了顾客的双手，更在无形中增加了顾客的购买欲。同时，他们推出的会员卡服务也极具吸引力：一整年打八折，喝水果茶一年免费，甚至带朋友来同样享受免费优惠。

此外，"星巴果"还巧妙地处理了看起来长相不佳但并未变质的水果。他们将这些水果做成果汁或果茶，既减少了浪费，又增加了产品的多样性。当原材料不足时，他们还会寻找合适的替代品，以确保产品的持续供应。

这种灵活的资产运作方式，不仅降低了企业的运营成本，还提高了资产的利用率，真正实现了资产的轻量化。这正是资本盈利的精髓所在：通过巧妙的策略和创新的思维，以最小的投入实现最大的收益。

轻资产是一种高门槛、高盈利的模式

轻资产与重资产之间的核心差异在于：重资产型企业拥有大量的实体资产，但对所处的商业生态系统掌握有限，因此灵活度相对较低。相反，轻资产型企业在实体资产上投入较少，却对其所处的商业生态系统有更深的理解和掌控，能够有效利用企业外部资源。由于这两种资产模式有着显著的差异，从轻资产向重资产的转变并非一蹴而就，而是一个渐进的过程（见图5-5）。

企业类型		
结构	层级组织+实体资产	平台生态系统
重资产型	🏭	💻
混合型	🏭	💻
轻资产型	🏭	💻

图5-5 重资产与轻资产

在转型过程中，企业应将自身不擅长或高风险的业务逐渐外包，这样不仅能减轻经营压力和风险，还能使企业更专注于其优势项目，从而优化资源配置和结构。轻资产模式的精髓在于管理输出，即在保留运营管理收入的基础上，可能会放弃全部或部分物业所有权的租赁收益。因此，判断一个企业是否采用轻资产模式或重资产模式，主要依据是其是否承担物业建造成本以及是否掌握物业所有权。

长期以来，商业地产的回报率相较于住宅地产显著偏低，这导致各方参与者对商业地产的投入和重视程度不足。在碎片化和分散化的市场现状下，大量管理效率不高的存量物业分散于不同主体手中。随着整个行业从增量市场向存量市场转变的趋势日益明显，存量资产的"轻资产化运作"商业模式开始受到广泛关注，加速了商业地产领域的碎片化整合。

这种整合过程伴随着存量物业的改造升级、规模扩张，以及高效运营者对低效物业的重新分割与优化配置。在这个过程中，商业地产的头部企业表现尤为出色，成为行业的佼佼者。

当然，不同行业因其特性不同，适合的发展路径也各异。有些行业天生适合重资产发展，而有些则更适合轻资产路线。固定资产占总资产的比重是判断一个行业属于重资产还是轻资产的重要指标。以下是几个轻资产和重资产代表性行业的简要对比分析（见表5-3）。

表5-3 轻资产和重资产代表性行业对比分析

轻资产和重资产代表性行业对比分析		
轻资产行业	传媒娱乐行业	作为轻资产行业的代表，它不需要大量的设备投入。虽然会使用到一些高价值的设备，如摄像机，但总体投入并不大，固定资产占总资产的比重平均仅为12%。
	服装行业	这个行业需要一定的设备投入，如专业的缝纫机和高度自动化的生产线，这些设备的价值相对较高，固定资产占总资产的比重平均为14%。
	旅游行业	该行业的固定资产投入主要包括酒店大楼、车辆和旅游景点等，固定资产占总资产的比重平均为27%。
重资产行业	钢铁行业	这是一个重资产行业，固定资产占总资产的比重平均达到25%。这主要是因为该行业需要大量固定资产投入，如高价值的高炉等。
	电力行业	这是一个高度重资产的行业，固定资产占总资产的比重平均高达49%。这反映出电力企业需要大量的设备投入来支持其发电运营。

鉴于行业间的差异性，将重资产转化为轻资产的策略也会有所不同。以文旅行业为例，我们简要解析当前"由重转轻"的实用方法。

1. 从建设到运营的转型

传统的文旅行业主要聚焦于景区的建设，但在景区竞争日趋激烈的今天，想要脱颖而出，就必须具备独特的竞争优势。对此，我们提出以下三点建议。

·激活现有文旅资产，以改造和升级为主，摒弃过去盲目的开发建设模式，使现有文旅资源得以更高效利用。

·塑造具有影响力的文旅IP，通过提供沉浸式体验，加强与游客的互动，进而构建独特的吸引力和影响力。此外，还可以围绕这一IP开发一系列文创产品，实现IP的全面渗透。

·通过文旅项目的发展，推动相关产业的繁荣，实现文旅与商业的良性互动，打造多方共赢的消费聚集地。

以大唐不夜城为例，该项目围绕文化旅游的新业态、新模式、新消费进行了资源整合，探索了旅游供给侧结构性改革的新模式，为文商旅融合的高质量发展注入了新动力。其"文化国门"西安城墙南门、大唐不夜城步行街等，已成为文旅产品、夜游经济和传统景区升级的新亮点。

（1）依托原有IP，打造新IP。大唐不夜城以大雁塔和盛唐文化为核心，通过深度挖掘和创新传统文化，成功培育出如"不倒翁小姐姐"这样的行为艺术表演，并利用网络平台进行广泛传播，逐渐形成了新的IP。这一IP的发展潜力巨大，可延伸至手办、电视节目表演、文艺演出等多个领域。

（2）提供顶级体验式旅游服务。大唐不夜城凭借丰富的创意表演、歌手驻演和网红景点，深受年轻游客的喜爱。景区内的各种表演项目不仅投入巨大，而且极具活力和传播性，游客可以深度参与，获得极高的体验感。

（3）文旅反哺商业，深度融合。大唐不夜城打破了传统的商业配合旅游项目的模式，创新性地引进了更加大众化、年轻化、专业化的商业综合体。这种新模式不仅为游客提供了与繁华商圈相媲美的服务，还吸引了大量本地消费者，成为新的消费热点。

总的来说，大唐不夜城通过整合资源、创新IP、提供体验式旅游以及文旅与商业的深度融合，成功实现了"由重转轻"的战略转型，为文旅行业的发展提供了新的思路和方向。

2. 品牌价值升级

品牌运营在现代文旅业务中占据举足轻重的地位。通过精心打造和输出品牌，我们可以更好地满足不同客户群体的多层次需求。具体措施包括以下内容。

（1）深度洞察游客需求。我们紧紧围绕游客的期望和体验，以文旅度假为核心，全面优化自有文旅品牌的管理和宣传策略

（2）差异化品牌定位。针对不同消费者群体，我们精心塑造独特的品牌定义、理念和特色，实施差异化的品牌策略，以打造各具特色的品牌定位。

（3）强化品牌合作。我们积极寻求与同行业或跨行业的领先品牌进行合作，以提高品牌的标准化和专业化管理水平。

3. 科技引领文旅创新

在科技日新月异的今天，文旅企业必须紧跟时代步伐，结合自身的文化底蕴，巧妙运用数字化和区块链技术，开拓文旅消费的新领域，创造文旅新业态。具体策略包括以下内容。

（1）探索数字文旅新路径。我们积极探索数字藏品等数字文旅发展的新方向，将传统文化与科技创新相结合，主动融入数字经济发展的大潮中。

（2）线上线下融合互动。通过发行数字藏品等方式，我们实现线上引流与线下消费的有机结合，打造虚拟与现实的完美融合体验。

（3）数字化转型助力文旅发展。数字化转型不仅让传统文化焕发新生，更成为推动创新可持续发展的不竭动力。

尽管当前环境已经发生了显著变化，众多企业正逐步向轻资产化转型，轻资产模式确实为企业发展带来了不小的推动力，并帮助许多企业摆脱了困境。值得注意的是，并非所有企业都适合从重资产向轻资产转型。在轻资产趋势日益盛行的今天，我们也观察到了一些令人担忧的现象，如运营管理能力不足、市场价值认同度下降、品牌面临巨大冲击等。

轻资产这一看似诱人的商业模式，实则有着不低的门槛。在实际运作中，单纯的轻资产模式受到多种因素的制约，它要求企业在品牌价值、管理能力以及资本运作能力方面达到相当高的水准。

不论是轻资产还是重资产模式，它们各自都有优势和局限。产业环境瞬息万变，企业的兴衰可能仅在数月之间。我们必须紧密结合国家运势、行业趋势和企业发展周期，进行自我战略性调整，找到最适合自己的轻资产运营发展模式，以满足企业在特定时期的特殊需求。通过不断提升自身的专业化运营能力和资本运作能力，才能在这个竞争激烈的赛道上游刃有余，取得长足发展。

第六章

CHAPTER 6

商业模式创新：

功到自然成

众多企业家为探寻商业模式的奥秘，纷纷投身商学院与总裁班的学习。然而，真正的商业智慧并非仅源于课堂的"纵向学习"，而是更多地来自企业家之间的"横向学习"和一线实战经验的积累。

在商学院中，教师传授知识，学生学习吸收，这是典型的"纵向学习"模式。其优势在于能迅速传递前人的研究成果和经验。然而，面对不确定性的商业环境，他人的经验往往难以应对各种独特、个性的挑战。

相比之下，"横向学习"在私人董事会等场合中得到充分体现。比如我们鼎峰集团也有自己的私董会，企业家们互为师生，通过深入研讨与交流，共享实战经验，提炼商业智慧。许多成功的企业家在创业初期并未受过商学院的系统教育，但他们凭借在实战中不断摸爬滚打的经验，总结出宝贵的商业法则，这也是他们成功的秘诀之一。

本章将深入探讨那些头部企业的创新实践，展示他们如何通过技术革新、理念转变和服务升级来重塑商业价值，引领行业变革。我们将一起剖析这些企业在创新过程中如何捕捉市场脉动，运用前沿技术开创全新产品或服务，大胆尝试新的商业模式，如共享经济、定制化服务和平台化运营等。同时，我们也将关注他们在组织架构、创新文化培养以及风险应对等方面的策略。通过深入剖析，希望揭示企业创新驱动的核心要素，为渴望在商业世界开辟新天地的企业和个人提供有益的启示。

京东：以用户为中心的全渠道平台模式

随着全球消费智能化浪潮的深入推进，电商巨擘京东已然成为广大消费者的"心头好"。京东不仅提供周到细致的售前、售中、售后服务，更凭借其以用户为核心的全渠道零售模式，让海量商品与服务近在咫尺，深刻满足消费者的多元需求。那么，其背后的商业模式究竟有何独到之处呢？

以用户为核心打造全链路无忧购物平台

作为中国的综合性电商领军者，京东的业务版图横跨消费品、数字家电、生活服务、品牌专营、金融科技、物流等多个领域。其主营业务涵盖B2C电商、国际物流、O2O服务以及智能硬件等，展现了全方位的商业布局。

京东始终坚持用户行为导向，其商业模式的核心便是以用户为中心。这一模式具有以下三大显著特点。

1. 全渠道零售布局

京东的零售渠道丰富多样，既包括传统的线上渠道，如PC端、移动端、App等，也涵盖线下自营店、加盟店以及线下体验店等，形成了全渠道、无死角的零售网络，确保全国各地的消费者都能轻松触及京东的商品与服务。

2. 品牌授权与服务质量并重

京东坚守真实至上的原则，在为品牌商家提供有效授权的同时，也高度重视服务质量。它不仅确保所有商品的品质可靠，还致力于提供符合用户个性化需求的丰富商品选择，从而赢得了消费者的广泛信赖。

3. 深度满足消费者多元需求

京东深知消费者的需求远不止于商品本身，更在于全方位的购物体验。因此，京东不断引入新的服务和产品，如京东智选、京东全球售和京东超市等,旨在满足消费者在购物体验、安全感、购物感知和技能等多个层面的需求。

通过这些独特的特点,京东成功构建了以全渠道零售、品牌授权和以用户为中心的多元化产品策略为核心的商业模式。

京东之所以能够在激烈的市场竞争中脱颖而出,赢得消费者的青睐,离不开其持续创新的商业模式。以下便是京东在商业模式创新方面的几大亮点。

1. 领先的智能化物流系统

京东在物流领域采取自营与第三方合作相结合的方式,率先建成了全球领先的智能化仓储物流系统。该系统实现了从订单处理到出库、配送、交付的全链条一体化服务,并通过覆盖全国的配送网络,为消费者提供极致的物流体验。

2. 深化品牌合作战略

京东不断加强与国内外优质品牌的合作,如与英国BUROCS、美国星巴克、德国路易威登等知名品牌携手共进。同时,通过推出"合伙人计划",京东帮助更多优质品牌商家顺利进入市场,实现共赢发展。

3. 数据运营优先战略

京东始终将数据运营视为提升竞争力的关键所在。通过打通数据壁垒、持续优化数据运营策略,京东在与品牌商家的合作中发挥了重要作用。借助先进的数据分析和算法模型,京东实现了商品的个性化推荐,为消费者提供了更加精准的消费体验和定制化服务,进一步巩固了其在电商行业的领先地位。

京东的商业模式展现了一个以用户需求为基石、以全渠道布局为骨架的零售生态体系。该平台深度融合了品牌商家与消费者,不仅致力于挖掘,更致力于精准满足消费者的多元化、个性化需求。这一核心理念贯穿京东的整个商业运作,从其全渠道零售战略到品牌合作策略,再到智能化物流和数据驱动的运营优化,无不体现了以用户为中心的思想。

京东在商业模式上的持续创新和不断优化,正是其能够在激烈竞争的电商市场中稳固领先地位的关键。通过构建高效的智能化物流系统,京东确保了商品从仓库到消费者手中的快速、准确送达,大大提升了购物体验。同时，通过深化与国内外知名品牌的合作，京东不仅丰富了自身的商品种类和品质，也为消费者提供了更多选择。此外，京东还充分利用数据分析技术，精准洞察消费者需求，提供个性化的购物推荐和服务，进一步增强了用户黏性。

小米：把成本变利润的互联网思维模式

小米，作为一家在高端智能手机、互联网电视及智能家居生态链领域具有显著影响力的创新型企业，以其独特的商业模式和企业文化，迅速在竞争激烈的市场中崭露头角。小米的成功，不仅在于其卓越的产品品质和创新的营销策略，更在于其深谙互联网思维的商业模式。

小米的商业模式以用户为中心，通过提供高性价比的产品和优质的服务，与用户建立深厚的连接。具体而言，小米的商业模式主要包括以下几个方面。

1. 硬件与互联网服务相结合

小米通过销售接近成本价的硬件产品，吸引大量用户，进而搭建移动互联网平台，提供增值服务，如广告、游戏、电商导流等，实现盈利。这种模式打破了传统硬件制造商的盈利模式，将硬件与互联网服务紧密结合。

2. 粉丝经济与口碑营销

小米注重与用户的互动和沟通，通过社交媒体、线上论坛等渠道，收集用户反馈，不断优化产品和服务。同时，小米通过粉丝经济和口碑营销，降低市场推广成本，提高品牌知名度和美誉度。

3. 智能家居生态链建设

小米不仅关注自身产品的创新和优化，还积极构建智能家居生态链，通过投资和合作，将更多优秀的智能家居产品纳入小米生态系统，为用户提供更加便捷、智能的生活体验。

小米的成功也离不开其独特的创业方法论，主要包括以下几个方面（见表6-1）。

表6-1 小米的成功方法论

	小米的成功方法论
找准市场风口	小米敏锐地捕捉到移动互联网时代的发展趋势,将智能手机作为切入市场的突破口,迅速占领市场份额
打造优秀团队	小米的初创团队由一群具有丰富经验和专业技能的人才组成,他们在各自的领域都是顶尖人才,共同推动了小米的快速发展
确保资金充足	雷军作为天使投资人,深知资金对企业发展的重要性。小米在创业初期就获得了充足的风险投资,为企业的快速发展提供了有力保障
明确企业使命	小米的初心不仅是为了盈利,更是为了推动商业进程,让更多人享受科技的乐趣。这种使命感促使小米不断创新,追求卓越

可以说,小米的成功也是"互联网+"思维的一次创新实践。这一方法论可以概括为五个方面:明确业务方向、制定执行策略、组建高效团队、确保资金充足以及坚守创业初心。也就是做什么、怎么做、找谁做、找够钱、明初心。

首先,关于"互联网+"的核心特征之一——用户主权。在当下这个信息爆炸、产品过剩的时代,用户的选择权变得尤为重要。过去以产品为中心的传统商业模式正在被以用户为中心的新模式取代。在"互联网+"时代,企业需要深刻理解并满足用户的需求,以提供卓越的用户体验为核心竞争力。

其次,"互联网+"的第二个显著特征是虚实结合。传统的互联网行业主要提供虚拟产品和服务,如社交媒体、搜索引擎等。然而,随着"互联网+"的深入发展,越来越多的互联网企业开始涉足实体产业,如智能手机、智能家居等。这种虚实结合的模式不仅拓宽了互联网企业的业务范围,也为传统实体产业带来了新的发展机遇。

再次,在"互联网+"的实践中,企业需要注重以下几个方面:一是深入了解用户需求,通过大数据分析等手段挖掘用户痛点,提供精准的产品和服务;二是加强跨界合作,通过整合线上线下资源,实现资源共享和优势互补;三是注重创新,不断探索新的商业模式和技术应用,保持企业的竞争优势,以实现可持续增长和成功转型。

最后,在探讨"互联网+"的进一步特征时,我们不得不提及"去中心化"这一概念。随着互联网技术的飞速发展,信息沟通的效率得到了显著提高,这推动了整个商业运作流程的优化。传统上,产品从工厂到消费者手中，需要经过多层次的代理和分销环节，形成所谓的"中心化"模式。然而，互联网平台的出现，如淘宝等，使得消费者能够直接与品牌商或生产商建立联系，省去了中间环节，实现了"去中心化"，大大提高了交易效率，降低了成本。

在这场变革中，有两个核心趋势尤为显著。首先是以"互联网+"为动力实现的跨行业融合，这不仅打破了传统行业的界限，更推动了大生态系统的建设。传统的商业模式侧重于将单一产品卖给广泛群体，而现代互联网企业则通过锁定用户群体，提供持续的服务和产品，实现多次价值交换。这一变革的深层逻辑在于，商业模式正在从一次性交易转向长期价值创造。昨天的商业模式注重产品的单次销售，而今天的互联网企业则通过构建用户生态，实现持续的用户价值挖掘。未来的商业模式将不仅限于锁定用户群体，而是通过提供卓越的用户体验，激发用户自发地推广产品和服务，实现裂变式增长。

未来，"互联网+"不再是某个行业的专属，而是渗透到各行各业，为企业带来了重构盈利模式的可能。

美团：打通本地核心商业的O2O模式

美团，作为中国领先的本地生活服务电子商务平台，为广大用户提供了涵盖餐饮、电影、外卖、酒店等在内的多元化服务。其成功的核心在于其独特的O2O（Online to Offline）商业模式，通过线上平台无缝连接线下服务商，极大地提升了用户的生活便利性。

自2010年成立以来，美团一直秉持着以互联网技术为基础的理念，致力于为消费者打造一站式的本地服务体验。通过提供线上订餐、外卖、酒店预订、旅游规划、电影购票等多种服务，美团不仅满足了用户的多样化需求，更为商家开辟了新的线上推广和销售渠道，实现了消费者与商家的双赢。

O2O电子商务模式的创新之处在于，它打破了传统商业模式的界限，极大地提高了消费者寻找周边服务的效率。通过美团平台，用户可以轻松查找附近的商家，浏览商品和服务信息，并根据自己的需求进行线上购买或预订。无论是美食外卖、酒店住宿,还是电影娱乐,美团都能提供快速、便捷的配送或预约服务,让用户的消费体验更加流畅和高效。

此外,美团还通过智能化推荐系统等技术手段,根据用户的消费习惯和偏好,为他们提供个性化的服务推荐。这种精准化的服务不仅提升了用户的满意度,也为商家带来了更多的潜在客户和订单,进一步促进了平台生态的良性循环。

重塑本地生活服务的O2O典范

美团的O2O商业模式深度地融入现代都市生活的各个方面,其核心要素主要包括以下几个方面,如表6-2所示。

表6-2　美团O2O商业模式

美团O2O商业模式	
服务多元化	美团不仅提供外卖服务,还扩展到酒店预订、旅游规划、电影购票等领域,满足了消费者多样化的生活需求,同时为商家提供了多渠道的销售机会
精准线上营销	通过线上平台,美团为商家提供了一站式的营销推广服务,包括优惠券、团购等多元化工具,帮助商家提升品牌曝光度和销售额
卓越线下体验	无论是外卖配送的准时送达,还是酒店服务的周到细致,美团都致力于为消费者提供超出预期的线下服务体验
大数据驱动	美团通过收集和分析用户数据,洞察消费趋势,为商家提供精准的用户画像和营销策略,帮助商家更好地满足用户需求

以一个具体的案例来说,某餐厅在美团平台上推出了新菜品,通过美团的线上营销和外卖配送服务,迅速吸引了大量消费者尝试。同时,美团还基于大数据分析,为餐厅提供了用户反馈和营销策略建议,帮助餐厅持续优化服务。

在未来,以美团为例证的O2O商业模式将呈现出以下趋势,如表6-3所示。

表6-3　未来O2O商业模式的发展趋势

未来O2O商业模式的发展趋势	
交易化平台	美团将进一步推动线上交易的便利化,完善支付体系,鼓励更多用户通过平台进行消费,提升现金流和用户满意度
本地化与社交化	美团将继续深化与本地商户的合作,推出更具有地方特色的产品和服务。同时,加强社交化功能,鼓励用户分享消费体验,形成良好的社区氛围

续表

未来O2O商业模式的发展趋势	
多元化商业模式	美团将不断探索和尝试新的商业模式,如预订就餐、会员特权等,以满足不同用户群体的需求,增强平台的竞争力
关注中小商户	美团将更加关注中小商户的利益,通过降低佣金、提供培训支持等方式,帮助中小商户提升信息化能力和服务质量,实现共赢发展

美团的O2O商业模式不仅为消费者带来了便捷的生活方式,也为商家提供了广阔的销售渠道和精准的服务建议,推动O2O电子商务商业模式的不断演进和用户体验的持续提升。

华莱士:起底"快餐之王"年入35亿元的秘密

华莱士的创始人华怀庆和华怀余以其独特的商业模式,成功将品牌推向全国,年收益高达35亿元,店铺数量更是超越麦当劳和肯德基的总和,达到惊人的两万家。他们的成功并非偶然,而是基于对市场的深刻洞察和精准的战略调整。

差异化策略与成本优化助力华莱士崛起

华莱士在创办之初,曾一度模仿肯德基和麦当劳的经营模式,但效果并不理想。面对市场挑战,他们迅速调整策略,走出了一条差异化的路线。他们并没有简单地复制洋快餐的模式,而是结合中国市场的实际情况,提供了价格更为亲民的快餐选择。

华莱士的差异化主要体现在以下几个方面。

1. 华莱士将目标市场定位于下沉市场

他们避开了肯德基等竞争对手的核心商圈,选择租金较低的社区和县城开设门店,从而降低了运营成本。同时,他们简化了门店设计,去除了占地面积较大的儿童乐园,进一步提高了空间利用率。

2. 华莱士在设备和装修上实现了规模化采购和设计

通过集中采购和标准化设计，他们降低了单店的设备和装修成本，同时保证了门店风格的统一性和品牌形象的传播效果。

3. 华莱士在营销策略上采用了平价定位和薄利多销的方式

他们通过提供价格实惠的快餐产品，吸引了大量消费者。同时，他们还利用低价策略迅速打开了市场，赢得了消费者的青睐。

华莱士的成功经验表明，在竞争激烈的市场环境中，只有不断创新和优化商业模式，才能抓住市场机遇，实现企业的快速发展。

合伙人模式助力华莱士快速扩张

华莱士在连锁扩张的道路上，成功运用了合伙人模式，实现了快速而稳健的发展，短时间内开设了两万家门店。这一模式不仅解决了资金问题，还极大地激发了员工的积极性和参与度。

华莱士摒弃了传统的加盟模式，选择让熟悉企业的老员工组成团队，独立开发市场。每个门店都有四个投资方：负责开发选址的管理者、负责内部运营的店长和城市经理、负责区域管理的人员，以及总部的股东。这种股权结构使得员工不再是简单的打工者，而是成为与自己事业息息相关的合伙人。

为了提高店长的积极性，华莱士规定店长拥有优先投资入股权，并在成功开设新店后享有新店的分红。此外，华莱士还对外开放加盟资格，但要求加盟商必须接受总部的培训，并保留一定比例的股份给员工，以确保团队的稳定性和积极性。

除了员工和加盟商，华莱士还积极与房东、供应商、装修公司等合作商建立合作关系。通过向他们募集资金并承诺高于银行的收益，华莱士成功吸引了这些合作伙伴的参与，形成了强大的支持网络。

这套合伙人模式不仅解决了华莱士扩张的资金难题，还通过利益共享和风险共担的方式，激发了各方参与者的积极性。这种模式的核心在于将大家的利益紧密捆绑在一起，实现了低风险、高速度的企业裂变扩张。

可见，合伙人模式是一种有效的商业模式，可以在保持企业快速发展的同时，确保团队的稳定性和积极性。这种模式不仅适用于门店扩张，还可以应用于新团队和分公司的裂变发展。

中小企业适用的合伙商业模式

许多中小企业家或许会疑惑，面对市场中的大型企业，是否有适合自身规模的合伙模式？答案是肯定的。下面分享一种经典的合伙模式，各位企业家可以根据自身情况灵活调整和应用。

1. 出资与利润分配

（1）新店出资：总部可全额投资新店，并将每月门店盈利的30%作为店长分红，激励店长积极参与门店运营。

（2）共同出资：对于公司与老店长共同出资的情况，如70%与30%的比例，新店长负责门店经营并享有30%的利润分红，剩余部分按出资比例分配，确保老店长即使不直接参与分红也能获得收益。

（3）利润分配调整：在收回成本前，公司可占较大比例（如70%），员工占30%；一旦成本收回，利润分配比例可调整为员工占70%，公司占30%，以激励员工持续努力。

2. 人才培养与复制

鼓励老店长培养新店长，并在新店中为新店长预留10%的分红，形成人才培养与复制的良性循环。

3. 新店风险规避

每月预留部分收益（如5%）作为新店储备金，用于新店的风险应对和持续运营。

4. 退出机制设计

为确保合伙关系的稳定性和长期性，应建立明确的退出机制。

（1）合作期限与状态约束：约定合作期限（如三年），或规定在公司亏损状态下退出需净身出户。

（2）分期退出：允许合伙人分期退出，如首次退还30%，剩余部分在三年内逐步退还。同时，若合伙人在退出后从事同行业务、挖角公司客户或员工，剩余款项将不予退还。

（3）退出违约金：设定一定期限内的退出违约金，以约束合伙人的行为。

在如今的市场环境中，单凭一己之力难以成就大业，很多时候，我们不应仅局限于资金问题,重要的是学会模式设计的方法,确保企业的持续稳健发展。

因此,那些真正顶级的、成功的企业,一定是迎合时代且满足用户需求的企业,这才是顶级的商业模式。

蜜雪冰城:不靠奶茶赚钱的供应链模式

年营收超20亿元,门店数量高达两万家,客单价却稳定在亲民的10元以下。蜜雪冰城作为新茶饮界的"平价快乐水",其成功并非偶然,而是源于其独特的商业模式和供应链策略。

新茶饮,作为餐饮业的细分行业,自20世纪90年代以来便迅速崛起,引领了青年消费的新风潮。然而,随着市场的饱和和竞争的加剧,单纯依靠产品差异化或渠道扩张已难以持续。在这一背景下,蜜雪冰城凭借其对供应链的深刻理解和精准把控,走出了一条与众不同的发展道路。

蜜雪冰城的高性价比产品不仅吸引了大量消费者,更吸引了众多加盟商的关注。随着门店数量的迅速扩张,蜜雪冰城得以形成规模效应,进而在供应链端获得更多的话语权。通过对上游原料商的议价权掌控,以及自建物流体系的建立,蜜雪冰城在确保产品质量的同时,也实现了成本的有效控制。

从蜜雪冰城的招股书可以看出,其盈利大头并非直接来自茶饮产品的销售,而是来自食材与包材的供应链业务。这一模式不仅使蜜雪冰城在激烈的市场竞争中保持了稳健的盈利能力,也为其未来的发展奠定了坚实的基础。

蜜雪冰城拥有19家全资子公司,其中9家专注于食材、包装材料和机器设备的采购与销售,1家则负责仓储及运输服务。这些全资子公司共同构建了一个从原料生产到物流配送的完整供应链体系,为蜜雪冰城的持续发展提供了强有力的支持。

"平价快乐水"的供应链体系

随着茶饮市场竞争加剧,蜜雪冰城之所以能在低价策略上持续领先,其背后的驱动力并非来自单一的产品创新,而是强大的供应链体系。正如英国管理学者马丁·克里斯多夫所言:"21世纪的竞争是供应链之间的竞争。"蜜雪冰城正是通过构建和优化供应链,打造了自身独特的竞争壁垒。这一独特的商业模式使蜜雪冰城能够在激烈的市场竞争中脱颖而出,成为新茶饮行业的佼佼者。

新茶饮行业对仓储物流体系和食品保质保鲜技术有着极高的要求。近年来,我国物流冷链运输及保鲜技术的快速发展,为蜜雪冰城等现制饮品连锁加盟模式的快速扩张提供了有力支持。

蜜雪冰城的物流体系,实际上更接近于连锁便利店的高效运作。其密集的门店布局,不仅缩短了原料配送时间,还确保了配送时段的精准控制,极大地提高了物流效率。在供应链物流端,蜜雪冰城开创性地实施了全国茶饮行业中的免运费配送政策,无论是直营还是加盟门店,只要采购量达到一定标准,均可享受免费物流服务。

尽管蜜雪冰城在商业上取得了巨大成功,但其上市之路却并非一帆风顺。早在2022年,蜜雪冰城就申报了深交所主板上市,但在全面注册制落地后,其并未出现在平移申报企业名单中。这背后反映出市场对蜜雪冰城S2B2C商业模式的复杂看法。加盟模式虽为蜜雪冰城带来了快速扩张,但也面临品控下降和加盟商盈利压力加大等挑战。

我相信,许多企业都和蜜雪冰城一样,仍需要持续优化供应链体系,提升品控能力,并寻求新的增长点。只有这样,才能确保其在激烈的市场竞争中保持领先地位,实现持续稳健的发展。

钱大妈:开启线上社交电商新零售

钱大妈,作为社区生鲜领域的传统品牌,凭借其独特的经营理念和创新的营销模式,已成为行业内的佼佼者。其深入人心的口号"钱大妈,不卖隔夜肉"不仅凸显了其对食材新鲜度的严格把控,也赢得了广大消费者的信赖。

为了实现食材的日清，钱大妈制定了灵活的打折时间表，这一策略不仅确保了食材的新鲜度，也为消费者带来了实实在在的优惠。这种独特的营销模式在社区生鲜领域引起了广泛的效仿。

社区生鲜领域的营销新法

自2012年开设首家猪肉专卖店以来，钱大妈不断扩张，于2018年开通微信小程序线上店铺，正式开启线上社交电商模式。通过搭建私域流量池，钱大妈成功将注册会员聚集在社群中，实现了线上线下的深度融合。根据官方最新数据显示，截至2023年9月，钱大妈的注册会员量已达到惊人的1800万。钱大妈的布局遍布全国30多座城市，门店数量突破3500家。

钱大妈的私域运营模式不仅为业绩带来了显著增长，更为社区生鲜行业带来了新的营销模式和发展方向。其成功经验值得行业内其他企业学习和借鉴。

1. 产品与消费人群洞察

钱大妈深植社区，提供品类丰富的生鲜食材，从瓜果蔬菜到肉类海鲜，再到半成品面食，几乎涵盖了日常饮食所需。其高频次的消费模式确保食材快速流转，保持新鲜度。

消费者选择钱大妈，不仅因为能享受到优惠，更重要的是对钱大妈品牌承诺的信赖，即"不卖隔夜肉"意味着始终如一的品质保证。钱大妈的主要客户群包括追求生活品质的中老年人群，忙碌于一、二线城市的外出打工族，以及学生群体。

2. 私域 IP 构建

在私域流量的运营中，钱大妈巧妙地塑造了"钱大妈福利官"这一角色，以钱大妈LOGO为头像，定位为顾客的专属福利提供者，传递出亲切与实惠的品牌形象。这一IP角色精准把握了顾客需求，有效提升了品牌与顾客间的互动与连接。

3. 私域引流策略

钱大妈通过多渠道策略实现私域流量的有效引流。线下门店通过收银台引导和小程序推广，让顾客轻松加入社群并享受优惠；线上则利用微信公众号、小程序以及社交媒体平台，如视频号、抖音、微博、小红书等，设置引流链路，将公域流量转化为私域会员。这一全方位的引流策略不仅扩大了品牌的影响力,也为钱大妈构建了一个庞大的私域流量池。

4. 用户留存与社群运营

在钱大妈的品牌运营策略中,社群运营占据举足轻重的地位。社群不仅降低了人工成本,提高了运营效率,还构建了一个轻便且高效的客户咨询平台。在社群内,顾客可以集中提问,避免了烦琐的一对一沟通(见表6–4)。

表6–4　社群基础框架

社群基础框架	
定位	社群成员可享受专属优惠券及会员特权,打造会员的专属福利空间
命名规则	以"钱大妈×××店VIP专属群"为名,明确社群性质,增强会员归属感
迎新流程	新成员加入时,会自动收到群回复,指导其领取特权,并提供菜品预留服务指南,提升用户体验
日常管理	定期推送优惠券信息和菜品更新,与其他知名品牌的运营策略相似,但钱大妈可以在此基础上,增加更多互动性活动,以提高社群活跃度

5. 分层会员体系

钱大妈采用了分层的会员体系,这一策略在快消品行业中尤为常见,特别是对于有实体门店的品牌而言,它能有效增强会员忠诚度和信任感(见表6–5)。

表6–5　钱大妈的会员层级

钱大妈的会员层级	
普通会员	简单注册即可加入,享受基础会员服务
VIP1会员	累计消费满500元,自动升级为VIP1,享受更多优惠
VIP2会员	累计消费满1000元,升级为VIP2,优惠更多
VIP3会员	累计消费满1500元,达到VIP3级别,享受最高级别的会员优惠,包括专属优惠券、会员特价及生日礼券等

根据会员积分具体累积方式如下。

- 每一元消费累积一积分。
- 每日签到打卡获得积分。
- 参与品牌节日活动累积积分。
- 积分可用于兑换各类优惠和抽奖活动,增加了会员的活跃度和品牌的互动性。

总体来看，钱大妈私域运营的成功，得益于其多方面的优势（见表6-6）。

表6-6 钱大妈私域运营可借鉴的成功之处

钱大妈私域运营可借鉴的成功之处	
庞大的线下门店网络	全国3500多家门店，为私域流量的启动和增长提供了坚实基础
供应链优势	高品质的产品和较高的利润空间，有助于私域运营的持续推进
全渠道引流策略	有效利用各种网络平台，不断扩大私域流量池

钱大妈的私域运营案例为连锁门店提供了宝贵的经验。当然，在私域运营中，创新并非必需，关键在于如何高效利用现有资源，持续优化会员体验，从而实现品牌和用户的共赢。

郑远元：精准战略破解修脚行业痛点

在当今连锁行业普遍面临"连而不锁"的困境下，一个曾被视为不起眼的修脚服务连锁品牌——郑远元修脚却异军突起，成为行业内的佼佼者。其创始人郑远元更是提出了"全球五万家店"的宏伟目标，这究竟是野心的膨胀还是实力的体现？在深入了解郑远元的商业模式后，我们找到了答案。

如果你去观察郑远元的线下门店，你会发现一个令人惊讶的秘密，其门店的密集程度：在短短1~3公里的距离内，你至少能够找到3家郑远元修脚店。这一成就的背后，无疑隐藏着一种卓越的战略模式。

从"小手艺"到"大连锁"——郑远元修脚的百亿元崛起之路

郑远元修脚的成功，并非一蹴而就。它经历了从路边摊到连锁经营的华丽转身，实现了从小手艺到大企业的跨越式发展。这一过程中，郑远元始终坚持标准化、专业化和品牌化的经营理念，通过不断创新和优化服务，赢得

第六章 商业模式创新：功到自然成

了消费者的信赖和喜爱。

从0到1，再从1到10000，郑远元修脚用实际行动诠释了什么是真正的连锁经营。它不仅是在数量上实现了快速扩张，更在品质上保持了高度的一致性。每一家郑远元修脚店，都能为消费者提供同样优质的服务体验，这正是其商业模式的魅力所在。

但归根结底，企业成功的基石在于战略。正如一句名言所说："做正确的事，远比正确地做事更为重要。"在市场竞争白热化的今天，战略的制定与执行显得越发关键。那些能够敏锐洞察市场动态、科学规划战略并坚决执行的企业，常常能够成为行业的"领头羊"。郑远元，这个从街边小店逐步成长为集团化大公司的品牌，正是战略前瞻性与执行力的杰出代表。

在许多城市，郑远元的修脚连锁店已成为街头的一道亮丽风景线。据统计，郑远元已在全国布局超过8000家门店，拥有6.4万名员工，每年为超过1亿的客户提供服务。修脚行业并非新兴，也非热门风口，但郑远元为何能迅速覆盖全国各大中小城市，成长为百亿元级别大企业？这背后，正是其独特的发展战略在起作用。

深入探究这个修脚巨头的成功秘诀，我们发现战略是其顶层设计的核心。去到郑远元公司官网你会发现，其官网发布了关于集团战略的重要信息，被称为"战略五问"。这一战略体系经过了公司内外部专家和管理团队长达两年多的精心研磨，涵盖企业使命、愿景、首要任务、客户竞争力和人才竞争力五大方面，为企业的未来发展绘制了清晰的蓝图。

"战略五问"中明确提出了"客户凭什么选择我们"这一关键问题。郑远元给出的答案是"品质第一，全球一卡通"。这一理念不仅体现在其产品和服务上，更贯穿公司的整个运营过程。

郑远元为品质设定了五个严格标准：有温度的服务、标准化的环境、通经络的按摩、专业化的修脚以及科技化的修护。这五大标准共同构成了郑远元独特的服务品质，为客户创造了实实在在的价值。而全国门店一卡通用的会员卡制度，更进一步增强了客户的黏性和忠诚度，成为郑远元赢得市场、成就百亿元企业的两大核心优势。

在人才管理和员工关怀上，郑远元同样展现了其独到之处。企业提供了广阔的发展平台、清晰的晋升通道和公平高效的分配机制，成功会聚了一批

123

优秀人才，为企业的发展注入了源源不断的活力。更值得一提的是，郑远元深知员工是企业最宝贵的财富，因此，特别注重提升员工的生活品质和幸福感。公司大部分员工来自农村，郑远元不仅为他们提供了一技之长，解决了就业问题，更给予了他们一个温馨舒适的工作和生活环境。丰富的福利待遇和团建活动，让员工们在郑远元找到了家的感觉。郑远元更是以身作则，每月定期下店参与清洁工作，这一举动无疑让员工感受到了来自领导的关怀和尊重，工作幸福感自然水涨船高。

郑远元的成功并非偶然，而是其精准的市场洞察、科学的战略规划和强大的执行力共同作用的结果。它用实际行动证明了战略在企业经营中的核心地位。

"全球五万家店"的战略目标虽然充满挑战，但郑远元修脚已经用实际行动证明了自己具备实现这一目标的实力和信心。我们期待着它在未来的发展中继续书写新的辉煌篇章。

第七章

CHAPTER 7

团队创新：

人兴财旺，天下无不可用之人

我们在前面章节反复强调，有人帮你干，企业才会成长、壮大。然而，在今天这个时代，还有很多企业在团队用人方面感到迷茫，甚至还在试行老一套策略。结果往往是留得住人却留不住心。

在人力资源管理中，有这样一句话：没有所谓的无用之才，只有被错放位置的人才。对于管理者和人力资源部门来说，精准识人并合理用人就显得至关重要。当某些人与特定岗位不匹配时，即便采用最完善的激励机制和系统，也难以达到预期的工作效果。

知人善用的精髓在于，要清晰地认识到每个人的独特性和差异性，并将合适的人才安排到恰当的岗位上。这便是我们常说的人才与岗位的精准匹配。

在本章，我根据多年授课及企业管理的实践经验，提出一些创新的理念，以助力各位企业家汇聚无尽的力量，推动团队不断创新，走向更高的峰顶。

第七章 团队创新：人兴财旺，天下无不可用之人

创建团队：先有人，才有江湖

我曾与一位创业不满两年的公司CEO深入交流。他的公司发展势头强劲，近两年来的业绩增长持续保持在50%至80%的高水平，团队规模也随之不断扩大。

然而，随着公司的快速崛起，人才问题逐渐浮出水面。这位CEO坦言："在当下的中国市场，我并不缺乏资金、机遇或是创新的点子、策略和业务模式。这些元素在市场上已经屡见不鲜。我真正渴求的，是那些能够助力公司更上一层楼的人才。只要有了他们的加入，我就有信心将公司的业绩推向比现在高出3倍至5倍的新高度。"

归根结底，人才是企业发展的核心驱动力，这一点已成为共识。我们常说21世纪最重要的是人才，但关键在于如何理解和运用这一资源（见图7-1）。

有人将人才视为公司的资本，甚至有些公司将人力资源直接称为Human Capital。然而，在我看来，只有那些被充分激励、能够与公司同心协力、共同追求目标的人才，才能真正算作公司的资本。因此，如何激发人才的潜能，使其与公司的发展目标保持一致，才是领导力需要解决的核心问题。

请企业家朋友们一定要记住下面这两句话：

老板的能力是（驾驭、整合）——用别人能力的能力！

公司最大的客户是员工（创客），让追随你的员工先富起来！

```
           ┌─────────────────────────┐
           │   企业管理者的用人之道   │
           └─────────────────────────┘
            ↙          ↓          ↘
  ┌──────────┐   ┌──────────┐   ┌──────────┐
  │用身边不如│   │让不如你的│   │让厉害的人│
  │  你的人  │   │ 人更强   │   │为你所用  │
  └──────────┘   └──────────┘   └──────────┘
```

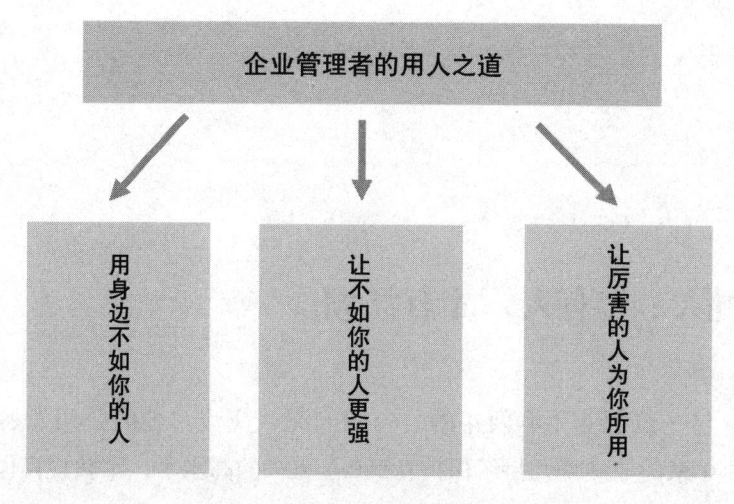

图7-1　企业管理者的用人之道

1. 用身边不如你的人

在企业发展的初期，往往需要从身边的人开始挖掘潜力。这些人可能一开始并不出类拔萃，但通过培养和激励，他们可以成为企业的中坚力量。麦当劳的成功就是一个典型案例，它的员工或许起初并不优秀，但通过系统的培训和标准化的管理，他们被塑造成了优秀的团队成员。

2. 让不如你的人更强

让员工从平凡走向优秀，是企业领导者的职责之一。海底捞的服务员之所以备受赞誉，正是因为企业投入了大量资源来培训和提升他们。企业领导者应该致力于员工的成长和发展，而不是任其自生自灭。

3. 让厉害的人为你所用

随着企业的发展，吸引更厉害的人加入团队成为必然。然而，驾驭这些高手并非易事。他们往往有自己的想法和做事方式，如何让他们融入团队并为企业所用，是对企业领导者智慧和胸怀的考验。

在用人的过程中需要注意的是，作为企业的灵魂人物和精神支柱，领导者需要成为员工的偶像和榜样。当员工真心实意地追随你时，他们就会成为你最忠实的粉丝和支持者。同时，企业领导者也需要学会在适当的时候"装傻"。"水至清则无鱼，人至察则无徒"。作为领导者，有时需要睁一只眼闭一只眼，给予员工一定的自由和空间。但这并不意味着对团队的情况一无所知，相反，这是对团队信任和放权的体现。

此外，不断强调企业的使命、愿景和价值观是至关重要的。这些不仅是挂在墙上的标语，更是每天工作中需要践行的原则。通过不断宣导和实践，这些理念将深入人心，成为团队共同的信仰和追求。

用人之长才能人尽其才

曾有一位资深企业家在课堂上吐露了他的困扰："自我创业至今，似乎未曾有过能在我这里获得60分以上的员工，往往他们服务不久便离职，无人能坚守超过四年。公司因此在人才储备上倍感压力。我开始质疑，是否我的视野和境界尚待提升？"

让我们以一个班级为例，若一个班级的学生连年考试无人能及格，无论老师如何悉心教导，情况始终未得到改善。面对此景，我们是否应深入探究其中的原因？

有没有这样一种可能——问题的症结或许出在老师自身并未达到及格线？这话听起来或许尖锐，但值得深思。作为企业主，如果我们自身的评分都不足60分，又怎能客观地评判他人是否达到60分呢？

让我们一起来体会两句话。

第一句话——用人所长，天下无不可用之人；用人所短，天下无可用之人。

世界上不存在十全十美的人，也没有人能永远满足我们的所有期望。即便今天我们对某位员工赞赏有加，明天也可能因为他的某些缺点而改变看法。通常，一个人的才华与其缺点并存，能力越强，可能伴随的缺点越明显。

当然，也存在能力出众而缺点甚微的个体，但这类人毕竟凤毛麟角，他们往往能够成就非凡事业。然而，大多数人是才华与瑕疵并存，这也正是人生丰富多彩、充满变数的原因所在。因此，企业领导者更应注重发挥每个人的长处，而非过分纠结于他们的不足。

第二句话——找一个放大镜，用放大镜去看他人的优点，而不是看他人的缺点。

倘若真要审视缺点，不妨将放大镜转向自己。这样做的目的并非自我苛责，而是为了清晰地认识到自己的不足，从而逐一改进，使自己从60分向70分、80分乃至90分不断迈进。

或许，来到我们身边的人初始只有40分的水准。但当我们用放大镜去细心寻找，可能会惊喜地发现他们身上竟藏着70分的优点。这时，我们要做的是放大这个优点，并以此为契机，点燃他们身上更多的潜能。随着时间的推移，他们的成长和蜕变将远超我们的想象。

这两点体会，便是我们深入探讨的用人哲学思想。它能教会我们如何洞察人性，如何以全新的视角看待周围的人。若仅以肤浅、短视的眼光去评判，即便人才就在眼前，我们也难以识别。

《道德经》有云："古之善为士者，微妙玄通，深不可识。"对于这样的人，若管理者缺乏深远的眼光，恐怕连60分都难以给予。因此，我们必须不断提升自己的格局和境界，才能真正做到知人善任。

此外，我们还应看到行业现状对人才吸引力的影响。当前，我们所处的行业或许尚不成熟，或许潜藏着诸多不为人知的规则，这些客观因素在一定程度上制约了行业的发展。正因如此，那些真正优秀的人才可能会对投身这个尚未成熟的行业持谨慎态度。

在行业春天到来之前，我们必须未雨绸缪，努力提升自己从60分到更高的层次。唯其如此，当春天的脚步真正临近时，我们才能以全新的姿态迎接那个充满生机与希望的季节。否则，我们可能会错失这个宝贵的机遇。

阳明先生曾说："圣人之道，吾性自足。"每个人内心深处都蕴藏着无尽的潜能。通过不断自我建设、提升领导力，我们能够激发员工内在的潜能，点燃他们心中的热情。

当一个人的潜能被充分激发时，我们会惊讶地发现，他们的创造力、想象力和工作热情会在短时间内得到成倍的提升。这背后的原因是什么呢？其实，每个人都渴望为社会、为他人作出贡献。无论一个人表面上有多少私欲和不明智之举，他们内心深处都怀有一份为他人谋福祉的渴望。这是人性中大我的一面，它渴望有机会去利益他人、造福社会。

因此，企业领导者应该深入洞察员工内心的渴望，引导员工超越小我、实现大我。当员工的生命力被充分激发时，他们会变得更加积极、友善和富有创造力。在这样的氛围下，企业将会涌现出更多的人才，可以共同打造一支同心协力、勇往直前的团队。

顶级老板三件事：吸引人、利用人、成就人

我认识许多老板朋友，他们在招聘时，往往只关注应聘者过去的成功经历，却忽视了他们曾经的失败与挫折。然而，真正优秀的人才，是那些能够从失败中吸取教训、积累经验，并勇敢地重新站起来的人。

曾经有一位杰出的企业家在分享他的成功经验时，被问及成功的秘诀。他并未直接阐述自己的见解，而是在黑板上画了一个留有缺口的圈。面对听众的疑惑，他解释道："这个未画完整的句号，正是我管理哲学的象征。我从不会将事情做得过于圆满，而是故意留下一些缺口，让我的团队去填补。"

这种"留缺口"的做法，并非企业家能力不足的体现，相反，它是一种卓越的管理智慧。通过给予团队成员发挥的空间，激发他们的创造力和自主性，从而实现团队整体的高效能。这种管理方式，不仅有助于团队成员的个人成长，更能推动企业的持续发展和创新。

"无为而治"——留一点缺口让员工去填补

"留个缺口给他人"不仅是一种管理策略，更是顶级老板在吸引人、利用人、成就人过程中的一种智慧体现（见图7-2）。他们通过这种方式，不仅激发了团队成员的潜力和创造力，更推动了整个团队的共同进步和成功。

```
        老板要做好三件事
        ↓      ↓      ↓
      吸引人  利用人  成就人
```

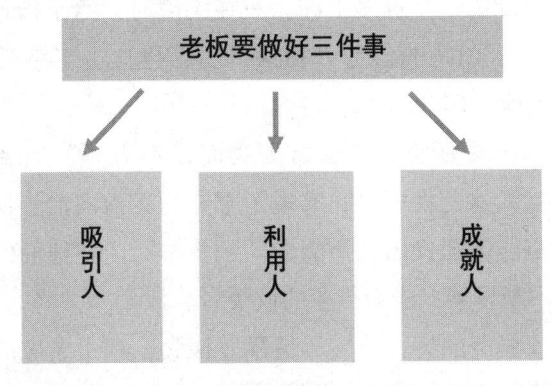

图7-2 老板要做好三件事

作为企业的领军人物,那些顶级老板深知,领导力的核心不仅在于个人的才华和能力,更在于如何吸引、利用并成就团队中的每一个成员。这种领导力,恰如"无为而治"的哲学,不是直接操控,而是通过激发团队内在的潜力和动力,实现企业的高效运转。

例如,在吸引人才方面,他们不仅关注应聘者的专业技能和经验,更看重其面对挫折时的态度和应对能力。在利用人才方面,他们善于根据每个人的特长和优势来分配任务,让团队成员在各自擅长的领域发挥最大价值。在成就人才方面,他们更是通过给予挑战和机会,让团队成员在实战中不断成长和提升(见表7-1)。

表7-1 吸引人、利用人、成就人的建议

吸引人、利用人、成就人的建议	
吸引人	一个优秀的团队,离不开各式各样的人才。顶级老板懂得如何打造一个吸引人的企业文化,让有才华的人愿意加入,愿意为共同的目标而努力。他们不仅提供优厚的待遇,更注重为员工创造一个能够发挥所长、不断成长的环境
利用人	每个人都有自己的长处和短处,顶级老板善于发现并最大化每个人的优点。他们了解,每个人都有其独特的价值,只要放在合适的位置,就能发挥出无穷的能量。因此,他们不仅关注员工的能力,更注重如何将这些能力有效地整合起来,形成强大的团队合力
成就人	一位优秀的老板,不仅关注企业的业绩和利润,更关注员工的成长和发展。他们明白,只有员工得到了成长和进步,企业才能真正地发展壮大。因此,他们致力于为员工提供更多的学习和发展机会,帮助他们实现自我价值的同时,也为企业创造了更大的价值

在这个过程中,"无为而治"的哲学思想发挥了重要的作用。顶级老板懂得放手让团队去发挥,不过多干涉,只在关键时刻给予指导和支持。这种领导方式不仅激发了团队的创造力和执行力,也让员工感受到了信任和尊重,从而更加投入地工作。

正如《道德经》中所言:"道常无为而无不为。"顶级老板通过吸引人、利用人、成就人这三件要事,实现了企业的无为而治。他们不是事必躬亲的管理者,而是能够激发团队潜能的"领头羊"。在他们的带领下,企业能够持续创新、不断发展,成为行业的佼佼者。

赋予猴子一棵繁茂的树,任其尽情攀登探索;赠予老虎广袤的山川,让它在其中自由驰骋。这或许正是企业管理与用人之道的至高境界

成大事者先施为怀：让追随你的人先富起来

本章开篇我们就讲道，在商业世界中，一个深刻的道理贯穿始终：先有人，才有江湖和天下。企业的根基在于人，而人的聚集形成了独特的商业江湖。老板的能力，不仅是驾驭和整合资源，更是运用和激发他人能力的能力。员工，尤其是那些富有创造力和执行力的员工，是公司最宝贵的客户。让追随你的员工先富起来，不仅是对他们的认可，也是企业发展的关键。

那些选择与你并肩作战的伙伴们，他们内心的期望并不只是因为你的产品具有救死扶伤的能力，更深层次的愿望是能够通过跟随你的步伐，实现财富的积累和生活的富足。因此，我们需要转变传统的思维模式，将帮助他人实现财富增长作为我们的核心使命。

身心皆富有的四个方面——道生之、德蓄之、物形之、势成之

金钱，这一具有普遍性和稀缺性的资源，无疑是人们生活中不可或缺的元素。其普遍性体现在每个人对它的需求与喜爱，而其稀缺性则表现为它的难得与珍贵，使得人们不会轻易放弃。正因如此，追求金钱的过程中，直线思维往往行不通，过于直接的追求往往只会让人四处碰壁。

钱、事、人、心、性五个元素构成了一个循环，其中人性是核心所在。金钱源于各种事务，而事务的成败则在于人的操作。要想在事务中取得成功，首先需要理解人性，洞悉人的欲望，洞察人的内心。只有深入了解这些，我们才有可能在复杂的事务中洞悉先机，进而获取成功和财富。

普通人之所以平庸，往往是因为他们无法真正理解人性。他们在事务中迷失，无法理解人的行为其实是内心的反映，而决定人心的，正是人的欲望，欲望的根源则在于人性。赚钱，表面上看是财富的积累；但实质上，是赢得了人心，满足了人的欲望，顺应了人性的结果。

《道德经》中写道："道生之，德蓄之，物形之，势成之。"企业家不仅要去想，还要去践行——这不仅是自然万物生长的规律，同样也适用于企

业的发展与领导力的变革（见表7-2）。

表7-2 将理念转化成行动的四个层次

将理念转化成行动的四个层次	
道生之	这意味着企业家要有一个清晰的发展愿景和方向。这个"道"不仅是企业家的个人理念，更要成为团队的共同信仰。那么，如何让这个"道"深入人心，成为团队每个成员的"道"呢？这便需要"德蓄之"
德蓄之	"德"在中国文化中有着深远的含义，它不仅指道德，更代表着一种精神追求和人心所向。企业家要通过自身的品德和行为来赢得团队的信任和追随，让众人与自己同心协力。华为大学的那句"小胜在智，大胜靠德"便深刻诠释了这一点。当企业家带领团队取得一个又一个胜利时，自然会有更多的人愿意追随其后，共同创造更大的成功
物形之	这一步要求企业家将理念和目标具体化、可视化，让团队成员能够清晰地看到并理解企业的发展方向和目标。这需要在企业的制度体系中有所体现，让每个人都能够明确自己的职责和使命
势成之	这里的"势"可以理解为企业的执行力和核心竞争力。它是前面三个步骤的自然结果。只有当企业有了明确的发展愿景、得到了团队的信任和追随，并将理念和目标具体化后，才能形成强大的执行力和核心竞争力。这个过程是水滴石穿、水到渠成的，需要企业家的耐心和坚持

以华为为例，其变革的历程便深刻体现了这一过程。在这个过程中，企业家的角色至关重要。他们不仅要有前瞻性的思考，更要身体力行，将理念转化为实际行动。

企业家要铭记一点，作为商人，盈利固然是我们的目标，但在吸引和感召团队时，我们更应强调共同富裕的愿景。为了实现这一目标，我们应竭尽所能，在代理商和合伙人中树立起成功的典范。通过打造标杆，我们不仅能够激励团队成员向更高的目标迈进，还能为他们指明一条通往成功的正确道路。这样的做法将极大地提升团队的凝聚力和战斗力。

当我们成功打造出一个或多个标杆后，这些成功的案例将成为我们最有力的宣传。它们不仅是对外展示我们实力和诚意的窗口，更是对内激发团队士气和动力的源泉。每一个团队成员都会看到，只要付出努力，跟随我们的步伐，成功和财富并不是遥不可及的梦想。

除了树立标杆，我们还需要构建一个公平、透明的激励机制。这意味着，每一个团队成员的努力都应该被看见，并且得到应有的回报。我们要确保那些为公司创造价值、为团队带来贡献的人，能够率先分享到成功的果实。

此外，我们还要提供持续的培训和支持，帮助团队成员提升自己的能力和素质，以便他们能够更好地抓住机遇，实现个人和团队的共同成长。一支强大的团队，不仅需要优秀的领导者，更需要一群有能力、有热情、有目标的成员。

我们要让团队成员明白，我们的成功不是一个人的胜利，而是整个团队的荣耀。当我们帮助他人实现财富增长和梦想成真时，我们也在为自己铺设一条更宽广、更坚实的成功之路。因为在这个过程中，我们不仅赢得了财富，更赢得了人心和信任，这些才是我们最宝贵的资产。

所以，成大事者，必先有施为之心，让追随你的人先富起来。这不仅是一种策略，更是一种智慧，一种胸怀，一种对成功深刻理解后的必然选择。

人抬人抬成神：一切问题的根源是自己

我们常说，人抬人抬成神。一个优秀的团队需要成员们相互鼓励、相互支持，共同追求进步和发展。作为团队的领导者，更应该以身作则、具有包容性，善于发现并利用员工的优点来推动团队的成长和成功。

有什么样的原件就出什么样的复印件——原件优秀，复印件自然精彩

在企业的世界里，老板如同一张独特的"身份证"，而员工则是这张身份证的"复印件"。这一比喻深刻地揭示了企业中的一种现象：老板的品质、能力和态度，往往会在员工身上得到体现。换言之，如果老板是优秀的"原件"，那么员工这些"复印件"更有可能展现出同样的优秀品质。作为企业的领导者，老板自身的成长和提升是至关重要的。只有当老板不断追求自我进步，才能成为员工们学习的榜样，进而激发整个团队的潜力和创造力。

1. 团队打造第一步——一切问题的根源是自己，不要怪别人

在团队建设中，我们需要认识到一切问题的根源往往在于自己。指责他人无法解决问题，反而可能破坏团队的和谐与凝聚力。一个优秀的团队，是成员们相互鼓励、相互抬举而成的。我们应该学会发现并赞赏他人的优点，以正面的言语和态度来激励团队成员。

打个比方，家长在孩子面前的行为和言语，都会深刻影响孩子的成长。如果家长自身存在问题，那么孩子很可能会模仿并延续这些不良习惯。

2. 团队打造第二步——团结可以团结的一切力量

在团队中，我们总会遇到各种各样的人。有钱人讲话往往充满正能量，这是因为他们懂得欣赏和赞美他人。相反，那些总是指责他人有问题的人，本身可能就存在问题。金无足赤，人无完人，每个人都有自己的缺点，但团队的成功在于我们如何利用每个人的优点，而不是纠结于他们的缺点。

作为团队的领导者，我们必须具有包容性。如果眼睛里容不下沙子，那么很难成就大事。我们应该感恩身边每一个工作人员，无论他们的能力如何，正是因为他们的存在和努力，才共同成就了我们的团队。

领导者的格局与境界，直接决定了企业未来发展的命运走向。

选择与鲜花为伍的人，眼前总是绚烂多姿、芬芳四溢；而那些追随苍蝇的人，却只能深陷污浊与阴暗。人性本善，然而环境却有可能将其染黑，如同白纸易被墨染。我们与谁同行，往往就会成为谁的影子。

这些年我遇见的那些智慧的老板朋友，都懂得如何捧起他人，知道给人留面子就是给自己留有余地。而那些愚者，只会逞一时口舌之快，虽然短暂地赢得了争论，却可能永远失去了自己的左膀右臂。

仔细想想，倘若时光倒回到几年前，其实我们企业家自己何曾不是那些初出茅庐，去企业为梦想打拼、在职场历练过的年轻人。

既然都是过来人，别忘了"人抬人、同进步、皆受益"。

第八章

CHAPTER 8

激励创新：

一颗心熔铸攻坚铁军，
一张嘴领导千军万马

在进行团队创新之后，很多领导者还会面临一个挑战：如何激发团队的内驱力，打造一支无坚不摧的铁军？

员工们最核心的诉求是追求经济的回报。毕竟，工作对于大多数人而言，是实现自我价值与经济独立的重要途径。

然而，经过多年的观察，我发现对于众多企业家而言，他们从不缺乏创新的商业理念或识别市场机遇的能力，他们真正缺少的，是能够将理念和机遇转化为实际成果的人才。

几乎每一家企业都面临一个共同的难题，那就是如何吸引和留住顶尖人才。

尤为遗憾的是，有些公司内部明明已经孕育了杰出的人才，却因种种原因未能将他们留住。当这些杰出人才流失后，公司的业务往往会因此逐渐滑坡，甚至陷入困境。

那么，究竟是什么原因导致了人才的严重流失呢？这值得我们深入探究和反思。是企业文化的缺失还是激励机制的不足？是职业发展路径不清晰还是对员工关怀不够？这些问题都可能是造成人才流失的症结所在。而要解决这些问题需要的不仅是严格的管理制度，更在于如何通过激励创新俘获团队成员的心，让他们全身心投入到共同的事业中去，从而达到收人收心的目的。

第八章 激励创新： 一颗心熔铸攻坚铁军，一张嘴领导千军万马

老板最大的挫败：管束了人身，却未能拴住人心

很多时候，员工的离职往往来得突然且无明显预兆。他们甚至可能在离职前夕表现得比平时更加投入工作，而一旦离去，却以诸如"家中有事"等看似完美的借口掩饰真实原因。更令人讶异的是，有时我们会在他们离职后不久发现他们已在其他公司就职。

员工辞职，特别是优秀员工的离职，通常可以归结为两大原因：一是薪资待遇未达到期望，二是工作环境或管理方式使员工感到委屈（见表8-1）。

表8-1 让员工身心皆富有的四个方面

让员工身心皆富有的四个方面		
薪资待遇	从担任管理职位的那一刻起，我们就需要深刻理解人性。员工选择加入公司，必然是出于某种需求，而这种需求最基础、最本质的往往就是经济回报。因此，作为管理者，我们必须审视员工的付出与所得是否相称。每个人心中都有一杆秤，当员工认为自己的付出未能得到应有的回报时，他们便会选择离开	
员工感到委屈	这通常与管理方式密切相关。员工可能因感受到公司内部的不公平而离职。这种不公平可能体现在分配、程序和人际关系三个方面	在分配方面，如果员工发现自己的努力与回报不成正比，尤其是当看到那些表现不如自己却获得更多回报的同事时，他们会感到自己的利益被侵占，从而产生委屈感
		在程序方面，公平性体现在对结果的判定过程中。例如，在评价员工绩效或决定晋升时，必须确保过程的公正性。如果员工对评价或晋升决策感到不公，他们可能会因领导的不公正而选择离职
		在人际关系方面，公平主要体现在日常的互动中。领导应尊重每个员工，以事实为依据进行评价，而非个人喜好。如果领导因个人偏见而给予员工不公正的评价，员工可能会因为对领导的不满而选择离开

尽管薪资待遇不足和工作中的委屈感是优秀员工离职的主要原因。但作为管理者，我们需要时刻关注员工的这些需求，努力创造一个公平、公正的工作环境，以留住人才并促进公司的长期发展。

发现他人的欲望是为你所用的前提

大家都听说过马斯洛的需求层次理论。这一理论深入剖析了人的需求动机，从生理需求到自我实现，每一层都反映了人的内心欲望和追求。

当我们与合伙人、员工共事时，单纯地强加业绩和指标往往难以激发他们的最大潜能。相反，我们应该深入探寻他们内心的欲望和梦想，找到他们真正想要实现的目标。

对此，我最常和学员讲的几句话是：

· 不要让合伙人强加业绩和指标，而要发现他内心的欲望，谈梦想。

· 不要给合伙人加强任务指标，而是要发现他内心强大的欲望，并把此欲望换算成公司的业绩，同时取得他达成目标的承诺，并全力帮助他实现他的欲望……是人就有欲望！

· 只要你能找到他的欲望，并协助他实现他的欲望，此人就为你所用！

记住，每个人都有自己独特的欲望和追求。只要我们能够找到并满足这些欲望，与他们携手共进，那么这些合伙人就会成为我们最宝贵的资源，共同推动公司向前走。

真正成大事者，他们共同的特点就是先付出、先给予，而非先索取。这种精神，值得我们深入学习和践行。

具体而言，要如何稳固我们的核心团队，留住那些优秀的员工呢？以下三点策略或许能为你指点迷津。

1. 构建利益共同体

企业与员工之间的关系，远超简单的雇佣层面，而是一种深度的合作关系。为了共同的目标，我们需要携手并进。因此，留住好员工的关键在于构建利益共同体，让员工明白，他们的利益与企业的利益紧密相连。在追求企业利益最大化的同时，也充分考虑到员工的个人利益，实现双赢。

2. 打造责任共同体

在大型企业中，从基层晋升到高管或合伙人往往需要数年的时间。然而，许多企业内部晋升机会有限，导致优秀员工难以得到应有的认可和重用。为了员工的职业发展，企业应该建立明确、公开的晋升标准，完善晋升制度。这样不仅能激发员工的自我驱动力，还能让他们看到自己在企业中的未来，从而更加投入地工作。

3. 形成命运共同体

命运共同体的构建需要企业和员工共同面对挑战，携手共渡难关。当企业面临困境时，员工的支持和努力往往能帮助企业走出低谷。同样，当员工遇到困难时，企业也应该给予全力的支持和帮助。这种相互扶持、共同进退的精神是形成命运共同体的基石。通过真诚对待员工、关注他们的需求和成长，企业能够赢得员工的忠诚和追随，共同创造更加美好的未来。

留住优秀员工的关键在于构建利益共同体、责任共同体和命运共同体，这三点是层层递进的关系。只有当企业和员工真正站在同一阵线、共同面对挑战时，才能激发出最大的潜力和创造力。

员工不仅是企业的一分子，他们更是具有独立思考和情感的个体。每个员工的心中，都隐藏着一个等待被点燃的"小火堆"。这个"小火堆"象征着他们的激情、创造力和无限潜能。他们渴望被认可，期待在工作中实现自我价值。而这个"小火堆"，就是他们内心深处对于成就、成长和贡献的渴望。

接下来，我们将通过四个具体的方法来点燃员工心中的"小火堆"。

造梦：把未来销售给谁，你就收下谁的心

有句歌词唱道："心若在，梦就在。"梦想是人类前进的动力，是激发潜能的源泉。作为企业领导者，不仅要为自己的梦想而努力，更要为团队塑造一个共同的梦想，凝聚人心，引领大家共同前行。在这个过程中，领导者需要成为造梦大师，用梦想点燃团队的激情。

优秀的领导者都是懂得贩卖梦想的造梦大师

成功的企业领导者往往都是卓越的造梦者。他们不仅自身怀揣着无尽的激情和昂扬的斗志,更擅长为员工描绘绚烂的梦想蓝图,以此点燃团队的热情,共同铸造辉煌的未来。领导者的角色,不仅是指引方向,更是搭建一个实现梦想的平台,承载着无数人才的希望与憧憬。

在这个平台上,每一个成员都能感受到自己的价值和重要性,他们的才智与创意得以充分展现,共同为企业的宏伟目标贡献力量。然而,当人才感受不到应有的重视,当他们的智慧与才华无法在这个平台上绽放光彩,抑或当企业环境变得陈旧僵化,无法适应时代的发展,甚至是当管理者本身显得平庸且故步自封,那么,人才可能会感到失望,他们的希望之火可能会逐渐熄灭。最终,他们可能会选择另寻他路,寻找一个能够真正实现自我价值的归宿。

想当初,乔布斯仅凭一句"你是想一辈子卖糖水,还是想跟我一起改变世界"便说服了百事可乐的CEO加入苹果。因此,优秀的领导者必须敢于、善于并乐于为团队造梦。

造梦与激励的核心在于点燃员工心中的梦想之火。作为领导者,你要像火炬手一样,传递梦想的火种,点燃永恒的活火,让员工对未来充满期待和憧憬。这样,无论前方遇到多少挫折和困难,员工都能保持坚定的信念,勇往直前,直至实现理想目标。

1. 设定美好愿景,引领团队前行

领导者为团队设定的愿景具有深远的影响。一个清晰、远大的愿景能够激发员工的共鸣,让他们心甘情愿地追随。一些成功的企业都拥有看似遥不可及的愿景,但正是这些愿景激励着员工不断前进(见表8-2)。

表8-2 头部企业的梦想(愿景目标)

头部企业的梦想(愿景目标)	
阿里巴巴	让所有的商人都用阿里巴巴
麦当劳	控制全球食品服务业
索尼	为包括我们的股东、顾客、员工,乃至商业伙伴在内的所有人提供和实现他们美好梦想的机会

续表

头部企业的梦想（愿景目标）	
IBM	无论是一小步，还是一大步，都要带动人类的进步
通用	让世界更光明

2. 勇敢面对困难，坚定梦想信念

在追求梦想的过程中，困难总是难免的。但领导者不能让困难遮蔽双眼，而应坚定信念，勇敢面对。当你不再害怕困难时，你就会发现团队所取得的成就并不是由遇到的问题决定的，而是由解决的问题决定的。

3. 提供希望与平台，助力员工成长

员工之所以留在团队，很大程度上是因为他们看到了在这里实现自身价值的希望。因此，领导者需要为员工提供发展的平台和机会，让他们感受到自己的成长和进步。就像萧何月下追韩信的故事一样，只有给员工提供足够的舞台，才能让他们的才华得到充分发挥。

4. 传递梦想，激发团队潜能

造梦不仅是领导者的事情，还需要将梦想传递给每一个员工。当员工与领导者共享同一个梦想时，他们就会更加投入地工作，为实现这个梦想而努力。这样，整个团队的潜能将被充分激发出来。

5. 关注员工职业规划，共创美好未来

作为领导者，还需要关注员工的职业规划问题。帮助员工进行职业规划不仅有助于他们的个人发展，还能增强他们对团队的归属感和忠诚度。当员工看到自己在团队中的未来时，他们就会更加努力地工作，与团队共创美好未来。

造梦，不仅是为员工塑造一个美好的愿景，更能激发他们的内在动力，让他们全力以赴地追求目标。当你向团队展示一个清晰、具有吸引力的未来时，你就已经收获了他们的心（见图8-1）。

以下几点是我多年来经营企业过程中的"造梦"心得，希望对大家有所启发。

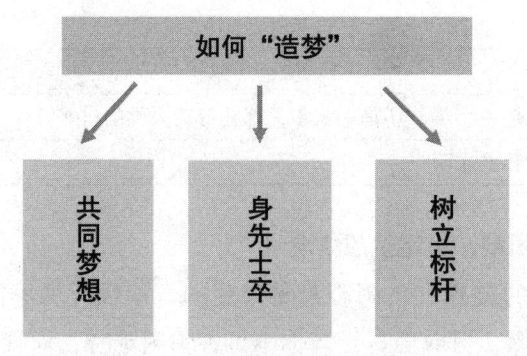

```
         如何"造梦"
        ↙    ↓    ↘
   共同夢想  身先士卒  树立标杆
```

图8-1　企业家要懂得"造梦"

1. 共同梦想

我们要共同创建一个梦想，这个梦想包括我们的使命、愿景和价值观。这不仅是一句口号，更是我们行动的指南。我们要让团队中的每一个人都明白，只要我们齐心协力，全力以赴，3年买车、5年买房的梦想就能成真。

为了让大家更加直观地感受到这个梦想，我会经常带大家去看房、看车。这不仅是一种激励，更是一种对未来的期许和承诺。

2. 身先士卒

作为领导者，我们要言行一致，不仅要说一套，更要做一套。

- 说一套：使命、愿景、价值观。
- 做一套：宁愿自己不赚钱也要让跟在你身边的人、留在你身边的员工赚更多的钱。

我们要让团队中的每一个人都看到，我们是在为了共同的梦想而努力。宁愿自己不赚钱，也要让团队的员工赚到更多的钱。这样，他们才会觉得这个团队值得追随，才会更加努力地工作。

3. 树立标杆

我们要在团队中树立标杆，让那些表现出色的员工成为大家的榜样。比如，我们的数字人项目，虽然分配出去的利润很多，但是这也激发了大家的斗志。当大家看到身边的同事通过努力获得了丰厚的回报时，他们就会更加坚定地追求自己的梦想。

我会定期邀请大家去参观豪车、豪宅，这不仅是为了满足大家的好奇心,更是为了激发他们的斗志。只有当他们看到更好的生活就在眼前时,他们才会更加努力地去追求。

我记得,我们曾经有一个员工,在第一个月就赚到了27万元。我们当时决定,如果他这个月的工资能超过10万元,我们整个公司赚的钱都给他。当他真的拿到了27万元时,我们公司看似只是少赚了一个月的钱,但实际上我们收获的是整个团队的士气和斗志。在那之后,越来越多的优秀人才加入了我们团队,我们的发展速度也大大加快。

所以,造梦不仅是为了给员工画一个饼,更是为了激发他们的斗志和潜力。当我们把未来销售给员工时,我们就已经收获了他们的心。他们会为了这个共同的梦想而全力以赴地工作。

我们必须时刻保持警醒,不断优化企业环境,创新管理制度,提升自身的领导力与远见。只有这样,我们才能收获人心,共同创造一个充满希望与活力的未来。

造神:成为偶像、树立榜样

除了造梦,"造神"也是一种有效的激励手段。这里的"神",并非指虚无缥缈的神灵,而是指团队内部的榜样、偶像,是那些能够激发团队成员积极向上、努力奋斗的精神象征。

因为榜样的力量是无穷的,它能悄然改变团队的气质和动力。一个优秀的榜样,其影响力能渗透团队的每一个角落,促使每个成员都努力追求卓越,不断挑战自我。因此,对于企业而言,树立榜样,也就是标杆员工成为一种高效的激励策略。

在团队成员中找到标杆员工

标杆员工不仅是业绩的佼佼者,更是企业文化和价值观的生动体现。他们的奋斗故事、职业态度和成果,都是对团队其他成员的最好示范。通过标杆员工的树立,企业可以明确地传达出对员工的期望,以及员工通过努力能够达到的高度。

这种激励方式远比单纯的物质奖励或口头表扬来得更为深刻和持久。它让团队成员看到，只要付出努力和智慧，每个人都有机会成为那个闪耀的标杆，实现个人价值的同时，也为团队和企业的发展贡献力量。

因此，我们应精心选拔和培养标杆员工，让他们的光芒照亮更多团队成员的前行之路，共同推动团队向更高目标迈进。

具体而言，"造神"的第一步，就是发现并塑造团队中的优秀个体，使其成为大家学习和模仿的对象。这些优秀个体可以是业绩突出的销售冠军，也可以是技术精湛的工程师，甚至可以是那些在工作中展现出特别品质或精神的普通员工。通过他们的故事和经历，来激励其他团队成员，让大家看到成功的可能性和路径。

同时，"造神"也体现在对团队目标的设定和追求上。比如，我们可以将那些实现了买车买房梦想的团队成员作为榜样，将他们的照片和故事展示在公司的墙上。这样做不仅是对他们的认可和嘉奖，更是对其他团队成员的一种激励。它传递出一个明确的信息：只要你努力，你也可以实现这样的梦想。

需要明确的是，"造神"并不是要制造一种盲目的个人崇拜，而是要通过树立榜样和偶像的方式，来激发团队成员的积极性和创造力。当团队成员有了明确的学习目标和努力方向时，他们就会更加投入地工作，更加积极地追求进步。这样，整个团队的凝聚力和战斗力也会得到显著提升。

造场：让所有人在竞争中进步

世间万物皆为能量，这些能量存在于各种场中，强大的能量总能影响弱小的能量。商业的实质，其实就是经营人心，要经营人心，就需要学会如何影响人。而影响人的关键，就在于掌握和利用场的力量。每一位成功的商业人士，都应该成为制造和掌控场的高手，因为只有在场中，人们才更容易被影响。商业经营，其实就是学会如何创造和利用能量场，通过打破旧有的框架,创造出新的形象和场景,从而引领和影响他人。

因此,在团队管理中,"造场"是一种重要的策略,它通过营造一个积极的竞争氛围,来激发团队成员的斗志和潜能,促使每个人在竞争中不断进步。

"造场"的核心在于创造一个充满挑战和机遇的环境。例如,我们可以通过悬挂横幅、设立目标看板等方式,将团队或个人的目标清晰地展示出来,让每一个成员都能时刻看到并铭记于心。这样做不仅提醒团队成员始终保持对目标的关注,还能在无形中形成一种竞争压力,激励大家你追我赶,共同朝着既定目标努力。

在这样一个充满竞争与活力的场中,每个团队成员都能感受到一种向上的力量。

五个"场"打造一个自动运转的企业

从宇宙的浩瀚到地球的脉动,从国家的治理到企业的运营,所有事物都在各自的"场"中运转。企业作为一个微观宇宙,同样拥有自己的"场"。一个自动运转的企业"场",是每位创业者和经营者梦寐以求的理想状态。

下面这五个关键"场"策略,就能帮助大家构建一个理想的企业"能量场"(见表8-3)。

表8-3 企业的五个关键"能量场"

企业的五个关键"能量场"	
造场:精心选人	造场,即构建企业的基础架构和人才队伍。选人成为这一环节的核心。理想的人才应具备三大特质:认可企业文化、具备出色的工作能力、拥有强大的行动力。通过精心策划的面试流程和环境营造,让候选人感受到企业的魅力和潜力,从而吸引真正合适的人才加入
定场:稳定人心	新员工入职初期,是企业定场的关键时期。通过忙碌的工作安排和正面的激励,帮助新员工快速融入团队,稳定心态。同时,通过展示公司的成功故事和榜样人物,激发新员工的工作热情和归属感
捧场:培养人才	捧场,即通过持续的学习和成长机会,激发员工的潜能,提升整体团队的能力。包括向优秀的团队学习、领导状态的塑造,以及日常工作中的不断教化和检查。捧场策略旨在打造一支高效、协作、自我驱动的团队

续表

企业的五个关键"能量场"	
化场：留住人才	化场策略关注如何通过示范、教化、检查和反馈，解决员工在工作中遇到的问题，化解负面能量，提升工作满意度和忠诚度。同时，通过分享文化和持续学习，营造积极向上的企业氛围，让员工愿意长期留在企业共同发展
圆场：自动运转	圆场，即实现企业的自动运转状态。这要求企业具备两大核心文化：快乐和分享。通过打造快乐的工作氛围和倡导分享的企业精神，激发员工的创造力和协作精神，实现企业的自我驱动和持续发展

通过这五个"场"的打造，为企业创造一个充满活力、积极向上的"场"。同时，我们还需要懂得如何配合上级和平级，共同打造一个自动运转的卓越企业。

造梯：没有梯子一切梦想都是空谈

梦想虽美，若无实现的路径，则无异于空中楼阁。没有具体的步骤和计划，再伟大的梦想也只会停留在想象之中。因此，真正的智者不仅懂得描绘蓝图，更知道如何脚踏实地地搭建通往梦想的阶梯。

对于大多数人来说，他们或许会被激昂的梦想演讲打动，但最终却因为缺乏实际的行动指南而感到迷茫和无力。然而，高手们则深谙此道，他们明白，要想真正影响并引领他人，不能仅仅停留在梦想的宣扬上，更需要在实践中展示实现梦想的可能性和方法。

因此，我们应该合理分配时间和精力。用10%的时间来构想和规划梦想，这是激发内在动力、明确目标的过程；而用剩下的90%的时间来制订和执行具体的实施计划，这是实现梦想、走向成功的关键。

梯子思维：将梦想拆解为步步为营的旅程

梦想可以远大，但行动必须脚踏实地。任何伟大的成就都始于微小的起点，任何杰出的个体也是从平凡中脱颖而出。梯子思维，正是将梦想的实现

第八章 激励创新： 一颗心熔铸攻坚铁军，一张嘴领导千军万马

过程细化为一套具体的操作流程。通过这套流程，我们可以有条不紊地迈向成功。

许多领导者热衷激励员工，鼓励他们高喊口号，激发斗志。然而，没有具体实现路径的梦想，就像空中楼阁，难以触及。单纯的激情与努力，若缺乏明确的行动计划，最终只能化为泡影。

以家中更换灯泡为例，面对3米高的天花板，我们不能仅凭口号或自我激励就能将灯泡安装到位。必须首先搭建一个梯子，规划好每一步的行动，然后才能有效地完成任务。同样，我们在追求梦想时，也需要制订详细的计划，明确每一步的行动方向。

回想起你第一次攀爬梯子的经历，或许起初会感到些许害怕，但当你勇敢地迈出第一步，紧接着第二步，你便开始找到攀爬的节奏。这种逐步上升的感觉，不仅让你的信心倍增，也赋予了你继续前行的力量。这正是梯子思维的力量所在：通过分解目标，让梦想变得触手可及。

任何成就的取得，都离不开正确流程的指引。就像银行密码，只有数字顺序正确，才能顺利取款。同样，炒菜也是遵循一定流程的结果。记得有一次，我决定为一个来家里做客的同事做一道番茄炒蛋。我让他帮我准备好食材，然而，当我让他"先帮我把鸡蛋和番茄倒进去翻两下"时，他笑着说："你还炒啥？我翻两下不就熟了吗？"这个简单的例子告诉我们，遵循流程的重要性。

那么，如何打造梯子模型呢？关键在于将大目标拆解为一系列小步骤。许多梦想之所以难以实现，往往是因为我们在开始时用力过猛，期望迅速看到结果。然而，真正的成功往往需要耐心和积累。周星驰和成龙的故事告诉我们，即使是从最微小的角色开始，只要用心演好每一步，最终也能成就非凡。

为了更好地运用梯子思维，我们需要理解"步骤、目标、梦想"三者之间的区别。一天内能完成的是步骤，一个月内能达成的是短期目标，一年内能实现的是长期目标，而三年以上才能实现的则是梦想。将梦想量化、具体化，有助于我们更好地规划和执行。

以成为作家为例，与其空谈梦想，不如设定一个具体的目标，如"我要写20万字的小说"。再将这个目标拆解为每日可完成的步骤，如"我明天要

写200字的日记"。这样的小步骤更容易操作和实现，更能激发我们的持续行动力。

日本马拉松运动员山田本一的故事就是最好的例证。他通过将马拉松赛程分解为多个小目标来轻松完成比赛。这种将大目标细化为小步骤的方法不仅减轻了心理压力，也提高了行动的效率和成功率。

总之，梯子思维是一种将梦想拆解为具体步骤的实用策略。它让我们在追求梦想的道路上更加脚踏实地、步步为营。通过不断攀爬每一步梯子，我们终将抵达梦想的顶峰。

造梯，不仅是一个行动的过程，更是一种管理的智慧。其实不管是经营企业也好，管理员工也罢，包括我们自己在追求梦想的道路上，都要有梯子思维，不断思考、不断探索、不断实践。只有这样，我们才能让梦想照进现实，让每一个梦想都不再是空谈，以更高的境界、更快的速度、更强的内核闯入游戏的下半场。

第三部分

持续盈利

在商业的广袤天地中，每一场竞争都仿佛是一场精心设计的游戏。但不同于传统意义上的有限游戏，商业世界更像是一场永无止境的无限游戏。在这里，没有固定的终点，没有预设的胜者，只有持续不断地探索、创新和盈利。

许多人将商业竞争看作一场短暂的赛跑，他们紧盯着眼前的目标，追求短期的成功和利益。他们努力提升产品销量，优化团队效率，以期在有限的时间内取得优势，然后迅速投入下一轮的竞争中。然而，这种短视的做法往往忽略了商业世界的本质——它是一个充满变数和不确定性的生态系统，需要企业具备长远的眼光和持久的耐力。

当我们跳出短期的框架，从更广阔的时间维度来审视商业世界时，便会发现每个企业、每个行业都如同宇宙中的一颗行星，有着自己的生命周期和运行轨迹。在这个漫长的周期中，企业不仅要面对市场的起伏变化，还要应对技术的革新、消费者的变迁以及竞争对手的挑战。因此，一个企业的成功不在于它能在短期内取得多大的成就，而在于它是否能够穿越周期，持续盈利，成为市场上的常青树。

而要实现这一目标，企业需要构建一套科学完整的盈利系统。这个系统应该包括对当下和未来的敏锐洞察、对用户和团队需求的精准把握、对产品创新的持续投入以及对运营效率的优化提升。只有当企业具备了这样一套系统时，它才能够在激烈的市场竞争中立于不败之地，实现持续盈利的目标。

在这一部分，我们将深入几个大的方面，从底层逻辑上探讨如何构建这样一套盈利系统，以及如何通过不断优化和创新来保持企业的竞争优势。让我们一起踏上这场无限的游戏之旅，共同探索商业世界的奥秘和魅力。

第九章

CHAPTER 9

盈利系统：

当时则动，物至而应

在上一篇中，我们讲到了盈利模式的创新，盈利是每个企业的核心目标。然而，盈利并非一蹴而就，而是需要构建一个精细而高效的盈利系统。这个系统要能够敏锐地捕捉市场的脉动，像猎豹一样"当时则动"，在恰当的时机迅速出击；同时，它也要有足够的灵活性和应变能力，"物至而应"，面对外界的变化和挑战，能够及时调整策略，保持盈利的持续增长。

正如《系统思考》的权威作者丹尼斯·舍伍德所阐述，系统思考的力量在于它能够打破思维的桎梏，让我们以更广阔的视角审视世界，深入洞察事物背后的复杂结构和逻辑，从而更加有效地应对现实中的种种挑战。

"治大国若烹小鲜"，我们在处理重大事务时，应如同烹饪一道精致小菜般细心谨慎，既要把握大局，又不忽视细节。同样，在构建企业执行系统时，也需保持这种平衡和敏锐。

在本章中，我们将深入探讨盈利系统的构建与运用，从全局出发，因时制宜，灵活应对各种挑战和机遇。

第九章 盈利系统：当时则动，物至而应

价值再造："最好的时代"也是强调价值的时代

今天，我们见证了许多与传统商业模式截然不同的新现象，包括原创技术、创新商业模式、新兴业务形态和新锐品牌的崛起。这些变革不仅带来了新的商业机遇，也伴随着一定的市场泡沫。在这个时代，我们重新审视企业的价值及其再造方式，关键是从创新驱动的角度出发，这种驱动不仅关乎个人的价值实现，也深刻影响着企业的盈利模式和增长动力。

而这些都要在"这是一个最好的时代，也是一个最坏的时代"的语境下去重新理解。那究竟什么是最好的时代？

我们所处的这个时代，"一个最好的时代"就是强调个人价值的时代，是每个人都有机会通过自己的努力和才能来实现梦想、实现个人价值的时代，是通过人与人的专业分工与商业价值的再造，共同创造财富的时代。

随着市场泡沫的破裂和理性的回归，我们更加清晰地认识到，价值才是财富创造的基石和分配的源泉。因此，在新经济环境下，价值的再创造成为资源配置、财富生成和分配的关键环节。

对于企业而言，其核心价值体现在如何高效地切入市场、吸引流量、抢占份额，并最终转化为可观的利润。从这个角度来看，商业的本质就是价值的创造与交换。在数字化浪潮的推动下，我们需要重新思考并实践价值的重构与再创造。

可见，就算是要搭建一个盈利系统，我们同样需要先将底层逻辑搞清楚。

如今，企业面临的一个最现实的问题就是，在同质化竞争的商业环境中，成为用户心中的首选？答案同样在于寻找并坚守自己的独特价值。例如，亚马逊创始人贝索斯将零售理念分为两类：一类是追求利润最大化，另一类则是致力于为客户创造价值。对于企业家而言，关键在于两点：一是创造与竞争对手截然不同的价值，二是高效地将这些价值传递给目标受众。德鲁克曾指出，小企业的成功不在于与大企业正面竞争，而在于找到一个独特的生态定位，并在其中取得领先地位。这种"与其更好，不如不同"的思维模式，正是企业在复杂多变的市场中立足的关键。

从商业模式的角度来说，其实是一场关于话语权的争夺。在决策过程中，谁能说服他人听从自己的意见，谁就拥有了更多的话语权。然而，这种话语权的建立并非一蹴而就，它来自对消费者深刻的理解和满足消费者需求的能力。从中国制造到中国创造，从产品到品牌，这不仅是产业升级的必然趋势，也是企业向消费者靠拢，提升价值的必经之路。只有真正了解消费者，才能掌握更多的话语权，引导市场趋势。

从企业运营的角度来说，这个过程可以概括为三个阶段：价值创造、价值传递和价值分配。在这三个阶段中，谁能够更紧密地接触和理解消费者，谁就能拥有更大的价值。例如，从事终端销售、渠道管理、研发设计或品牌建设的企业，由于更直接地面对消费者，因此，往往能更快地洞察市场需求，提供更符合消费者期待的产品和服务。

当前，新一轮科技革命与产业变革正在全球范围内如火如荼地展开。与以往的产业技术革命显著不同的是，本轮变革中生活方式开始反向决定生产方式，引领着产业发展的新趋势。在此背景下，新经济现象层出不穷，如"烧钱"投资策略、先聚流量后求收益的商业逻辑，以及"马太效应""平台幂次效应"等新型市场规律逐渐显现。同时，虚拟货币、反摩尔定律、安迪—比尔定律等新经济法则也开始影响企业的战略决策。

自20世纪下半叶起，美国硅谷便不断涌现出通过"改变世界"而迅速崛起的企业。这些企业从零到数十亿美元市值的成长过程日益缩短，彰显了新经济条件下企业价值规律的巨大变化。如今，在新一轮科技革命与产业变革的推动下，这种快速发展已成为常态，甚至出现了更为爆发式增长的企业，如"独角兽企业"——那些在创办10年内估值便达到10亿美元以上的未上市企业。

这种快速崛起的根本原因在于技术生命周期、企业生命周期以及产业生命周期的不断缩短。产业变革和业态创新呈现出断崖式塌陷与爆发式成长的态势，"大破大立"成为新常态。在此背景下，几乎没有所谓的"百年老店"，只有不断创新、不断创业的企业才能立足。技术突破拓宽了生产生活的边界，模式创新打破了时空限制，业态创新引发了消费需求的升级，而金融资本则为企业提供了滚动发展的动力。在创业投资的支持下，风险企业家们以科技创造财富和生产力，推动技术创新和创业资产实现几何级、指数级增长。

因此，在新经济时代，衡量一个企业的标准已不再是单纯的收入、利润或市值，而是更看重其在可预期、可预见、可触摸的想象空间、流量支撑、市场位势、技术变现以及盈利模型等方面的潜力。这种潜力将决定企业未来是否能够实现更爆发的收入、更暴利的利润和更爆棚的市值。正如《从0到1》一书中的价值理论所言，我们应该关注企业的长期发展价值而非短期表现。只有立足当前并放眼中长期发展眼光的企业，才能更好地把握其价值所在，而这种遵循新经济规律的企业价值观便是我们所说的新经济企业价值观。弄清楚了这个逻辑，我们才能确定接下来的其他环节不偏离我们本应遵循的市场规律和商业正道。

激活组织：形成高山滚石之势，让团队不由自主地冲锋

组织离不开人，盈利离不开人的创造。

而一个组织的成功与否，往往取决于其内部的活力和动力。前面我们也一直在讲用人留人，收人收心。下面我们就从企业发展战略视角来谈一谈如何激活组织的活力。

《孙子兵法》中有言："善战人之势，如转圆石于千仞之山者，势也。"这里所指的"势"，并非仅指对外的竞争态势，更重要的是对内部团队的激活和驱动。我们要追求的是一种如高山滚石般势不可挡的团队力量，让每一个成员都能不由自主地冲锋陷阵，共同为组织的目标而奋斗。

内外因结合，形成"高山滚石"之势

在实际操作中，很多老板对"求于势而不责于人"的理解存在误区，认为这仅仅是通过外在压力或强制手段来迫使团队成员执行任务。事实上，这

种理解偏离了《孙子兵法》的核心思想。真正的"势",应当是通过深入了解人性、激活个体的内在动力,其中也包括领导者自身的影响力,让团队成员从内心深处产生对目标的认同和追求。

那么,如何形成这种"高山滚石"之势呢?

首先,从内因来看就是领导者的境界。

领导的本质在于解答"为何他人愿意追随你"的问题。深入剖析,我们可以将领导力划分为三个核心层次(见表9-1)。

表9-1 领导力的三个核心层次

领导力的三个核心层次	
业务引领	在这一层面,领导力体现为对业务的卓越驾驭能力。追随者之所以愿意跟随你,是因为在你的引领下,团队能够不断取得业绩上的突破和成功。你的领导使得团队能够超越自我,实现业务目标,从胜利走向更大的胜利。这个层次是领导力的基础,它要求领导者具备深厚的行业洞察力、战略规划和执行能力
人心凝聚	除了业务上的成功,领导力还体现在对团队的凝聚力上。当你能够营造一个充满归属感的团队氛围时,成员们会因为与你共事而感到自豪和满足。这种归属感不仅使员工在离职时感到不舍,也会让领导者在离开团队时深感惋惜。这一层次的领导力强调人际关系和团队文化的建设,要求领导者具备同理心、沟通技巧和团队建设的智慧
价值观共鸣	领导力的最高境界在于价值观的共鸣。当团队成员共同追求和信仰某种价值观时,他们会因为这份信念而更加努力地工作,不畏艰难,勇往直前。这种价值观的共鸣使得团队在面对挑战时更加团结和坚定,因为大家共同认为所做的事情是重要而有意义的。这一层次的领导力要求领导者具备深刻的人生哲学和价值观,能够影响和塑造团队的共同信仰

综上所述,领导力的三重境界从业务引领、人心凝聚到价值观共鸣,层层递进,共同构成了一个完整的管理体系。

接下来,从外因来看,结合《孙子兵法》的智慧,我们可以归纳为以下三个方法。

1. 运用人性,激活个体

孙子曰:"任势者,其战人也,如转木石。"这句话告诉我们,要充分利用人性的特点来激活个体。具体而言,可以通过以下方式实现:一是引爆情绪,通过精神激励与物质奖励相结合的方式,激发团队成员的积极性和斗志。让他们明白,自己的努力不仅是为了组织的目标,更是为了实现个人的价值和梦想。二是目标一致。通过共同的目标和价值观凝聚人心，让团队成员真心认同组织的目标，形成思想上的统一。这样，他们就能更加自觉地投入到工作中去，共同为实现目标而努力。

2. 令素行以教其民

"令素行以教其民"是《孙子兵法》中强调的另一个重要原则。这意味着，在平时的管理中，我们要让团队成员严格执行规章制度和军令条例，形成服从和行动一致的习惯。同时，我们还要通过教育和教化来引导团队成员的行为和思想，让他们明白自己的职责和使命，从而形成强大的执行力。

3. 善用"愚兵"思想

在统一思想上，我们不能将所有信息都告知团队成员。有时候，为了保密和管理的需要，我们需要有所保留。但这并不意味着我们要欺骗团队成员，而是要善于引导他们看到事情有利一面，激发他们的积极性和创造力。同时，我们也要通过身教来影响团队成员的行为和思想，让他们从优秀的榜样中汲取力量。

总之，激活组织需要我们从人性出发，深入了解团队成员的需求和动机，通过科学的管理方法和手段来激发他们的内在动力。这样才能真正形成"高山滚石"之势，让团队不由自主地冲锋陷阵，共同为组织的成功而奋斗。

系统运营：运筹帷幄之间，决胜千里之外

在今天的商业环境中，企业的成功不再仅仅依赖于单一的产品或服务优势，更取决于其运营系统的战略性和协同性。系统运营，作为企业管理的高级形态，掌握了这一点才能在管理中运筹帷幄之间，决胜千里之外。

战略引领下的系统运营

系统运营的核心在于将企业战略与日常运营活动紧密结合，形成一套高效、协同的运营体系。这种体系不仅要求企业有清晰、明确的战略目标，更需要将战略目标转化为具体的运营计划和行动方案。只有这样，企业才能在

竞争激烈的市场中保持领先地位，实现可持续发展。

1. 道与法的结合，铸就组织协同

在《孙子兵法》中，"道"与"法"是组织协同的两个关键要素。在企业系统运营中，"道"可以理解为企业的核心价值观和文化，它是凝聚人心、激发员工积极性的精神力量。而"法"则是指企业的组织架构、流程和制度等，它是保障企业高效运营的物质基础。通过"修道而保法"，企业可以确保员工在思想上与企业保持一致，行动上则能够严格按照制度和流程执行，从而形成强大的组织协同力。

2. 齐一的指挥，确保行动一致

系统运营要求企业具备高效的指挥系统，以确保各部门、各层级之间的行动一致。这需要企业建立明确的决策机制和沟通渠道，确保信息能够快速、准确地传递。同时，企业还需要通过培训和教育等手段，提升员工的执行力和团队协作能力，使他们在面对复杂多变的市场环境时能够迅速响应、灵活调整。

3. 令文齐武，实现思想统一与行动协同

在系统运营中，"令文齐武"是实现思想统一与行动协同的重要手段。企业需要通过制定和执行一系列的规章制度和激励措施，来统一员工的思想和行为。一方面，企业可以通过文化建设和价值观传播等方式，提升员工的认同感和归属感；另一方面，企业还需要通过严格的绩效考核和奖惩机制来确保员工的行为符合企业的战略目标和价值观。

这里也包括我们在上一节谈到的创造"高山滚石"的氛围，激活组织活力。让员工感受到强烈的紧迫感和使命感，激发他们的积极性和创造力。不仅要有清晰的目标和愿景，还需要通过一系列的活动和措施来营造积极向上的组织氛围，如开展团队建设活动、举办技能竞赛等。

我们不难发现，《孙子兵法》所揭示的并不仅仅是战时或项目管理的策略，它更是一种深邃的管理哲学，为企业的日常管理提供了宝贵的导向和参照。我们通过战略引领下的系统运营、道与法的结合、齐一的指挥、令文齐武以及创造"高山滚石"的氛围等措施，企业可以形成强大的组织协同力，确保在竞争激烈的市场中保持领先地位。

第九章 盈利系统：当时则动，物至而应

顶层设计：没有以始为终的设计，再努力也是无意义的重复

在竞争中，如果不是超级头部企业，很难长久地处于领先地位。这就需要我们在制定战略的过程中，阶段性地为企业进行顶层设计，它不仅是企业战略的核心，更是企业长远发展的基石。以客户为中心，深入洞察行业趋势，把握产业动态，同时以竞争对手为镜，企业能够设计出独具特色的解决方案和持续盈利的商业模式。这种顶层设计，不仅要求企业具备前瞻性的视野，更需要坚定的执行力和持续的创新精神。

设计产品或项目时的核心要素

我们在设计一个项目或是产品的时候，也就是当我们深入一个项目的顶层设计时，每一个要素都需要被细致地展开和考量，以确保项目能够顺利执行并取得预期效果。以下是五大核心要素的详细阐述（见图9-1）。

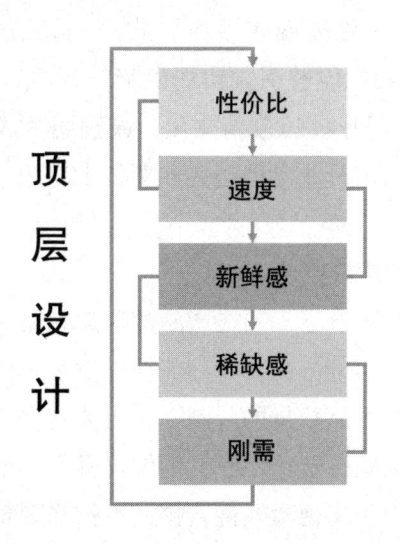

顶层设计：性价比 → 速度 → 新鲜感 → 稀缺感 → 刚需

图9-1　产品顶层设计的五大核心要素

1. 性价比：实现价值最大化

在规划项目或产品时，性价比是一个至关重要的考量因素。我们不仅要关注产品或服务的直接成本，更要通过优化生产流程、提高资源利用效率等方式，降低整体成本。同时，我们要注重产品或服务的附加值，确保客户在付出一定成本的同时，能够获得超出期望的价值。这种价值可能体现在产品的高性能、服务的专业性或是品牌的信誉度等方面。通过实现价值最大化，我们能够吸引更多客户，增强市场竞争力。

2. 速度：抢占市场先机

在快节奏的现代商业环境中，速度往往比质量更为重要。因此，我们需要通过简化内部流程、提高响应速度等方式，确保项目能够迅速落地并投入市场。这种速度优势不仅能够帮助我们抢占市场先机，更能够在客户心中树立高效、专业的形象。为了实现速度优势，我们需要对内部流程进行梳理和优化，减少不必要的环节和等待时间。同时，我们还要建立高效的沟通机制，确保信息能够在团队内部快速流通。

3. 新鲜感：引领市场潮流

创新是企业持续发展的动力源泉。在项目设计中，我们需要不断推出新产品、新服务和新活动，以满足客户不断变化的需求。这种创新不仅体现在产品功能的升级上，更体现在服务模式的创新、营销策略的变革等方面。通过持续创新，我们能够引领市场潮流，树立行业标杆。为了实现持续创新，我们需要建立开放的创新文化，鼓励团队成员提出新的想法和建议。同时，我们还要关注行业发展趋势和新技术应用，不断引入新的商业模式和运营模式。

4. 稀缺感：激发购买欲望

在市场竞争激烈的背景下，制造产品的稀缺感是一种有效的营销策略。通过限量发售、限时优惠等方式，我们能够激发客户的购买欲望和紧迫感。这种稀缺性不仅体现在产品数量的限制上，更体现在产品独特性、专属性等方面的营造上。通过稀缺性营销，我们能够提升产品的附加值和品牌形象，吸引更多高端客户。为了实现稀缺性营销，我们需要精准把握市场需求和客户心理，制订有针对性的营销策略和推广计划。

5. 刚需：解决客户痛点

深入了解客户需求和痛点问题是项目成功的关键所在。在设计过程中，我们需要通过市场调研、客户访谈等方式，深入了解客户的真实需求和痛点问题。然后，我们要提供系统、完整的解决方案，帮助客户解决实际问题。这种解决方案可能包括产品功能的优化、服务流程的改进或是商业模式的创新等方面。通过满足客户的刚需需求，我们能够建立稳定的客户关系和口碑效应，实现项目的长期稳定发展。为了实现满足刚需的目标，我们需要建立客户导向的服务理念和敏捷的响应机制，确保能够及时响应客户的需求和反馈。

在此我想与大家分享一个成功的设计案例，一家美容院通过精心策划，在短短3天内实现了营业额高达120万元的惊人成绩。

我曾有幸参观了深圳美容行业协会的一家成员单位——一家大型美容整形机构。这家机构的老板周总在美容行业深耕了20年，对技术和产品有着独到的见解，但面临营销方面的挑战。

当时，周总计划利用即将到来的"双十一"购物节进行营销推广。她初步的方案是将原价1999元的韩国小气泡项目特价至398元。然而，在深入沟通后，我建议她采用更为创新和吸引人的策略。

我的方案结合了社交拼团、社交媒体裂变以及免费模式。具体来说，我们保留了398元的单独购买价格，但为拼团用户提供了仅39元的超值价格。为了消除客户的疑虑，我们明确标注：若拼团成功但未消费，可无条件退款。这一策略迅速激发了客户的参与热情，通过老客户的社交分享，活动迅速裂变，吸引了超过1000名客户参与。

然而，这仅仅是第一步。当这些客户来到店内体验时，我们的专业技师和客户经理趁热打铁，推出了另一项特色服务——原价9999元的美国蜂巢皮秒10次体验，首次办理会员并充值800元即可免费享受。这一策略再次大获成功，超过半数的体验客户选择了充值，为美容院带来了高达40万元的会员卡充值收入。

值得一提的是，其中还有近20位客户选择了微整服务，为美容院带来了近80万元的额外收入。

今天无论是互联网思维还是免费策略，其核心都在于吸引潜在客户——

引流，接下来，通过提供卓越的产品体验来促进转化，确保高转化率。最终，通过增值服务实现盈利，这是整个营销流程的闭环。

然而，尽管许多人明白这一理论，但实施起来却往往效果不佳。这是因为很多人急于锁定客户并立即盈利，从而过早地推销高价产品，忽视了通过低价策略吸引流量的重要性。他们担心低价会损害品牌形象，但实际上，这种担忧往往源于对流量思维的误解。

在互联网高度发达的今天，产品的价格透明度极高，消费者可以轻松去网上比较不同产品。因此，我们需要具备更广阔的视野和更大的格局。所有商业模式的本质，可以归结为"流量思维"——通过低价来吸引流量，从而驱动业务增长。

有了流量、有了用户之后，接下来才是以终为始的顶层设计，否则，你再怎么努力也只是周而复始的生存挣扎。

对于中小企业而言，做好顶层设计往往意味着结合企业发展战略和目标愿景，围绕商品市场、创业市场、资本市场三大核心市场——在商品市场做好产品和品牌，在创业市场做好渠道，最后在资本市场做好增长，实现价值最大化。

无论是通过产品赢得市场认可，还是通过股权吸引资本注入，企业都需要深刻理解其背后的逻辑，将赚钱、收钱、值钱的循环机制融入日常运营的每一个环节。

第十章

CHAPTER 10

机制系统：

借力共赢，三分天下

一个高效、公正的机制系统是确保企业战略落地执行、企业走向成功、实现共赢的关键。本章将深入探讨如何构建这样一个机制系统，以"借力共赢，三分天下"为目标，为企业的发展奠定坚实基础。

　　首先，我们将重点关注分钱机制的确立。俗话说"前面都说好，后面都好说"，一个公平合理的分钱机制是激发员工积极性、增强团队凝聚力的关键。我们将探讨如何根据员工的贡献和业绩，合理分配收益，确保每一分努力都能得到应有的回报。

　　其次，我们将讨论奖惩机制的优化。用赏贵信，用刑贵正，意味着在给予奖励时要真诚可信，在惩罚时要公正严明。我们将探讨如何通过明确的奖惩标准、透明的执行过程，激励员工积极进取，同时维护企业的纪律和秩序。

　　再次，为员工开设三个账户：现金账户、情感账户和发展账户，以提升员工的归属感和忠诚度，促进企业与员工的共同成长。

　　最后，通过定目标、定业绩、定PK的方式，将激发团队的竞争意识和合作精神，一起"把盘子做大"。

第十章　机制系统：借力共赢，三分天下

前面都说好，后面都好说：确立分钱机制

作为老板，你是否面临以下问题：

·在经济波动期，员工对薪酬增长的需求日益强烈，您如何在保障企业稳定发展的同时满足员工期望？

·当员工在岗位工作不饱和的情况下，对新增任务提出加薪要求时，您如何平衡工作量与薪酬之间的关系？

·即使薪酬逐年递增，奖金月月发放，人才流失问题依然严峻，您如何深入探索员工的真正需求，构建更稳固的留人机制？

·面对绩效不达标导致的奖金减少，员工士气低落，您如何调整激励机制，重新点燃员工的工作热情？

·低绩效员工占据关键岗位资源，但贡献有限，您如何在维护团队和谐的同时，采取有效手段激活或合理调整这些员工？

·在企业业绩辉煌、奖金分配普遍满意的背景下，仍有部分员工感到不满，您如何科学、公正地分配奖金，确保每个员工都能感受到公平与激励？

……

在前面章节我们就讲到，企业最大的客户其实是员工，他们是企业最有价值的创客，不仅是企业运作的基础，更是推动企业持续发展的核心动力。因此，确立一个公平、合理且激励性的分钱机制，对于企业的长远发展至关重要。

就算还没赚到钱,也要先知道如何分钱

在《鬼谷子·谋篇》提到了"相益则亲,相损则疏"。

这意味着在分配利益时,要确保员工和企业都能从中获益,实现共赢。当员工感受到自己的付出得到了应有的回报,他们自然会更加积极地投入工作中,与企业形成紧密的利益共同体。因此,其实在企业发展之初,哪怕是还没赚到钱的时候,就要先明确分钱机制。

任正非说:"企业管理最难的工作是如何分钱。"他认为,在企业管理中,分钱不仅是简单的薪酬分配,更是一门艺术。这背后揭示了分钱机制的复杂性及其对企业持续发展的重要性。那么,如何分钱才能最大化激励效果,助力企业成长呢?

华为的成功经验告诉我们,分钱并非简单地将经济利益分配给员工,而是涉及组织权力、经济利益等多个方面,通过机会、职权、工资、奖金、股权等多种形式进行。分钱不仅是满足员工的基本需求,更是激发其内在动力、推动企业创新发展的关键。

想要分钱分得合理、分得有效,以下七大原则值得借鉴(见表10-1)。

表10-1 确立分钱机制的七大原则

确立分钱机制的七大原则	
避免重复奖罚	对于员工的贡献或过失,奖励或惩罚应当明确且唯一,避免重复,以保持机制的公正性和权威性
鼓励老员工,但不因年限奖励	老员工是企业宝贵的财富,应当给予足够的尊重和鼓励。但奖励应基于其贡献而非服务年限,避免产生"论资排辈"的负面效应
奖励阶梯上升,惩罚一步到位	奖励应当设置合理的阶梯,鼓励员工持续进步;而惩罚则应迅速且明确,让员工明确行为的后果
有功自下而上奖,有过自上而下罚	成功往往源于基层员工的努力,而失败则多由管理层决策失误所致。因此,有功则奖基层,有过则管理层首当其冲
减少相向竞争,增加同向竞争	通过设定合理的竞争规则,鼓励员工之间的正向竞争,减少不必要的内耗,共同推动企业向前发展
一个指标,责任唯一	明确每个岗位的职责和目标,避免指标重叠导致的责任不清,确保每项工作都有专人负责
分钱给能改变结果的人	将奖励分配给那些能够直接影响工作结果的人,激励他们更加努力地工作,提升整体业绩

由于每个企业的情况和特点不同,因此我只是给出一些原则性的建议,

落实到实践中,大家需要具体问题具体分析。我在企业经营的过程中也曾踩过无数的坑,希望这些建议可以帮助大家逐渐建立起一套科学、合理的分钱机制,早日形成一个合作共赢的企业命运共同体。

用赏贵信,用刑贵正:优化奖惩机制

确立了分钱机制后,为了确保分配公平合理,我们还要确立一套奖惩机制。

在企业管理中,奖惩机制如同双刃剑,用得好则能激发团队活力,用得不当则可能适得其反。因此,如何构建和优化一个既公平又有效的奖惩机制,是每个企业家需要深思的问题。

优化奖惩机制的层级和原则

在第七章我们从创新的角度阐述了四种激励方式,而若是从机制的角度,激励其实是一个多层次、多维度的体系,如表10-2所示,它涵盖从基础薪资到股权命股等多个层级,旨在满足不同员工群体的需求,激发员工的积极性和创造力。

表10-2 确立分钱机制的六个激励层级

确立分钱机制的六个激励层级	
基础薪资	作为激励机制的基石,基础薪资为员工提供了稳定的经济来源,满足了员工"要我在"的基本需求。对于新员工和基层员工来说,薪资水平的高低直接影响他们的工作态度和职业选择
绩效考核收入	通过设定明确的绩效指标和评分体系,将员工的表现与薪资挂钩,激励员工更加努力地工作,实现"要我干"到"我要干"的转变。然而,绩效考核的实施需要企业具备完善的管理体系和数据基础
提成与奖金	这一激励机制针对基层员工,通过直接与个人业绩挂钩的提成与奖金,激发员工的主动性和积极性。科学合理的提成和奖金设计能够最大限度地发挥员工的潜力,提升企业的整体业绩
身股或分红股	这一层级旨在构建老板与员工之间的利益共同体。通过授予部分管理者身股或分红股,让他们分享公司的经营成果和利润,从而增强他们的归属感和责任感,共同关注公司的长期发展

续表

确立分钱机制的六个激励层级	
期权与股权	对于高层管理者而言，期权和股权是激励他们长期留在公司、为公司创造更大价值的有效手段。通过授予期权或股权，将公司的长期利益与高层管理者的个人利益紧密联系在一起，形成事业共同体
命股	作为激励机制的最高层级，命股旨在打造命运共同体。它超越了短期利益和事业共同体的范畴，追求的是员工与公司之间共同的理想和使命。通过授予命股，让员工与公司共同成长、共同面对挑战和机遇

在设计具体的分钱机制时，应根据员工的不同层级和需求，选择合适的激励方式。例如，对于基层员工，应重点关注提成和奖金机制的设计；对于中高层管理者，则应根据实际情况综合运用身股、分红股、期权和股权等多种激励手段。同时，激励机制的设计应因时制宜、因人而异，确保激励措施的有效性和可持续性。

对此，我们还要遵循两个原则：一是用赏贵信，二是用刑贵正。

首先，我们强调"用赏贵信"。奖励不仅是对员工贡献的认可，更是对他们未来努力的激励。其次，我们强调"用刑贵正"。惩罚不是为了打压员工，而是为了纠正错误行为，维护团队纪律。为了确保奖励的公信力和激励效果，并做到赏罚分明，我们必须做到以下几点（见表10-3）。

表10-3 用赏贵信与用刑贵正的原则

用赏贵信与用刑贵正的原则		
用赏贵信	公开透明	奖励的标准、过程和结果必须公开透明，让每个员工都清楚自己为何得到奖励，以及如何才能得到更多的奖励
	及时兑现	奖励要及时兑现，最好能做到"一天一发"，让员工感受到自己的付出得到了即时的回报
	多样化奖励	除了现金奖励外，我们还可以设置奖杯、旅游、家庭福利等多种奖励方式，满足不同员工的需求。
用刑贵正	明确标准	惩罚的标准必须明确，让员工清楚哪些行为是不可接受的，以及违反规定将会受到怎样的惩罚
	公正执行	惩罚必须公正执行，不偏袒任何人。同时，惩罚的力度要适中，既能起到警示作用，又不至于让员工感到绝望
	以教育为主	惩罚的目的在于教育员工改正错误，而不是单纯地惩罚。因此，在实施惩罚时，我们要注重与员工的沟通，帮助他们认识到自己的错误并找到改正的方法

第十章 机制系统：借力共赢，三分天下

在构建高效的激励机制时，我们必须认识到"积极"不仅是一种态度，更是行动与结果的结合。真正积极的人，是那些能够在积极行动后立即看到成果的人。因此，除了固定的工资外，额外的奖金和激励应尽可能频繁地发放，最好是每日反馈，以此持续激发员工的动力。

我经常提醒身边那些企业家朋友这样两句话：第一，应该让积极的人在积极之后立马能得到钱。不要在别人积极之后，你没有钱给别人，并且除了工资之外的奖金，尽量一天一发。第二，所有的员工，只会做老板检查的事，不会做老板交代的事。所有的学生，只会做老师检查的作业，不会做老师布置的作业。

不难理解，员工往往更倾向于完成那些被明确检查和监督的任务。这与学生在完成被检查的作业上表现出更高的积极性是相似的。作为管理者，我们不仅要布置任务，更要定期检查和跟进任务的执行情况，确保每个员工都明确自己的责任和目标。

例如，为了达成某个销售目标，我们可以将其分解为若干个小目标，并设定每隔一段时间的检查点。通过这种方式，员工会更有动力去达成每一个小目标，进而推动整体目标的完成。同时，这种频繁的反馈也能帮助员工及时调整策略，提高工作效率。

在奖励机制上，除了上述总结的要点，我们需要明确，奖励不仅是物质上的，更包括精神上的认可和尊重。通过明确的奖励标准，员工可以清楚地知道自己的努力方向和价值所在。同时，我们也需要学会"会惩罚"，即在确保团队信任的基础上，对违规行为进行公正而适当的处罚，以维护团队纪律和制度的威严。

建立与员工之间的"亲附"关系是实现有效管理的基础。这意味着我们要像对待自己的孩子一样，尊重、爱护并信任他们。只有这样，员工才会更愿意与我们共同面对挑战，实现团队的目标。同时，我们也需要避免过度溺爱或放任，确保团队在有序和高效的状态下运转。只有这样，我们才能打造一支充满活力和凝聚力的团队，共同推动企业向前发展。

为员工开设三个账户：
现金账户、情感账户、发展账户

设立三个账户给员工安全感

在构建全面而有效的员工激励机制时，我们为员工开设了三个账户：现金账户、情感账户和发展账户（见图10-1）。这三个账户相辅相成，共同构成了员工激励体系的基石。

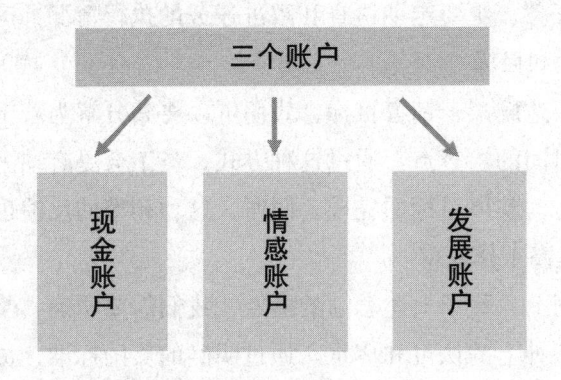

图10-1 为员工设立三个账户

1. 现金账户：确保物质回报的合理性

现金账户直接关联员工的薪酬，包括每月的底薪、提成及奖金。这一账户直接反映了员工劳动成果的物质回报，是员工激励体系中最基础也最直接的部分。为了确保现金账户的合理性，我们会根据市场行情、公司利润及员工绩效进行动态调整，确保员工薪酬的公平性和竞争力。

2. 情感账户：营造温馨和谐的工作氛围

情感账户关注的是员工在公司的工作氛围和感受。我们深知，一个温馨、和谐的工作环境对于员工的归属感和满意度至关重要。因此，我们会通过组织各种团队活动、提供人文关怀等方式，积极营造积极向上的工作氛围，让员工感受到公司大家庭的温暖。

3. 发展账户：规划员工的职业发展路径

发展账户则聚焦于员工的职业发展和未来前景。我们深知，员工不仅是为公司工作，更是在为自己的职业生涯打拼。因此，我们会为员工量身定制职业生涯规划，明确晋升路径和发展空间，让员工看到在公司长期发展的希望和可能性。同时，我们也会为员工提供各种培训和学习机会，帮助他们不断提升自己的能力和素质。

我曾有一位员工，在得知自己即将迎来第四个孩子时，感受到了巨大的经济压力。我们得知情况后，立即启动了情感账户和发展账户的支持机制。不仅为她提供了额外的经济援助，还为她规划了清晰的职业发展路径，让她看到了在公司长期发展的美好前景。最终，这位员工不仅成功渡过了难关，还成为公司的一名核心骨干。

为员工开设现金账户、情感账户和发展账户是构建全面而有效的员工激励体系的关键。通过确保物质回报的合理性、营造温馨和谐的工作氛围以及规划员工的职业发展路径，我们可以最大限度地激发员工的工作潜力和创造力，实现公司和员工的共同成长和发展。

不仅如此，我们还注重通过明确的晋升机制和薪酬体系来激励员工。每位员工在入职之初，都会收到一份详细的职业生涯规划书和薪酬机制说明，让他们清楚地了解自己在公司的成长路径和可能获得的回报。这种透明和公正的机制极大地激发了员工的工作积极性和创造力。

让每个人心中有"数"：职业生涯规划、晋升机制

在构建稳固的企业团队时，每位员工心中的"灯塔"——清晰的职业生涯规划与晋升机制至关重要。这不仅是员工个人成长的指南，更是企业持续发展的动力源泉。

1. 不同层级，不同视野

对于基础员工而言，他们更关注眼前的收入和稳定性；中层员工则开始考虑未来的晋升机会和职业发展路径；而核心股东则更看重企业的长远规划

和战略布局。因此,在构建激励机制时,我们需要因人而异,满足不同层级的员工需求。

2. 招贤纳士,注重潜力

在招聘核心团队成员时,我们应注重候选人的经济实力和潜力,而非仅仅依赖公司提供的薪酬。一支拥有独立经济基础和强烈事业心的团队,往往更具凝聚力和战斗力。

3. 明确的职业生涯规划与晋升机制

许多企业之所以人才流失严重,往往是因为缺乏明确的职业规划和晋升机制。员工不清楚自己的发展方向,缺乏长期的工作动力。因此,我们需要为每位员工量身定制职业生涯规划,明确晋升路径和发展空间,让员工看到在公司长期发展的希望和可能性。

以我们公司的小王为例,当他应聘为普通业务员时,我们明确告诉他如何通过努力成为公司的领导者。这种透明的晋升机制不仅激发了小王的工作热情,也让他看到了自己的职业前景。一个科学、公正、透明的晋升体系,不仅能够为企业选拔出真正有能力、有潜力的优秀人才,更能够在无形之中点燃员工内心深处的热情与渴望,促使他们不断地自我提升、自我超越。

当员工看到自己在企业中的发展路径清晰可见,当他们明白自己的每一次努力都能得到应有的回报,他们的内驱力就会被极大地激发出来。这种内驱力不仅会让员工在工作中更加投入、更加专注,还会让他们在面临困难和挑战时更加坚韧不拔、勇往直前,心甘情愿与你一起将企业的盘子做大。

一起把盘子做大:定目标、定业绩、定PK

有了明确的机制后,落实到员工的行动中还需要有精确的考核标准。

在追求企业增长的道路上,明确的目标、量化的业绩以及激发的PK精神是我们不可或缺的三大法宝。企业的最终目的,归根结底是实现更高的业绩,因为一切的努力和资源投入,最终都将转化为实实在在的业绩成果。

我们坚持一个原则:与业绩增长无关的人不用,与业绩增长无关的事不做，与业绩增长无关的话不讲。这不仅是我们的工作准则，更是我们的企业文化。

目标细化与团队激励：日、周、月PK策略

为了确保业绩目标的达成，我们需要将一年的目标细化到每一天，通过日PK的形式来持续推动团队和个人业绩的提升。定目标时，我们要遵循"用力跳，摸得到"的原则，确保目标是具有挑战性和可行性的，从而激发团队的潜能和斗志。

以下是我们企业内部的策略供大家参考（见图10-2）。

日PK	把1年的目标分到每一天
周PK	红旗冠军之师，势不可挡；黑旗将帅无能，累死三军
月PK	大奖激励，共创辉煌

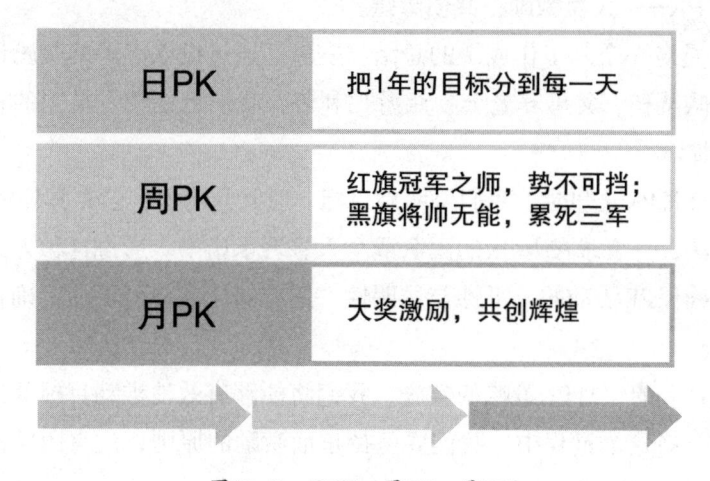

图10-2　日PK、周PK、月PK

1. 日PK——把1年的目标分到每一天

为了实现年度目标，我们需要将大目标细化到每一天，通过日PK来持续推动进度。在设定日目标时，我们要遵循"跳一跳，够得着"的原则，确保目标既具有挑战性又切实可行，从而激发团队的积极性。

作为企业家，除了关注业绩目标的设定，更要注重团队的建设与发展。一支强大的团队是企业成功的关键。因此，我们要在团队建设上设定明确的目标，比如确保在明年5月之前组建一支1000人的高效团队，这将是我们的重要目标任务。

在日PK过程中，我们要坚持正面激励的原则，避免任何形式的罚款。通过奖励红牛、早餐等小福利，让员工感受到努力与付出的价值，进而激发他

们持续进步的动力。

2. 周PK——红旗冠军之师，势不可挡；黑旗将帅无能，累死三军

周PK是对一周工作成果的检验与激励。通过设立红旗与黑旗机制，我们旨在明确奖励与警示，推动团队之间的良性竞争。获得红旗的团队将受到表彰与奖励，而挂黑旗的团队则需要反思与改进。

在周PK中，红旗不仅是荣誉的象征，更是团队努力的见证。我们鼓励获得红旗的团队分享他们的成功经验与心得，同时也要求挂黑旗的团队坦诚面对问题，寻找改进的方向。这种机制将促进团队之间的交流与学习，共同提升整体业绩。

3. 月PK——大奖激励，共创辉煌

月PK是对一个月工作成果的总结与表彰。通过设立丰厚的奖励机制，如个人与团队奖杯、父母养老金、旅游福利等，我们旨在激发员工的长期动力与团队精神。

在发布月PK通知时，我们要明确目标、时间与对象，公布具体的PK方式与奖惩方法，并要求参与PK的团队或个人签署承诺书。通过这种方式，我们不仅能够确保PK活动的公平性与透明性，还能够让参与者更加明确自己的目标与责任。

通过日、周、月PK策略的实施，我们将能够有效地推动目标的达成与团队的发展。在这个过程中，我们要坚持正面激励的原则，注重团队的建设与合作，共同创造辉煌的业绩。

其实，PK的结果并不重要，重要的是通过PK过程激发团队的斗志和创造力，共同推动企业的发展和进步。让我们一起努力，共同做大蛋糕，实现企业的长远发展目标！

第十一章

CHAPTER 11

渠道系统：

以道御术，通天达地

渠道如同纵横交错的脉络，连接着供应商、企业和消费者，是价值流通的关键环节。本章我们将深入探讨渠道系统的构建与运营，以"以道御术，通天达地"为核心理念，解析如何通过渠道实现价值最大化，以及未来渠道发展的新趋势。

首先，我们要明确的是，渠道不仅是产品流通的通道，更是企业实现盈利的重要途径。在市场竞争日益激烈的今天，如何有效整合渠道资源，实现渠道变现，已成为每个企业不得不面对的问题。因此，我们提出"梦想治百病，变现是王道"的观点，强调在追求梦想的同时，更要注重将梦想转化为实际收益的能力。

其次，我们将介绍新渠道思维——整合上游、并购同行、赋能下游。这一思维模式打破了传统渠道的局限，通过跨界合作、资源整合等方式，实现渠道的创新与升级。

在未来渠道的发展趋势中，S2B2C模式将成为新的风口。这一模式通过搭建一个平台，连接供应商、企业和消费者，实现信息、资金和物流的高效流通。在S2B2C模式下，企业不再只是一个销售者，更是一个平台运营者，通过整合和优化渠道资源，为消费者提供更加便捷、高效的服务。

未来，没有平台思维的企业，将永远只是做销售。在数字化、网络化时代，构建高效、稳定的渠道系统，需要企业具备平台思维，通过整合内外部资源，实现渠道的创新与升级。

第十一章 渠道系统：以道御术，通天达地

渠道变现：梦想治百病，变现是王道

很多企业领导者都说要如何打造一支高效、协作的团队。然而，与其空谈团队的构建，不如直接聚焦于"打粮食"——实现业绩和利润的增长。因为，所有的团队都是在追求业绩、创造价值的过程中逐渐磨砺和成长起来的。

以华为为例，其团队之所以展现出极高的工作状态和凝聚力，背后的重要原因之一便是其出色的业绩和利润。华为人的床垫文化，正是他们为了追求卓越业绩而全身心投入工作的生动写照。因为业绩好、利润高，员工分红自然丰厚，这样的正向循环进一步激发了团队的活力和斗志。

再看阿里巴巴，其5000人的阿里铁军之所以状态饱满、战斗力强，同样离不开业绩的支撑。阿里巴巴的"双十一"购物狂欢节能够创造两千多亿元的销售额，不仅证明了其强大的市场影响力和变现能力，更为其团队注入了强大的信心和动力。

业绩治百病，变现是王道；若想要变现，渠道是王道。

只有实现了良好的业绩和变现能力，企业才能获得持续的动能和势能，进而吸引和留住优秀的团队人才。企业的最终目的都是实现价值的变现，只有具备了强大的变现能力，企业才能有更多的精力和能力去把盘子做大。

渠道模式极致化：整形医院的免费模式解析

在竞争激烈的整形行业中，如何突破传统，吸引更多客户，是每家整形医院都在思考的问题。今天，我们将探讨一个成功的案例，一家整形医院通过设计一套极致的渠道免费模式，实现了惊人的业绩增长。

这家整形医院在20周年庆典活动中推出了一个极具吸引力的优惠方案：顾客消费满2万元，即赠送2万元现金，并有机会返还高达20万元。这一方案在推出后迅速吸引了大量渠道客户的关注,那么,这一方案是如何做到既吸引客户又保证医院盈利的呢?

首先,该方案设定了一系列的条件,确保了医院和顾客双方的利益。顾客在消费2万元后,需要在医院开设一个特定的财商账号,所有返还的现金都将打入这个账号。赠送的2万元现金并非一次性返还,而是按月返还,每月1600元,共计12个月。这一做法不仅确保了医院资金的流动性,也让顾客有了持续的参与感。

其次,为了鼓励顾客进行口碑传播,方案要求顾客每天在医院的财商平台上打卡,并分享带有个人绩效二维码的营销海报到朋友圈和社群。只要顾客成功吸引新客户到医院消费,就能获得高达50%的分成。这一做法极大地激发了顾客的分享热情,形成了有效的口碑传播。

基于以上条件,我们不难理解整形医院是如何通过这一方案实现盈利的。一是,通过渠道商的分销裂变模式,医院节省了大量的广告费用,同时吸引了大量精准客户。二是,通过设定合理的分成比例和返还条件,医院确保了自身的盈利能力。

以具体数据为例,假设首批吸纳了2000名渠道商,其中10%的渠道商非常活跃,每人每年吸引30名新客户来医院消费。每位新客户消费2万元,那么医院一年就能实现1.2亿元的营业收入。这一案例充分展示了渠道模式极致化的潜力。

这家整形医院通过设计一套极致的渠道免费模式,成功吸引了大量客户,实现了业绩的快速增长。这一案例为我们提供了宝贵的启示:在竞争激烈的市场中,只有不断创新和优化渠道模式,才能在竞争中脱颖而出。

渠道模式创新:从产业整合到利他共赢

一个成功的渠道模式往往始于对全新品类的探索,这不仅需要百步穿杨的精准,更要有超越常规、领先一步的远见。然而,在大多数企业中,我们往往受限于既定的行业或产业链环节。要想在模式上实现真正的创新,产业整合便成了关键。

新渠道思维：赋能下游、整合上游、并购中游、跨行业盈利

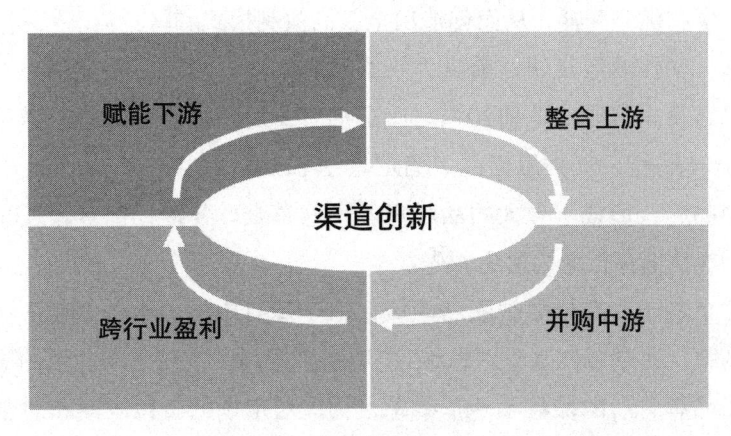

图11-1　渠道创新的四种方式

产业整合并非一蹴而就，而是需要通过四个核心步骤逐步推进（见图11-1）。

第一步，赋能下游以建立稳固的销售渠道。

赋能下游意味着我们要为下游合作伙伴提供更多的支持和帮助，使他们能够更好地开拓业务。通过提供培训、技术支持、营销指导等服务，我们可以帮助下游合作伙伴提高业务水平，实现共同发展。赋能下游不仅增强了合作伙伴的忠诚度，还为公司带来了更多的业务机会和客户资源。

第二步，整合上游以确保产品品质和竞争优势。

当我们拥有了一个庞大的销售网络时，这就为我们整合上游资源提供了有力支撑。通过整合上游，我们可以获得更具竞争力的产品、更低的价格以及更长的账期。这意味着我们的产品将更具市场竞争力，同时企业的现金流也将更加充裕。整合上游不仅提升了我们的产品竞争力，还为公司带来了更大的利润空间。

第三步，并购中游以实现多品牌运作和市场覆盖。

在整合上游资源后，我们可以进一步考虑并购与我们业务相近的中游的同行。通过并购，我们可以快速扩大市场份额，提升品牌影响力。同时，并购还能带来协同效应，使我们能够更高效地利用资源，降低成本，提升盈利能

力。并购同行不仅加速了公司的扩张步伐,还为公司带来了更多的发展机遇。

第四步,通过跨行业盈利实现商业模式的全面升级。

跨行业盈利则是商业模式创新的终极目标。通过整合不同行业资源,实现资源共享和优势互补,从而创造出全新的盈利模式和增长点。

例如,华住酒店集团,前身为汉庭酒店集团,通过一系列精心策划的并购,现已跻身全球酒店业前20强。旗下拥有美爵、禧玥、漫心、诺富特、美居、全季、星程、宜必思尚品、宜必思、汉庭、怡莱、海友、桔子水晶酒店等多个品牌,形成了强大的品牌矩阵,遍布全球各地,拥有超过4000家门店,其资本估值在行业内遥遥领先。

再举个例子,在母婴护肤品领域,一个源自中国山茶油之都——湖南邵阳县的品牌,通过巧妙互联网思维+渠道整合策略,实现了营业额的飞跃式增长。这个品牌背后的操盘手——秦总,凭借对市场的敏锐洞察和对创新的执着追求,将传统的母婴护肤品行业带入了一个全新的发展阶段。

秦总的品牌,专注于茶油母婴护肤品的研发与推广。在面临产品同质化严重、市场竞争激烈的挑战时,秦总意识到,要想在市场中脱颖而出,必须打破传统,寻求创新。于是,他开始探索新模式,希望能够借助互联网的力量,打开新的市场渠道。

经过深思熟虑和精心策划,秦总决定采取一系列创新策略。他意识到线上线下的流量成本差异,并据此调整了市场策略,重点发展流量成本更低的线上渠道。同时,他利用山茶油这一独特资源,对产品进行差异化定位,快速占领用户心智。

在挖掘潜力市场方面,秦总敏锐地捕捉到了母婴市场的巨大潜力。他深知母婴市场的特殊性,注重产品的安全性和有效性。因此,他通过强化产品的山茶油特色,打造独特的品牌形象,吸引了大量注重品质的消费者。

为了进一步提升品牌影响力,秦总还积极探索互联网社交电商的新模式。他选择与天猫等电商平台合作,利用平台的流量优势进行品牌推广和销售。同时,他还通过微信、抖音等社交媒体平台,与用户进行互动沟通,建立稳固的粉丝基础。

在线下渠道方面,秦总也进行了精心布局。他选择与品牌奶粉等拥有相同消费人群的类目进行合作,以品牌专柜的形式开展线下销售。通过联合促销、流量共享等方式，实现了线上线下渠道的有机结合。

经过一系列的创新实践，秦总的品牌取得了令人瞩目的成绩。在短短一年时间内，营业额实现了60倍的惊人增长，达到了2个多亿元。这一成绩的取得，不仅得益于秦总对市场的敏锐洞察和对创新的执着追求，更得益于他巧妙运用互联网思维，整合上下游资源，赋能下游渠道的创新策略，从而实现了公司的持续发展和跨越式增长。

未来渠道风口：S2B2C

随着腾讯入股永辉超市、京东布局线下便利店、阿里收购大润发等一系列互联网巨头对线下实体零售的积极布局，一个明显的趋势逐渐显现——未来商业的最大风口将指向线下实体店。在这一趋势中，S2B2C商业模式无疑将成为引领行业变革的重要力量。

S2B2C商业模式，简而言之，S代表平台，B代表广大实体店，C则指向海量的消费者（见图11-2）。这一模式的核心不在于通过产品差价获取利润，而在于平台如何通过赋能B端实体店，从而创造更大的价值并从中获得赋能费。

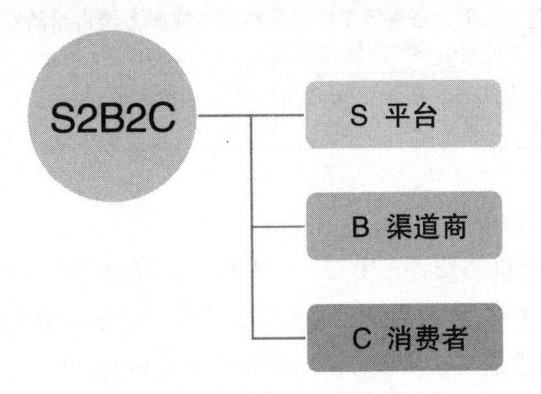

图11-2　S2B2C模式

这种商业模式的精髓在于其共赢的生态理念。平台（S）通过提供技术、数据、供应链等全方位支持，帮助实体店（B）提高运营效率、优化客户体验、增强市场竞争力。而实体店作为与消费者直接接触的桥梁，能够更有效地满足消费者的个性化需求，提升消费者满意度和忠诚度。最终，消费者（C）获得更优质的服务和产品，而平台和实体店则共享商业增长的红利。

S2B2C渠道模式的演进

在商业世界的演变中，"颠覆"意味着对旧有模式的根本性改变，其本质在于寻求增量发展；而"赋能"则是在现有基础上注入新的活力，追求存量价值的最大化。运营模式的核心聚焦于两大要素：产品与用户。运营成功的关键在于实现产品价值的最大化以及用户价值的最大化，这背后离不开数据的精准支撑。

1. 三大传统模式

改革开放初期，由于物资短缺和物流不畅，市场依赖于多层次的中间商进行运作，形成了碎片化的市场结构。然而，随着产能过剩和价格透明化的到来，这种碎片化市场逐渐消退，S2B2C模式应运而生，成为市场发展的新趋势（见表11-1）。

表11-1 三大传统商业模式

	三大传统商业模式
B2B模式	以阿里巴巴为代表，连接企业与企业，提供交易平台、宣传服务、社交机会和商业资源，旨在促进企业间的紧密合作与互利共赢
B2C模式	亚马逊、天猫、京东等平台直接将商品或服务销售给消费者，通过电子商务的形式满足消费者的多样化需求
C2C模式	以淘宝为代表，搭建个人之间的交易平台，通过社交化营销和用户评价系统，提升交易效率和信任度

2. C2B 模式的崛起

C2B模式强调以消费者为中心，让消费者从被动接受者转变为积极参与者和决策者。这一模式要求企业转变思维，将用户体验放在首位，通过快速有效地收集用户需求信息，实现产品与市场的精准对接。C2B模式推动了社区化消费和口碑传播，使购买行为更加社交化，网红经济成为推动这一模式发展的重要力量。

3. S2B 模式的过渡性价值

在C2B模式全面实现之前，S2B模式作为一种过渡性商业模式，正逐渐崭露头角。S2B模式通过供应平台（S）连接小商家（B）与消费者（C），实现了供应链的优化和效率提高。在这一模式中，小商家（B）依托供应平台（S）的资源和技术支持，与消费者进行实时、低成本的互动，为消费者提供个性化和多元化的服务。S2B模式不仅是对传统供应链模式的升级，更是对未来C2B模式的有益探索和实践。

随着技术的不断进步和市场环境的不断变化，未来的商业模式将更加多元化和个性化，企业需要不断创新和适应变化。

S2B2C模式解析与未来商业形态展望

在商业模式创新的浪潮中，S2B2C模式以其独特的优势逐渐崭露头角。以袁记云饺为例，这一模式成功地将供应链整合、品牌赋能与消费者需求紧密相连，实现了商业价值的最大化。

袁记云饺的上游供应链强大且高效，通过建立中央厨房，从饺子皮到馅料的生产，再到物流配送，均由专业供应商负责，确保了产品的标准化和流程的简单化。这不仅提高了产品质量，也大大降低了门店的运营难度。

在下游赋能方面，袁记云饺的总部市场团队针对不同加盟店的盈利情况，制定了个性化的优惠活动和营销策略。同时，通过线上线下的融合打法，利用美团、抖音等同城媒体平台进行多方曝光和引流，为加盟店提供了强有力的支持。

如今，越来越多的品牌开始采用S2B2C商业模式，尤其是在美业和大健康领域。这些品牌通过线上宣传吸引目标用户进入私域流量池，并组建专业的运营团队，在私域中发布产品知识、团购链接等内容，不仅提高了品牌知名度和市场份额，还通过聚集教育的方式，让消费者对产品有了更深入的了解和认同。这种S2B2C+私域打法的组合策略，成功凝聚了大批忠实粉丝，保障了复购率的稳定提升。

展望未来10年的商业形态，S2B2C模式将占据重要地位。S端通过成千上万的B端（如加盟商、合作伙伴等）辐射到广泛的C端消费者，形成了一个庞大的商业网络。同时，随着消费者需求的多样化和个性化，越来越多的小b开始注重个性化服务，努力在私域中建立自己的影响力，打造个人品牌。而广大C端消费者中，也将有一部分逐渐转化为具备经营能力的B端，参与到商业网络中，共同推动商业生态的繁荣发展。

对于企业家而言，掌握S2B2C模式不仅能帮助企业成功转型、实现规模扩张和盈利增长，还能确保企业在激烈的市场竞争中保持领先地位。2024年，如果企业老板未能充分利用这一模式和体系设计属于自己的商业模式，那么企业很可能会错失发展机遇，落后于时代潮流。因此，无论从事哪个行业、经营何种业务，企业家都应积极拥抱S2B2C模式及三域新店商体系，共同开创商业新纪元。

S2B2C商业模式的崛起，标志着传统零售与互联网技术的深度融合，也预示着未来商业竞争的新格局。对于实体店而言，拥抱S2B2C模式将是实现转型升级的重要途径；对于平台而言，如何通过赋能实体店创造更大价值，将成为其赢得市场竞争的关键。

没有平台思维，永远只是做销售

你有没有发现，有时我们选择渠道就像是在创业之初，选择行业与赛道。

在商海中航行，我们需要明确航向——选择何种行业与赛道。

然而，仅仅选择正确的航道并不足以保证航行的成功。在当下的商业环境中，渠道如同航船上的罗盘，指引着前进的方向。没有渠道，就如同失去了方向，再好的航道也难以抵达彼岸。渠道与个人的机缘、圈子紧密相连，它不仅是资源的链接，更是机会与成功的桥梁。

当我们谈论渠道时，不得不再次强调平台思维。其核心在于发现客户——明确你的目标受众在哪里，他们需要什么。企业家并非孤军奋战，而是利用社会资源为社会创造价值。

具体而言，平台思维强调资源共享、互利共赢。它鼓励我们整合现有资源、优势与技能，与合作伙伴建立紧密的联盟关系，共同开拓市场、服务客户。通过平台思维，我们可以将自身的价值最大化，实现与合作伙伴的共赢发展。

在前面章节我们讲过平台思维是一种帮人的思维，其本质是利他主义。

在追求自身利益的同时，我们更要关注如何为他人、为社会创造价值。只有当我们真正关注他人的需求与利益时，才能获得他们的信任与支持，进而实现自身的长远发展。

平台思维：整合与赋能的渠道模式

对于企业来说，平台思维不仅是一种思维方式，更是一种战略眼光和行动指南。平台思维的核心在于发现客户、整合资源和赋能他人，从而构建一个互利共赢的商业生态。

首先，平台思维要求我们敏锐地洞察市场，发现客户的需求和痛点。通过短视频等新媒体手段，我们可以更高效地触达潜在客户，提升品牌曝光度。但更重要的是，我们要思考如何将这些潜在客户整合到我们的平台上，让他们成为我们的忠实用户。整合客户不仅意味着获取更多的用户资源，更在于通过提供优质的产品和服务，建立稳定的客户关系。

其次，平台思维强调赋能他人。在商业模式中，赋能意味着帮助合作伙伴实现价值最大化，进而实现自身的增长。例如，滴滴、携程等平台通过帮助司机和酒店获取更多客源，实现了自身业务的快速发展。同样，我们也可以在自己的领域中寻找赋能的机会，帮助合作伙伴提升业绩，从而扩大自身的影响力。

没有平台思维的企业，往往只能局限于传统的销售模式，难以实现突破性的增长。而拥有平台思维的企业家，则能够洞察市场趋势，整合优质资源，赋能合作伙伴，构建一个庞大的商业帝国。

在构建平台的过程中，我们还需要关注企业的可复制性和可扩展性。麦当劳等成功案例表明，通过标准化的管理和运营，实体店可以迅速复制，实现规模化扩张。同时，随着市场环境的变化，我们也需要灵活调整策略，以适应未来的发展需求。

企业家需要认识到，在未来，比如到了2035年，用人成本的不断上涨是一个必然趋势。因此，我们需要通过外包、合作等方式，充分利用社会资源，降低用人成本，提高运营效率。

总之，平台思维是企业在数字经济时代实现持续发展的关键。通过发现客户、整合资源和赋能他人，我们可以构建一个互利共赢的商业生态，实现企业的快速增长和可持续发展。

在大众创业、万众创新的浪潮中，许多年轻的大学生怀揣梦想踏入商界，希望开创自己的一片天地。然而，创业之路充满挑战，如何在这片竞争激烈的市场中脱颖而出，成为每个创业者必须面对的问题。今天，我想分享一个由四位大学生创立的独特案例，他们通过巧妙的营销策略，不仅成功吸引了大量用户，还实现了年赚8000万元的惊人业绩。

这四位大学生，深谙互联网时代的商业逻辑，他们洞察到传统销售模式的局限性，决定打破常规，采用一种全新的商业模式。他们的产品是一款DIY情侣衫，但并非简单地出售，而是采用了免费赠送的策略。用户只需支付快递费，就能获得价值128元的情侣衫，且图案和文字可由用户自己设计。

这种策略迅速吸引了大量用户的关注。用户被这种新颖、有趣的方式所吸引，纷纷参与进来。而背后的商业模式则更加精妙。首先，通过收取快递费，团队确保了基本的利润。其次，利用DIY的设计过程，引导用户关注他们的平台，从而积累了大量的粉丝和流量。

这些粉丝和流量成为他们后续盈利的宝贵资源。他们通过广告变现、增值服务等多种方式，实现了流量价值的最大化。广告收入、电商平台销售情侣商品等，都为团队带来了可观的利润。

这个案例的成功，关键在于平台思维的运用。他们不仅关注产品的销售和利润，更重视平台的搭建和用户的积累。通过免费策略吸引用户，再通过平台为用户提供增值服务，实现盈利。这种商业模式打破了传统的销售思维，为创业者提供了新的启示。

可以肯定的是，没有平台思维，永远只是做销售。当企业家有了平台思维，其实我们只是整合社会的资源为社会办点事而已。

第十二章

CHAPTER 12

招商系统：

财聚人散，财散人聚

在商界浩瀚的海洋中，招商融资是企业成长不可或缺的一环。然而，如何有效地吸引资金、会聚人才，却是一门深奥的艺术。本章我们将深入探讨招商系统的构建与运用，揭示财聚人散、财散人聚的深刻哲理，以及如何通过智慧的招商策略，实现企业的快速发展。

老板的最高境界在于左手融资、右手招商。融资是企业发展的血脉，而招商则是企业扩张的翅膀。一个成功的企业家，必须精通融资与招商之道。

在企业内部，企划部不仅是企业战略的制定者，更是招商融资的策划者。一个优秀的企划部能够为企业量身定制招商策略，通过创新的营销手段，吸引投资者的目光，汇聚各方资源，为企业的发展提供源源不断的动力。

在招商融资的过程中，最忌讳的是主动找别人要钱。这种被动的招商方式往往难以取得预期的效果，甚至可能让企业陷入被动局面。相反，我们应该学会运用百问百答的策略，通过精心设计的问答环节，让投资者主动了解我们的项目、认可我们的团队、信任我们的实力，从而自然而然地产生投资意愿。

在接下来的章节中，我们将详细解析招商系统的构建与运用，探讨如何通过智慧的招商策略吸引资金、会聚人才，实现企业的跨越式发展。

第十二章 招商系统：财聚人散，财散人聚

老板的最高境界：左手融资，右手招商

在创业之初，每一位企业家都怀揣着梦想与激情。然而，真正的成功并非只靠梦想就能实现，而是需要将梦想转化为具体的行动，从梦想家蜕变为脚踏实地的实干家。在这个过程中，"左手融资，右手招商"成为企业家的最佳选择。

左手融资，意味着企业家需要拥有出色的资金筹措能力。无论是通过银行贷款、风险投资，还是其他融资渠道，获取足够的资金支持是企业发展的前提。融资的过程不仅考验企业家的商业智慧和人际关系，更要求他们具备坚定的信念和决心，能够在困难面前不屈不挠，坚持到底。

右手招商，则要求企业家具备强大的市场拓展能力。在竞争激烈的市场环境中，招商引资是企业扩大规模、提升竞争力的重要途径。企业家需要通过各种渠道寻找合适的合作伙伴，建立稳定的合作关系，共同开拓市场，实现互利共赢。同时，他们还需要不断创新商业模式，提高产品和服务质量，以满足市场和消费者的需求。

这也是从梦想家到实干家的转变。在这个过程中，企业家需要保持谦虚和开放的心态，愿意听取他人的意见和建议，不断完善自己的商业计划和战略部署。

下面我与大家分享一个令人振奋的创业故事（见图12-1）。

故事的主人公是一位"90后"小王，他通过独特的商业模式，将家族传承的臭豆腐小吃项目发扬光大，半年内赚取了500万元，并最终将这个小吃项目拓展至全国36个城市，年净利润超过3000万元。

小王来自湖南长沙，家族几代人都以卖臭豆腐为生。然而，尽管有着祖传的手艺，他们家的臭豆腐生意却始终没有太大的突破，几十年来规模始终

未变。直到小王遇到了我们的商业模式导师,学习了资源整合快速盈利的模式,他开始重新思考自己的商业路径。

小王的第一个突破点是与餐厅合作。他免费将臭豆腐摆放到餐厅门口供客人试吃,一旦客人觉得好吃,自然会购买。这一模式迅速获得了餐厅的认可,也帮助小王打开了市场。第一个月,他就通过这种模式纯赚了2万多元。

然而,小王并没有满足于此。他很快开始了第二步计划:快速裂变。他开设了一个臭豆腐培训班,以2万元的报名费吸引学员,承诺每月净利润不低于1万元,并提供臭豆腐的原材料、配方和工具。通过社群裂变的形式,小王的培训班迅速吸引了大量年轻人前来咨询,第一批学员就为他带来了40万元的收入。

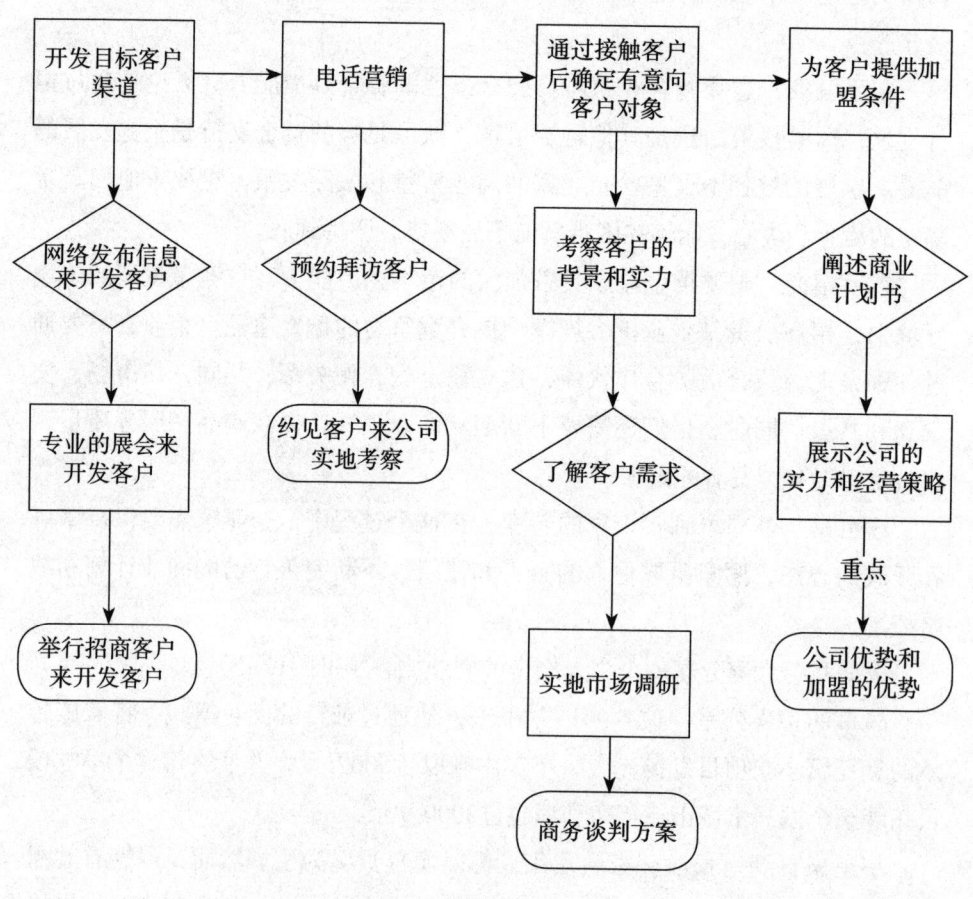

图12-1 小王的整合方案

随着业务的不断扩展，小王开始着手整合上下游产业链，确定了自己的一套流程。他整合了长沙的臭豆腐供应商，为学员提供原材料配送服务，并组建了专门团队负责与餐厅洽谈合作。这一举措使得小王的臭豆腐项目迅速壮大，半年内就复制了100多家"门店"。

最后，小王将经营权全部出售给学员，每个学员只需支付5万元即可买断经营权。这一举措让小王在半年内迅速回笼了500万元资金。

当我们将目光聚焦在小王臭豆腐小吃的成功故事上时，不难发现其背后的招商策略同样值得我们深入探讨。通过精心策划和实施的招商方案，小王不仅吸引了大量优质的合作伙伴，还进一步推动了其商业模式的快速扩张。

首先，小王的招商策略始于对目标客户的精准定位。他清楚地认识到，餐厅的顾客正是他的潜在客户群体。因此，他选择与餐厅合作，将臭豆腐摆放到餐厅门口供客人试吃，这种互惠互利的合作方式迅速打开了市场，吸引了大量潜在客户的关注。

其次，在招商过程中，小王注重打造独特的品牌形象和商业模式。他通过开设臭豆腐培训班，不仅吸引了众多对小吃行业感兴趣的年轻人前来咨询，还通过提供原材料、配方和工具等一站式服务，降低了学员的创业门槛和风险。

在招商过程中，小王还非常注重与潜在合作伙伴的沟通和交流。他深知，只有建立起深厚的信任和合作关系，才能实现共赢。因此，他亲自参与招商洽谈，与合作伙伴面对面交流，了解他们的需求和疑虑，并提供有针对性的解决方案。这种真诚的服务态度和专业素养赢得了合作伙伴的高度认可和信任。

最后，小王的招商策略还体现在对市场的敏锐洞察和快速反应能力上。他能够及时捕捉到市场变化和消费者需求的变化，并迅速调整自己的招商策略和业务模式以适应市场。这种灵活性和创新性让小王的臭豆腐小吃项目始终保持领先地位并持续扩张。

创业是一场时间与资金的双重投资。许多初创企业在资金短缺中挣扎，甚至因此夭折。融资作为解决资金问题的重要途径，对于创业型公司而言至关重要。然而，仅仅融资成功并不足以保证企业的稳定发展，如何合理花费每一分钱，确保资金链的稳健，同样考验着每一位创业者的智慧。

我的两个原则是：第一，融到资就干，否则，项目再好也不干；第二，招商的前提有一支强大的团队。

企业最重要的部门：企划部

一支强大的团队不仅包括电销团队和客服团队，还需要各个职能部门的协同配合，尤其是企划部门。我一直强调，企划部是企业最重要的部门。

想象一下，在一个500人的会场，仅凭一人之力，如何能够全面照顾到每一位客户的需求和疑问？只有团队作战，分工明确，才能确保服务的及时性和专业性。

企划部不仅负责策划与执行企业的各项市场活动，更是连接企业与市场、企业与人才的重要桥梁。

企划部的工作犹如一件新衣的"设计师"与"媒人"，为企业量身定制最合适的"嫁衣"，同时吸引并匹配最合适的"伴侣"（合作伙伴）。企划部的成功运作，不仅能够确保企业在市场竞争中保持领先地位，更能为企业吸引和留住优秀的人才。

在企业的日常招商运营中，老板的角色应当是"布局者"和"决策者"，而非事无巨细的"执行者"。通过企划部的专业策划与执行，老板可以将更多的精力投入到企业的战略规划和长远发展上，实现企业的轻松管理和高效运作。

同时，企划部的工作也离不开线上宣传的助力。通过精心的线上策划与宣传，企业可以扩大知名度，吸引更多的优秀人才和合作伙伴。

总之，创业不仅是一场资金的较量，更是一场智慧与团队力量的较量。只有掌握了融资与招商团队建设的策略与实战技巧，才能在创业的道路上走得更远、更稳。

搭建一个卓有成效的招商体系

招商融资过程中,关注点应聚焦于目标市场定位、合作伙伴选择以及招商成功率等方面。传统产业在运营和招商过程中遭遇的诸多挑战,如信息孤岛、模式滞后和运营管理轻视等,已成为制约精准招商的障碍。

为搭建一套高效且成效显著的招商体系,我们需要在现有基础上进行深度优化。这包括提高招商服务体系的质量,拓宽招商渠道以吸引更多潜在客户,并致力于提高招商客户的整体质量和数量。

在当前国家鼓励创新创业的大背景下,新兴产业如雨后春笋般涌现,各地孵化器建设如火如荼。面对这一趋势,制订一套科学、合理的招商方案显得尤为重要。

企业招商的六大关键策略

在竞争激烈的商业环境中,企业要想成功招商,实现业务的快速扩张,必须采用科学且富有成效的策略。以下是企业招商的六大关键策略,旨在帮助企业吸引优质合作伙伴,实现共赢发展。

1. 明确企业定位与发展战略

企业招商的首要任务是明确自身的定位和发展战略。包括对企业核心竞争力的分析、目标市场的选择以及长远发展规划的制定。只有明确了企业的发展方向和目标,才能有针对性地开展招商工作,吸引与企业战略相契合的合作伙伴。

2. 精准识别目标企业

在明确企业定位的基础上,需要精准识别目标企业。这要求企业深入了解行业趋势、市场需求以及潜在合作伙伴的经营状况和发展潜力。通过市场调研和数据分析,筛选出与企业战略相契合、具有发展潜力的目标企业,为后续的招商工作奠定基础。

3. 制定吸引力强的优惠政策

为了吸引目标企业的关注，企业需要制定具有吸引力的优惠政策。这些政策包括资金扶持、税收优惠、技术支持等方面，旨在降低企业的合作成本，提高合作效益。同时，政策的制定要具有可操作性和可持续性，确保企业能够在长期合作中获得稳定收益。

4. 合理定价与灵活策略

在招商过程中，企业需要合理定价，确保合作项目的性价比。同时，要根据市场需求和竞争状况灵活调整定价策略，以满足不同合作伙伴的需求。此外，企业还可以通过提供定制化服务、增值服务等方式，提升合作项目的附加值，增强合作伙伴的黏性。

5. 运用多元化营销手段

在营销推广方面，企业需要运用多元化的手段来扩大影响力。包括利用互联网平台进行线上宣传、组织线下活动进行面对面交流、发布招商手册等方式。同时，企业还可以与行业协会、专业媒体等建立合作关系，共同开展招商活动，提升企业的知名度和美誉度。

6. 持续跟进与深度沟通

招商工作并非一蹴而就，需要企业持续跟进和深度沟通。在招商过程中，企业需要与目标企业保持密切联系，及时了解他们的需求和疑虑，并提供有针对性的解决方案。通过不断沟通和交流，建立起双方的信任关系，推动合作项目的顺利进展。

招商策略远不止上述几点，企业招商需要综合运用多种策略手段，从明确企业定位、精准识别目标企业、制定优惠政策、合理定价、多元化营销到持续跟进沟通等方面入手，不断提高招商工作的成效和水平。只有这样，企业才能在激烈的市场竞争中脱颖而出，实现业务的快速扩张和持续发展。有句话很好地说明了这一点：招商顺，产业兴；招商败，产业衰。

招商融资最忌讳的事：主动找别人要钱

不管是招商还是找客户，最忌讳的一点是主动找别人要钱。

例如，"你看，咱们都是老同学了？看在我们多年关系的分上，你就赞助一些吧。"

要知道，投资人的钱也不是大风刮来的，与其想着怎么要钱，不如从自己身上找原因。

如何吸引对方主动关注，让投资人主动锁定你

与其主动出击寻求资金，不如专注于提升项目的内在价值，时刻审视自身，确保项目在寻求投资时避免以下常见"雷区"。

1. 过度夸大

避免使用如"我们只想在这个万亿美元级别的市场分一杯羹，成为下一个Uber"等过于夸大或不切实际的表述。相反，应着重于解释产品如何为市场带来实际价值。

2. 团队经验不足

如果团队之前从未合作过，应着重展示团队成员之间的互补性和未来合作的潜力，而非仅仅强调彼此间的私人关系。投资人更倾向于投资有成功合作经验的团队。

3. 不了解投资人需求

在寻求投资前，对项目潜在的投资人进行充分的研究至关重要。了解他们的投资偏好、风险承受能力和投资历史，有助于创始人更好地调整融资策略。

4. 缺乏有力数据支持

提供真实、有力的市场数据和用户反馈是赢得投资人信任的关键。如果盈利记录或市场数据不佳，就应谨慎解释原因，并强调产品的市场牵引力和未来增长潜力。

5. 弄虚作假

诚实和透明是建立长期信任关系的基础。任何弄虚作假的行为都可能损害项目的可信度,进而影响投资人的决策。

招商融资也是一门艺术,真正高明的策略是让投资人主动锁定你。这不仅体现了企业的自信与实力,更是一种高效、低成本的融资方式。

要实现这一目标,关键在于展现企业的独特价值和成长潜力。通过精心策划的市场营销活动、专业的商业计划书和令人信服的数据支持,向外界传递出企业的核心竞争力和未来发展前景。当企业展现出强大的吸引力和投资价值时,投资人自然会主动寻求合作机会。

此外,建立广泛的人脉网络也是吸引投资人主动找上门的重要途径。通过参加行业会议、研讨会等活动,积极拓展社交圈子,与潜在投资人建立联系,让他们了解企业的优势和发展潜力。一旦投资人对企业产生兴趣,他们便会主动寻求进一步的合作机会。

百问百答:让别人主动来问你

经过深入的市场调研,我们发现许多销售业绩不佳的销售人员,其核心问题在于无法有效地向客户传达产品的价值。常见的问题包括产品介绍混乱、缺乏吸引力、自我陶醉式推销以及沟通障碍等。这些都会导致你的客户或投资人一头雾水。

以我们举办的峰会为例,为了确保活动的顺利进行,我们在学员到来之前进行了多次模拟彩排。通过不断演练和修正,我们成功打造了一场高质量、高互动性的盛会。在这一过程中,"百问百答"的策略发挥了重要作用,它帮助我们提前预见并解决了可能出现的问题,从而确保了活动的圆满成功。

同样,为了提升销售效果,销售人员必须认识到,产品本身并不决定一切,关键在于客户如何看待和理解你的产品。

因此,我们建议销售人员从以下五个维度进行转变(见图12-2)。

从"销售讲明白"到"客户听得懂"

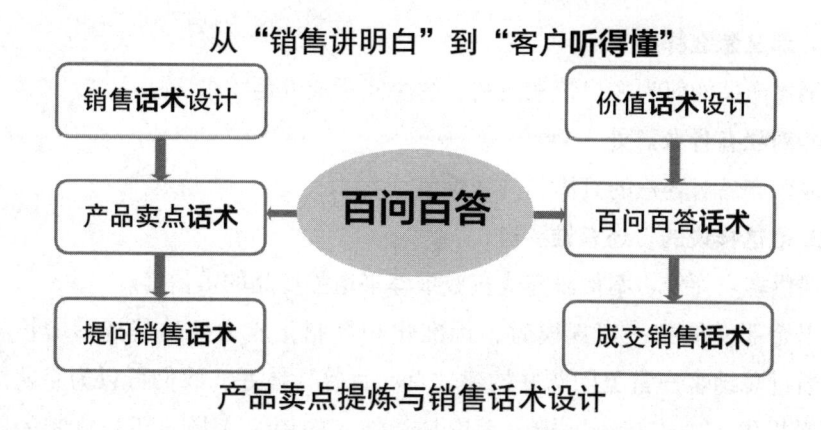

```
销售话术设计              价值话术设计
     ↓                        ↑
产品卖点话术 ── 百问百答 ── 百问百答话术
     ↓                        ↑
提问销售话术              成交销售话术
```

产品卖点提炼与销售话术设计

图12-2 "百问百答"体系设计构建

· 从产品卖点转向客户场景：理解客户的需求，将产品卖点融入客户的日常生活或工作场景中。

· 从自我宣传转向客户价值：强调产品如何为客户带来实际利益和价值，而非仅仅突出企业的实力。

· 从单向推销转向客户参与：鼓励客户参与讨论，了解他们的想法和需求，从而提供更具针对性的解决方案。

· 从销售讲解清晰转向客户理解透彻：使用客户易于理解的语言，确保客户充分理解产品的特点和优势。

· 从解答疑问转向重建客户价值：针对客户的疑虑，通过提供有力的证据和案例，重新构建客户对产品的价值认知。

构建"百问百答"体系，引领客户主动咨询

为了实现上述转变，企业需要构建一套"销售百问百答手册"，以帮助销售人员快速应对客户的各种疑问。

"销售百问百答手册"应该回答客户心中的五个核心问题。

1. 我为什么要听你讲

我们需要通过独特的开场白或故事吸引客户的注意力。

2. 这是什么

清晰、简洁地解释产品的基本功能和特点。

3. 那又怎么样

阐述产品如何为客户带来便利、解决问题或满足需求。

4. 对我有什么好处

强调产品对客户的具体利益和价值。

5. 谁这样说的，还有谁买过

提供客户评价、案例研究或权威推荐来增强产品的可信度。

当企业发展到一定规模时，标准化和复制化成为推动其持续增长的关键。通过总结客户常见问题并构建"百问百答"体系，我们可以为企业的快速扩张提供有力支持。这样，无论是新加入的销售人员，还是复制的新团队，都能迅速掌握核心技能，为客户提供优质的服务。

其实，我们在与客户或投资人交流中，当多个人都提及某一观点或问题时，这往往意味着这一信息具有普遍性和重要性。构建一个完善的"百问百答"体系，不仅能提高我们的工作效率，通过模拟客户可能提出的各种问题，还可以为销售人员提供一套标准化的回答模板。这不仅有助于销售人员快速、准确地回答客户问题，还能增强他们的自信心和专业度。你的团队有了专业度，才能有效吸引并引导客户主动进行咨询，才有后续成交的一切可能性。

第十三章

CHAPTER 13

路演系统：

辞达而已矣

路演是连接创业者与投资者、市场的重要桥梁。一场成功的路演,不仅能让观众快速了解项目的核心价值,更能激发他们的兴趣,甚至促成合作。那么,如何打造一场精彩绝伦、引人入胜的路演呢?

首先,我们要明确一点:观众爱看的 PPT,并非华而不实的设计堆砌,而是能够清晰、准确地传达项目信息的设计。这样既能让观众一目了然地了解项目的全貌,又能通过精心设计的细节,让观众对项目产生浓厚的兴趣。

其次,在路演的过程中,讲好项目的第一步是制作一段引人入胜的 3 分钟 VCR。这段 VCR 应该精练地展示项目的核心亮点、市场前景以及团队实力,让观众在短时间内对项目有一个全面的认识。

再次,在台上 5 分钟的讲述时间里,要精准传达项目的核心价值。这里有几个关键的原则,可以让对方从喜欢到爱上你的项目。

最后,我们将详细解析这些原则和技巧在路演中的具体应用,帮助您打造一场成功的路演。

讲出好项目的步骤

在资本驱动的时代，效率固然是成功的关键，但缺乏路演这一环节，创业之路往往难以顺畅前行。

"路演"一词源自美国，意指在公开场合进行的展示与推介活动。它不仅局限于证券领域，更是你向外界展示公司、团队、产品及其创新理念的重要平台。在国际上，路演最初用于证券发行商向机构投资者推荐证券。而在我国，随着创业浪潮的兴起，路演逐渐渗透到各个领域，成为新闻发布会、产品发布会、电影首映礼等活动中不可或缺的一环。

对于寻求融资的企业而言，路演具有举足轻重的地位。投资人通过路演了解你的项目，评估其潜在价值和回报。在竞争激烈的创业环境中，如何吸引投资人的目光，让他们看到项目的独特之处和巨大潜力？路演正是这样一个展示与沟通的舞台，让投资人深入了解你的项目，从而做出明智的投资决策。

然而，路演并非易事。它要求我们在有限的时间内充分展示项目的优势、团队实力和市场前景。因此，在路演之前做好充分的准备至关重要。

一个项目的好与坏，通常不是自己说了算，你讲得天花乱坠也要让别人相信你才行。我们在招商时展开路演的目的就是增加信任度。

路演不是单纯的演讲，当你当众讲自己的项目时，要有的放矢。

如何用3分钟VCR和5分钟演讲打动客户/投资者

在激烈的商业竞争中，一个成功的项目路演能够迅速抓住投资者的眼球，赢得他们的信任与支持。

1. 讲项目第一步——3分钟的VCR，直击项目核心

VCR作为路演的开场，需要迅速吸引观众的注意力，并准确传达项目的核心价值。在这3分钟内，请确保涵盖以下几个要点（见表13-1）。

表13-1　3分钟VCR的要点

\	3分钟VCR的要点
公司介绍	简洁明了地介绍你的公司名称、主营业务及市场定位
项目亮点	突出项目的独特性、创新点及市场潜力，让投资者看到项目的巨大商业价值
团队实力	展示你的核心团队成员，特别是那些具有丰富经验和专业背景的总监级别成员。强调团队的协作精神和执行力，让投资者对你的团队充满信
权威背书	如有央视专访、明星代言等权威背书，请务必在VCR中展示，以增强项目的可信度

请注意，VCR的内容应紧扣项目核心，避免冗余和拖沓。通过精心剪辑的画面和音效，让投资者在短时间内对项目产生浓厚兴趣。

2. 讲项目第二步——5分钟演讲，深入解析项目

在VCR之后，我们还要利用5分钟的时间进行演讲，进一步阐述项目的细节和价值。以下是5分钟演讲内容的要点（见表13-2）。

表13-2　5分钟演讲的要点

\	5分钟演讲的要点
自我介绍	简洁地介绍自己的身份和背景，与观众建立初步信任
项目概述	从市场需求、解决方案、竞争优势等方面深入解析项目，让投资者全面了解项目的商业模式和市场前景
团队介绍	详细介绍核心团队成员的背景、经验和专长，突出团队的实力和执行力。特别是那些具有重大贡献和影响力的成员，可以作为案例进行深入剖析
合作机会	阐述项目的合作方式和预期回报，激发投资者的合作意愿。同时，强调项目的社会责任和使命感，提升项目的社会价值
互动环节	在演讲结束时，邀请观众提问或表达合作意向，加强与观众的互动和交流

在演讲过程中，请注意控制语速和节奏，保持自信和专业。同时，注意与观众的眼神交流和肢体语言，营造亲切、自然的氛围。总之，路演是连接创业与资本的桥梁。通过精心准备和出色表现，才能在路演中展示项目的独特魅力和巨大潜力，吸引投资人的关注和支持。

要讲别人的"想要"

很多自信满满的企业家认为，路演看上去不是很难，但是如果你是上台路演的那个人，你还会觉得很简单吗？你确定自己讲的东西都是别人想听的吗？

以需为导，精准沟通

知道讲什么，还要知道怎么讲。

在这里有一个原则是一定要体会台下听众的感受，不能只讲我的"会讲"，而要讲别人的"想要"。

在沟通与招商的过程中，我们必须时刻铭记以听众的需求为导向，而非单纯展示自己的优势。知道要说什么很重要，但知道怎么说更为重要。

有效的沟通，首先要直入主题，清晰地传达"我是谁""我能为你带来什么"。避免过多的自我吹嘘和无关紧要的背景介绍，而是聚焦于听众真正关心的内容。比如，某个企业的老板是你的好朋友，但这并不能直接为听众带来价值，他们更关心的是你如何能帮助他们解决问题或满足需求。

在路演和招商过程中，还有一个常见的误区是过早提及合作费用和条件。这往往会让潜在合作伙伴产生防备心理，导致沟通中断。相反，我们应该通过展示项目的价值和潜力，激发对方的兴趣，让他们主动询问合作事宜。正如滴滴出行在关键时刻继续投资，正是因为他们深谙从众心理，知道在合适的时机做出正确的决策。

为了建立信任和吸引合作伙伴，我们需要有一个强大的团队作为后盾。客服团队的作用尤为重要，他们应该持续跟进潜在客户，提供有价值的信息和服务，直到对方明确表达不感兴趣或拒绝。这种"不放弃"的精神是赢得客户的关键。

在准备路演和招商材料时，细节决定成败。例如，PPT的设计应该简洁明了，突出重点。我在设计PPT时有一个重要的原则——四张照片做成四页PPT，确保观众能够清晰看到每一个细节。此外，逐字稿的准备也是必不可少的，它能帮助我们更好地掌控时间，确保信息的准确传达。

最后，我们要明确自己的定位和目标。我们的项目不仅是为了盈利，更是为了创造社会价值。通过对比行业标杆，展示我们的愿景和规划，让潜在合作伙伴看到我们的潜力和决心。同时，邀请行业内有影响力的人物加入我们的团队或作为顾问，也能为我们的项目增添不少分量。

路演和招商是一项技术，也是一种艺术，在此我只是将重要的原则性技巧点到为止。因为不管是招商还是路演，都需要我们不断学习，不断去演练和实践，而非纸上谈兵。只有以需求为导向，精准沟通，才能赢得合作伙伴的信任和支持。

333原则：从喜欢到爱上

路演如同一次精心策划的相亲，每一次站在台前，都是向潜在合作伙伴展示最佳自我的机会。在这个过程中，我们可以运用"333原则"，让合作伙伴从初步的好感，逐渐深化了解，最终达成深度合作。

333原则：从初识到深交的合作之旅

假设你正在为一家创新型的智能健身设备公司进行路演，以下是如何运用"333原则"来吸引和说服潜在投资者或合作伙伴的实例。

1. 三秒吸引对方

在最初的几秒钟内，通过精练的开场白、引人注目的视觉呈现或引人入胜的故事，迅速抓住听众的注意力，让他们对你或你的项目产生初步的好感。

一开场，你可以展示一段引人入胜的短视频。例如，视频中，一位年轻人戴着你们的智能健身眼镜，通过眼镜上的AR界面，实时看到自己的运动数据、心率变化以及热量消耗。他的脸上洋溢着满意的笑容，显然对这款设备的使用体验非常满意。这段短视频迅速吸引了听众的注意力，让他们对你们的产品产生了初步的好奇和兴趣。

2. 三分钟深入了解

在接下来的三分钟里，详细介绍你的项目或产品，突出其核心价值、市场潜力和竞争优势。用简洁明了的语言，让听众在短时间内了解你的项目，并对你的团队和愿景产生兴趣。

例如，你开始详细介绍这款智能健身眼镜，你可以强调它的几个核心优势：首先，它利用先进的AR技术，为用户提供实时、个性化的运动数据反馈；其次，它集成了多种运动模式，无论是跑步、游泳还是瑜伽，都能提供准确的运动指导；最后，它能与用户的智能手机、智能手表等设备无缝连接，实现数据同步和云端存储。通过这三分钟的介绍，听众对你们的智能健身眼镜有了更深入的了解，并对它的市场前景产生了浓厚的兴趣。

3. 三小时（或三天）做决定

如果听众对你的项目产生了兴趣，那么在接下来的三小时里，你可以通过更详细的讲解、案例分享、互动问答等方式，深入阐述项目的细节、实施计划和未来展望。让听众充分了解你的项目，并产生强烈的合作意愿。

如果有听众对你们的产品表示出了浓厚的兴趣，那么你可以邀请他们参加后续的深入交流环节。在这个环节中，你可以通过PPT展示更详细的产品设计、技术原理、市场分析和商业模式。你还可以分享一些成功的案例和用户反馈，让听众更加信任你们的产品和团队。此外，你还可以安排一些互动环节，让听众亲身体验这款智能健身眼镜的魅力。通过这三个小时的深入交流，听众对你们的产品和团队有了更全面的了解，并对未来的合作充满了期待。

通过"333原则"的运用，我们可以在路演中有效地引导听众的情感变化，从初步的好感逐渐深化为信任和合作。

55387原则：你的形象价值百万

路演的精髓在于高效沟通，即在最短的时间内，让听众轻松理解原本陌生的信息。特别是在路演场景中，若能在短短十分钟内让每位听众对项目内容了然于心,这无疑是高效沟通的一次完美展现。

形象与沟通的力量:55387原则解析

在路演和商业沟通中,有一个被广泛认可的"55387原则",也称第一印象效应,它深刻揭示了形象与沟通在信息传递中的重要性。

这也是商业心理学中著名的"55387法则",为我们揭示了形象沟通的关键要素。这一法则指出,在与他人初次接触时,人们往往会根据对方的外表、穿着和打扮形成第一印象,而这占据了55%的比重。紧接着,38%的印象则来自对方的肢体语言和语气,这些非言语的表达方式往往比言语本身更能传递真实的信息。相对而言,谈话内容本身仅占7%的比重。因此,在演讲和路演中,我们不仅要注意言语的精练和准确,更要注重自身的形象和肢体语言,以确保信息的有效传递。

换言之,你的形象和你如何表达自己几乎占据了沟通效果的九成以上。因此,塑造良好的个人形象和提升沟通技巧对于建立信任、促进合作至关重要。

例如,当我们考虑金融行业的专业人士时,他们的形象往往与其专业性和可信度紧密相关。一位穿着得体、举止优雅的金融专家更容易赢得客户的信任。相反,如果一个人的外表和举止与他们的职业身份不符,则可能会让客户产生疑虑。

再比如,在房产销售行业中,高效沟通的重要性不言而喻。

假设某房产销售公司的一位销售员小李,面对一位对房产项目感兴趣的潜在客户张先生。小李深知第一印象的重要性,因此,在与张先生的初次会面中,他特别注意了自己的外在形象。他穿着整洁的职业装,显得既专业又精神,给张先生留下了良好的第一印象。

在沟通过程中,小李不仅语言流畅、条理清晰地介绍了房产项目的优势、地理位置、配套设施等关键信息,还特别注意了自己的肢体语言和语气。他保持微笑,用自信而热情的语气与张先生交流,同时配合适当的肢体动作,如点头、手势等,来增强自己的表达力。

除了言语和肢体语言外,小李还巧妙地运用了"55387法则"中的非言语沟通方式。例如,他主动为张先生倒水、递上项目资料等,这些细微的动作让张先生感受到了他的细心和周到。同时，小李还注意倾听张先生的需求和疑虑，并给予积极的回应和解答，进一步增强了双方的信任感。

通过这一系列高效沟通的技巧和方法，小李成功地让张先生在短时间内对房产项目有了全面而深入的了解，并产生了强烈的购买意愿。最终，张先生在小李的引导下完成了签约手续，成为该房产项目的业主。

可见，这个原则在销售行业体现得淋漓尽致。销售员不仅要注重自己的外在形象和言语表达，还要善于运用肢体语言、语气以及非言语沟通方式，来增强与客户的互动和信任感，从而实现销售目标。

尽管路演的准备工作烦琐而细致，从数月前的初步准备到每一次的彩排演练，再到无数次的微调与优化，但不得不承认，每一个环节都考验着路演者的耐心与专业度。我始终相信，每一个创业者都有自己独特的故事和梦想，但只有通过精心准备和真诚的路演，才能恰到好处地将这些故事和梦想以最具吸引力的方式呈现出来。当你的投资人、客户被你触动的那一刻，他们会看到你的坚持、激情，以及你对创业梦想的执着。这样的真诚，是任何商业计划都无法替代的。

第十四章

CHAPTER 14

营销系统：

工欲善其事，必先利其器

我们这里所说的营销不仅是推广产品或服务，更是一种策略。古人云："工欲善其事，必先利其器。"在营销的世界里，这个"器"就是我们的营销系统。本章将深入探讨如何构建一套高效、智能的营销系统，从被动等待客户上门转变为主动出击，打造三位一体的营销团队。这支团队包括市场策划人员、销售人员和客户服务人员，他们紧密协作，共同推动销售业绩的提升。

　　与此同时，在 AI 时代，流量成为企业宝贵的资源。然而，很多时候我们并不是缺少流量，而是缺少有效拦截和转化流量的能力。尤其是 AI 数字时代已经到来。在这个时代，营销人员需要拥有一颗"营销大脑"，能够灵活运用 AI 技术，制定矩阵策略，实现精准营销。

　　本章将带领大家深入打磨 AI 时代的营销利器——高效、智能的营销系统，助力企业在激烈的市场竞争中被更多人看见和认可。

AI 引领营销新纪元：机遇与挑战并存

随着大模型和生成式AI技术（AIGC）的迅猛发展，传统营销策略正经历着一场深刻的变革。AI的崛起不仅重塑了传统营销手法，更引领我们步入了一个全新的AI营销时代。在这个时代，人工智能已成为企业提升客户互动、实现内容定制化和数据驱动决策的关键驱动力。

AI时代的营销怎么玩

美国的一家客户关系管理软件服务提供商Salesforce的一项调查显示，超过半数（51%）的营销人员已经在实践中运用AI，另有22%的人员正计划将其纳入未来的营销策略。AI的广泛应用不仅体现在文案撰写和内容创作上（约76%的营销人员使用AI进行此类工作），还深入市场数据分析（近63%的营销人员认为AI在此方面极为有用）、营销视觉创意生成（62%的营销人员正在使用）以及创意思维支持（71%的营销专业人员表示AI为此提供了助力）等多个方面。

那么，是什么促使营销人员纷纷转向AI呢？报告显示，71%的营销人员相信AI能够减轻他们的工作负担，释放出更多时间专注于战略决策。AI的应用使得营销人员每周能够节省约5小时的时间，从而更加高效地推动业务增长。

然而，AI在营销中的应用并非一帆风顺。在享受AI带来的便利和效率提高的同时，营销人员也面临诸多挑战。其中，数据质量和准确性是首要问题。AI能够处理海量数据，但这些数据只有在完整、准确且符合特定目标时才能发挥最大价值。此外，目标不明确、理解营销上下文、将AI整合到现有策略中、营销人员的专业知识不足、偏见和伦理关切以及数据隐私和安全性等问题，都是营销人员在应用AI时需要认真考虑的方面。

借助AI之力，未来是全面数字化的新营销时代

在当下商业环境中，众多企业都怀揣着一个共同的期望：以最小的宣传投入，吸引最多的用户关注。然而，当企业面临品牌"四无"——无排名、无流量、无咨询、无订单时，那些曾耗费巨资却收效甚微的营销推广活动，往往让企业家们倍感无奈。

在数字化营销时代，品牌如何利用多元化渠道实现自我升级和用户转化，进而提升品牌的知名度和信誉度，已成为一个亟待解决的问题。随着消费者心态和需求的不断演变，若企业品牌的数字化营销未能与时俱进，将难以实现预期的营销效果。这也引发了我对品牌的深刻思考：品牌在进行数字化营销时，不仅应关注消费者行为和需求的变化，更需深刻理解消费者与品牌之间的内在联系。我们的目标是让消费者自愿为品牌"发声"，成为品牌的忠实传播者，这才是品牌价值的真正沉淀。

传统营销与数字化营销的核心差异在于，前者以"产品"为中心，而后者以"用户"为中心。

在传统营销模式下，企业与消费者的连接往往仅限于购买环节，交易结束便意味着营销活动的终结。然而，在数字化营销的背景下，企业与消费者之间的连接和信任建立成为先决条件。即便购买行为已经结束，营销活动仍在继续深化和拓展，通过提升营销转化率来增强品牌口碑。

以"用户"为中心的数字化营销，还能更精准地为消费者提供个性化服务。借助大数据技术对消费者数据进行深入分析和精准推送，企业能够更全面地了解消费者的消费习惯、兴趣和需求，从而为消费者提供更加贴心、满意的定制服务。在数字化运营的推动下，品牌与消费者之间的连接将更加紧密，品牌的影响力将持续扩大，消费转化率也将得到显著提升。

展望未来，能够在数字化浪潮中脱颖而出的企业，必将具备明确的数字化战略、显著的研发创新优势、多元化的品牌营销渠道以及不断扩大的企业规模等特征。虽然企业的整体数字化进程仍充满挑战，但品牌数字化营销的未来已然到来（见表14-1）。

表14-1 企业数字化营销的三个关键点

企业数字化营销的三个关键点	
品牌定位	这是一切数字化营销的基础，品牌营销所要传递的永远是品牌的价值和理念，所以，品牌定位是企业营销最关键的步骤，只有这样，企业的品牌才能拥有自己独一无二的价值和理念，从而更好地进行品牌传播。
价值共鸣	数字化营销的目的不是比拼销量的多少，而是要看品牌是否与消费者发生价值共鸣，这才是实际传播价值。只有让消费者自发地为品牌做宣传，进行社交化传播，品牌的口碑流量最终才有可能产生裂变。
流量转化	品牌需要建造自己的私域流量池，通过成立自己的微博号、微信公众号、短视频号等私域流量平台系统，创建自己的原创宣传内容进行品牌传播，利用消费场景和使用场景的内容刺激消费者购买相关产品，一传十、十传百，最后实现品牌触达、心智培养和流量裂变转化的闭环

企业若想在数字化营销领域大放异彩，就必须配备强大的"武器库"——包括AI时代的营销工具和营销团队，以便迅速构建完善的品牌营销与运营体系，并指导团队将营销策略分阶段、有条不紊地执行到位。

接下来我要分享一个关于坚持、创新和抓住时代机遇的故事。主人公周丽（化名），曾被誉为"钩花皇后"，凭借一手精湛的绒线钩花技艺和敏锐的商业嗅觉，在互联网上创造了销售奇迹。

在创业以前，周丽曾原是一家国有单位的员工，曾获得"三八红旗手"的荣誉称号。然而，单位经营不善导致她下岗。面对生活的转折，她并未选择安逸，而是决定在劳务市场寻找新的工作机会。虽然找到了一份顺利的销售工作，但她总觉得这并非自己真正想要追求的。

一次偶然的机会，周丽在为好友购买鲜花时，发现了绒线钩花的商机。她从小就喜欢纺织绒线，这次她突发奇想，如果用绒线钩织花朵，不就可以创造出永不凋谢的花吗？尽管家人和朋友对此表示怀疑，但周丽坚定地认为这是一个值得尝试的机会。

经过反复尝试和改进，周丽终于钩织出了形象逼真的绒线花朵。为了扩大知名度，她在国庆节期间将作品搬到城市广场展览，吸引了众多市民的关注。几只蝴蝶甚至围着她的作品打转，这一幕让她更加坚信自己的选择是正确的。

接下来，周丽面临如何为这些花朵定价和销售的问题。在摸索过程中，她决定请人代销，并逐渐发现了人们的从众心理是影响销售的重要因素。为了让人们意识到绒线花是一种艺术和时尚，她精心设计了广告宣传单，并定位于年轻情侣和高文化层次的人群。这一策略果然奏效，购买绒线花的顾客逐渐增多。

随着生意越做越大，周丽意识到品牌的重要性。于是，"周丽钩花专店"应运而生，不仅提升了知名度，还大幅提高了销量。然而，她并未止步于此。她敏锐地发现了网络销售这一新渠道。经过一番努力，她的网店逐渐建立起诚信口碑，与实体店相辅相成，一周内网上销售额竟高达20多万元。

如今，周丽的绒线花卉已发展到5个系列、100多个品种，吸引了全国各地的客商与她合作。她用自己的双手和智慧创造了"钩花皇后"的传奇。

在如今这个时代，创业的机会无处不在，关键是要善于发现并抓住它们。在销售渠道日新月异的今天，我们需要不断创新和适应变化。短视频、直播和电商等新媒体平台为创业者提供了前所未有的机遇。

市场风云变幻，无论时代如何演进，营销手段如何更新，构建稳健的营销体系、不断提升运营品质始终是企业发展的核心任务。在这一切变革中，品牌营销的核心使命始终是传递企业品牌的独特价值和理念。我们应该致力于让品牌成为公众赞誉的焦点，让消费者自觉成为品牌的推广者，从心底里愿意为品牌发声。通过广泛的社交互动、多维度的链接以及积极的推荐分享，有效提升品牌的信誉和知名度。这正是品牌数字化营销与运营的正确路径。

品牌营销：关键在于"动"起来

在未来的不确定性中，社会和市场的界限日益模糊，彼此交融，形成了一个错综复杂而又协同共生的商业生态系统。这个系统宛如一个开放的花园，各种元素深度关联、相互融合，共同演化，形成了看似混沌却内含秩序的有机整体。

我们需要培养一种全新的营销战略思维，以应对这种不确定性。这意味着，企业家们必须勇于突破和创新，首先要从传统的业务模式中解放出来，敏锐地洞察未来的机遇、变化和趋势。我们不能再停留在过去的"确定性"舒适区内,而是要勇于探索未知,迎接挑战。

其次,为了实现这一目标,我们需要提升两种关键能力。一是全员数字化能力,这是适应数字化时代的基本素质,也是我们洞察市场、优化运营的重要手段。二是企业制胜能力,这要求我们在激烈的市场竞争中,能够迅速捕捉商机,灵活调整策略,以取得最终的胜利。

通过不断提升这两种能力,我们将能够更好地应对未来的不确定性,把握新的商业机遇,推动企业持续、健康的发展。

至于品牌运营,关键在于动起来。客观地说,AI为我们带来挑战的同时,也为我们的营销团队提供了全新的工具和策略,尤其是AI技术的融入,为营销领域注入了强大的活力,显著提高了营销效率,并优化了投资回报。以下是AI营销带来的好处,如表14-2所示。

表14-2　AI给营销带来的好处

	AI给营销带来的好处
个性化内容触达	AI通过深入分析客户旅程,结合客户偏好和行为,提供高度个性化的内容。这不仅极大地提升了客户参与度,还有效降低了客户流失率,使营销活动更加精准、有效
精细化的客户细分	AI算法能够基于多维度的数据,对用户进行精细化的分组,帮助营销人员深入理解不同用户群体的需求,为制定更有针对性的营销策略提供有力支持
新渠道的发掘与利用	AI凭借强大的数据处理能力,能够轻松识别潜在客户所在的新渠道。通过开拓并利用这些新渠道,企业能够吸引更多客户,进一步提升销售额
前瞻性预测分析	AI能够基于现有消费者数据,对未来趋势和消费者行为进行预测。这一能力让营销人员能够提前洞察市场变化,设计更加有效的促销策略,从而在竞争中抢占先机
实时数据分析与监控	AI提供了实时的营销活动性能数据分析,让营销人员能够随时掌握营销活动的最新动态。通过及时调整和优化策略,确保营销活动始终保持最佳状态,实现投资回报的最大化
工作流程的自动化与优化	AI技术将自动化融入营销工作流程中,大大减轻了重复性任务带来的负担。这使得营销人员能够将更多精力投入到战略性决策中,提高整体工作效率
决策能力的全面增强	AI技术的应用为营销决策提供了全面的数据支持。这些数据客观、准确,不受情感影响,使营销人员在分配预算、制定策略时更加高效、精准。通过全面增强决策能力,AI助力企业在激烈的市场竞争中脱颖而出

因此,我们首先要打造一支适合AI时代的新营销团队,不断学习和适应

新技术，同时保持对数据隐私和伦理问题的关注。通过明确目标、优化数据管理、提升团队技能、增强算法透明度以及遵守相关法规，从而最大限度地发挥AI在营销中的潜力，实现业务增长和品牌价值的双重提升。

从等客上门到主动出击：打造三位一体的营销团队

随着AI技术的飞速发展，营销领域的再培训已不再是选择，而是必由之路。AI正逐步成为营销人员不可或缺的合作伙伴，而非竞争对手。IBM的研究预测，未来3年内，将有高达40%的劳动力需接受培训，以适应AI带来的变革，营销领域自然也在其中。可以说，在AI时代，企业营销升级的终极目标是拥有超级员工。

为了缩小AI与营销人员之间的差距，实现人机协同的极致效能，我们需要采取一系列策略。

1. 重塑价值认知

企业需重新审视人类与AI的价值关系，避免过度依赖AI而忽视人类营销人员的独特价值。在投资AI技术的同时，也应重视提升营销人员的专业技能和创新能力，共同推动营销行业的持续进步。

2. 重塑培训体系

在AI营销时代，我们需要对传统的员工培训体系进行全面革新。新的培训内容应侧重于教授营销人员如何将AI技术有效融入日常工作中，提高工作效率和效果。

3. 深化校企合作

企业应积极与当地教育机构建立合作关系，共同打造高技能营销人才培训基地。通过共享知识资源，了解AI技术的最新发展动态，确保企业拥有一支具备未来竞争力的营销团队。

4. 关注员工未来

再培训不应仅停留在技能提升层面，更应关注员工的职业发展和未来前景。企业应通过激励措施和晋升机制，鼓励那些能够充分利用AI技术的营销人才脱颖而出，为企业的长期发展注入源源不断的动力。

通过实施这些策略，我们不仅可以缩小AI与营销人员之间的差距，还能培育出一批具备高度专业素养和创新能力的超级员工。

从被动等待转变为主动出击，打造AI时代的新营销团队

今天，我们发现原本需要两天半才能完成的内容，如今在AI的助力下，仅需半天即可完成。这不仅是效率的提高，更是营销领域一场深刻的变革。

同时这也更加说明，过去传统的"坐销"模式已无法适应现代商业的快速发展，我们必须转变思维，从被动等待转变为主动出击，通过策略转型、挖掘创业机会、提升专业实力以及吸引创业伙伴加盟等多方面的努力，企业可以构建三位一体的营销团队，实现商业成功和个人价值的双重提升。

AI在营销领域的应用场景广泛而深入，它们正逐步引领营销进入新时代。表14-3是AI在营销领域的应用场景。

表14-3　AI在营销领域的应用场景

AI在营销领域的应用场景	
内容营销自动化	AI工具能够分析关键词、构建内容框架，并通过自然语言处理（NLP）优化文本，从而大大加快内容生产速度，同时确保内容的质量和专业性
社交媒体智能管理	AI不仅能帮助自动安排帖子发布、生成文案，还能提供关键洞察，使社交媒体管理更加精准高效，助力品牌在社交媒体上建立强大影响力
电子邮件营销个性化	AI通过分析历史电子邮件活动，制定优化策略，并针对不同受众定制邮件内容。此外，它还能根据用户反馈自动触发后续操作，提升营销效果
视频营销简化流程	AI写作工具可用于生成视频剧本，而增强的数据分析则为新视频内容和观众群体开辟了新的可能
产品营销策略优化	对于初创公司和新企业而言，AI能预测客户行为、推荐产品特性、制定品牌策略，并发现新的广告渠道，从而帮助品牌与广告资产同步，提升市场竞争力
视觉品牌营销一致性	AI确保品牌视觉元素的一致性，通过辅助设计师提高设计效率和创造力，而非取代他们

AI对营销的影响远不止于内容创作，它正在重构整个营销链路，从内容到交易，每个环节都蕴含着AI的巨大潜力。

随着时间的推移，销售领域正迎来一场深刻的变革。根据最新调查显示，高达67%的销售专业人员预测，到2024年，人工智能（AI）将显著增强买家的自主研究能力，使他们即便不直接与销售代表交流，也能做出明智的购买决策。

1. 销售角色的转型：从信息提供者到专业顾问

原来企业中的销售人员、营销人员的传统角色正在经历根本性的转变。如今，他们的核心职责已不再是单纯地销售产品。相反，销售团队正越来越重视提升买家的信心，深入理解他们的具体需求和所面临的挑战，建立更为紧密的关系，并提供精细化的个性服务。

数据显示，82%的销售人员认为，与潜在客户建立稳固的关系是销售过程中最为关键和有价值的环节。因此，销售人员正逐渐从单纯的信息传递者转变为专业咨询和解决方案的提供者。这一转变要求销售人员不仅要有扎实的行业知识，还需掌握更多的专业技能，以便更好地洞察客户需求，并提供切实有效的解决方案。

为实现这一目标，销售人员必须持续学习行业知识，紧密关注市场趋势，并不断提升自己的沟通和倾听能力。通过这些努力，他们将能够与客户建立深厚的信任，准确识别需求，并提供符合客户期望的定制化解决方案。

2. 借助 AI 提升业绩

在未来，人工智能（AI）正成为提升业绩的关键因素。AI不仅为买家带来了积极的影响，同时也极大地助力了销售人员。根据2023年AI现状报告，使用AI的销售人员每天能节省超过2小时的时间。高达81%的销售人员反映，AI帮助他们减少了手动任务的工作量，从而提高了78%的工作效率。

这些节省下来的时间极为宝贵，因为调查还发现，销售人员实际上每天仅花费约2小时进行真正的销售工作，而近1小时则耗费在手动或行政任务上。此外，41%的销售人员已经开始利用AI来识别和响应买家的情绪，其中83%的人认为这种方法非常有效。

从某种程度上说，AI将为我们提供更加个性化的客户体验，并帮助我们深入地了解客户需求。例如，AI工具能够综合考量每个买家的独特业务需求、个人偏好和历史交互记录，从而给出定制化的产品推荐，大大增加了销售信息的针对性。这种个性化的推荐策略可以显著提高销售转化率，为企业的员工带来更出色的业绩。

科技的进步不可阻挡，我们应积极拥抱变化，不断提升个人能力，并灵活调整市场策略。只有这样，我们才能在竞争激烈的市场环境中保持领先，并实现可持续的发展目标。

"人工智能+"：AI数字人时代的矩阵策略

在2024年4月16日的18点18分，刘强东以创新的"采销东哥AI数字人"身份，在京东超市和京东家电家居的采销直播间，开启了他的直播之旅。短短20分钟的直播时间内，直播间的观众数量就迅速攀升至900余万。到了18点45分，这个数字已经突破了千万大关。

19点整，数字人形态的刘强东向热情的观众们表达了感谢："谢谢大家今天的陪伴和观看，最后再给直播间的粉丝发一波福利，大家快在评论区刷起来吧。"紧接着，数字人主播向大家预告："东哥的直播就到这里了，我们下次再见。"至此，刘强东的AI数字人直播首秀圆满落幕。

这场直播的观看量最终超过了2000万，整场直播的累计成交额更是高达5000万元以上。这一成绩无疑彰显了AI数字人在直播带货领域的巨大潜力和广阔前景。

其实，无论是人工智能在各个领域的应用，还是ChatGPT等技术的出现，从弱人工智能到强人工智能的跨越已经成为现实。在我之前的视频号中，我也开始尝试使用数字人进行内容输出，效果令人惊喜。数字人情绪稳定且能够模仿人类的讲话节奏和语气，通过大数据分析不断优化内容生产，为我们带来了新的流量和关注。

回过头再看，大多数时候，机会刚开始都是"看不见"或"看见了也看不起"，"看得起了却还是看不懂"，最后依然是"来不及"的状态。

也有很多企业家朋友问我："现在到处都是卖AI课程的总裁班，我要不要也去报名？"

每次听到这样的提问，我都只是笑说："这要看您对企业自身的定位。"

怎么说呢？

同样是AI时代，同样大家都在玩抖音，刷快手，看小红书。但你去看那些大平台上，总是有百万级、现象级的有流量的账号。反之，也有很多你看来看去不知所以然的很快消失的账号。

许多企业也是一样，看大部分人在做，所以也去做了。但实际上，他并没有搞清楚自己到底要做什么。对于企业而言，融入AI时代可不是单纯地烧钱，买账号买流量就能换取忠实用户的。

大家不妨先想一想，如果你已经做了不同平台的账号，对照这几个问题是否是你所焦虑的：

第一，你不是缺流量，而是缺少一颗AI时代的"营销大脑"；

第二，你不是缺技术，而是缺少新的生产力工具；

第三，你不是缺口碑，而是缺少令人信服的品牌背书。

如果这三点都被我说中了，其实就不会出现开篇的问题，不是要不要报名的问题，而是如何打造一个适合自己企业的营销矩阵。

AI数字人时代：矩阵策略引领流量与利润双增长

在AI数字人时代，如何有效利用新技术拦截流量并实现利润倍增，已成为企业迫切需要解决的问题。下面我们将探讨一种结合前文提到的免费思维、平台思维以及AI工具的矩阵策略，以助力企业在激烈的市场竞争中拦截那些被打劫的流量。

1. 免费思维迎流量

打个比方，过去地产商用免费洗车的策略成功吸引了高端客户。这种策略的核心在于精准定位目标客户群体，并通过提供免费服务来建立联系，最终引导客户购买产品。这种免费思维同样可以应用于其他行业，通过提供有价值的免费服务来吸引潜在客户。

2. 平台思维升利润

平台思维的关键在于寻找并整合多方资源，实现共赢。例如，驾校可以与4S店或二手车市场合作，通过提供考证服务来吸引潜在客户，同时将这些客户转化为购车客户。这种跨界合作模式能够为企业带来更多的利润增长点。

3.AI数字人：新时代的生产力工具

在AI时代，数字人已成为一种全新的生产力工具。通过AI数字人技术，企业可以解决短视频创作中的诸多痛点，如表现力不足、成本高、时间紧、效率低以及语言障碍等。数字人不仅能够替代真人出镜，节省成本，还能快速生成高质量的短视频内容，帮助企业获取更多的免费流量。

如何搭建矩阵呢？首先要掌握以下要点。

·精准定位：明确目标客户群体，提供有针对性的免费服务以建立联系。

·跨界合作：寻找并整合多方资源，实现共赢，提升利润。

·利用AI工具：充分发挥AI数字人在短视频创作中的优势，解决传统创作方式的痛点。

·持续优化：根据市场反馈不断调整策略，保持与客户的紧密联系，提升客户满意度和忠诚度。

通过结合免费思维、平台思维以及AI工具，企业可以构建一套有效的矩阵策略来拦截流量并实现利润倍增，这是第一步。

为有源头活水来：公域是源头，私域是活水

在AI数字人时代，想要进一步拦截流量，离不开两个关键：一是公域流量，二是私域流量。二者共同构筑了AI数字人时代的矩阵策略的桥梁，更是引流与变现的新路径。

1.公域流量：矩阵引流新策略

随着人们上网时间的延长，短视频平台已成为流量的主要聚集地。为了有效地从这些平台吸引流量，我们需要采取一种新的策略：矩阵引流。

主动发布内容：主动在短视频平台上发布有价值的内容，这是获取流量的基础。只有优质的内容才能吸引用户的关注。

放大影响力：通过多个账号发布内容，形成矩阵效应，从而增加曝光率和影响力。同时，利用全域经营策略，在不同的平台上发布内容，以覆盖更广泛的受众。

寻找流量洼地：除了主流的短视频平台，还应关注其他具有潜力的平台，如支付宝生活板块等。这些平台上的用户群体固定且活跃，但供给相对较少，因此是获取流量的优质选择。

2. 私域流量运营：加微信与个人企业微信

私域流量是相对于公域流量而言的，它属于企业或个人自己的流量。私域流量的核心优势在于可以多次触达、反复利用，且无须额外付费。因此，将公域流量转化为私域流量，并进行有效运营和管理，是实现流量变现的关键步骤。

客户沉淀与转化：通过提供优质的内容和服务，吸引用户加入个人或企业微信，从而建立起稳定的客户关系。在此基础上，通过提供个性化的推荐和服务，促进客户的转化和成交。

价值挖掘与提升：私域流量不仅具有低成本、凝聚力强等优势，还可以通过深度服务提升客户价值。例如，通过提供专业的咨询、定制化的产品或服务等方式，满足客户的个性化需求，从而提高客户满意度和忠诚度。

通过结合公域引流和私域运营的策略，我们可以构建一个完整的矩阵策略体系。具体实施步骤如下。

第一步，持续生产爆款视频。在大号上持续发布优质、有价值的内容，吸引用户的关注和互动。

第二步，数字人二创与分发。利用AI数字人对大号上的热门视频进行二次创作，并在矩阵账号上反复发布，以扩大影响力。

第三步，集中转化。通过私信或直接留客资的形式，将公域流量引导至私域进行集中转化和成交。

实施矩阵策略后，我们可以期待以下效果：一是公域流量的获取将更加高效和精准；二是私域流量的运营将更加系统和专业；三是通过公私域的有机结合，实现流量的有效转化和变现。

如果想要高效地完成上述内容，不仅要有一支高效的团队赋能，更要有营销的利器。也就是我们本章所讲的"工欲善其事，必先利其器"，找到你的AI工具。

我们以制作短视频为例，提出一个高效运营的解决方案。

我们先想一想自己在制作短视频时都有哪些痛点？

· 表现力不足：对于不愿或不善于真人出镜的创作者，数字人分身技术能够完美替代，高效完成视频制作。

· 成本高昂：无须昂贵的硬件和场地投入，也无需高薪聘请主播，数字人技术显著降低内容生产成本。

· 时间限制：忙碌的创作者可利用数字人快速生成视频，实现时间的高效利用。

· 效率低下：传统的拍摄、剪辑流程烦琐，数字人技术可一键生成文案，极大提高内容生产效率。

· 语言障碍：企业出海面临的语言问题，可通过AI技术轻松解决，实现全球内容传播。

AI数字人不仅代表先进的技术，更是一种革命性的生产力工具。其本质在于提高企业经营过程中的效率，特别是在获取公域流量方面。通过制作高质量的短视频内容，企业能够有效获取短视频平台的免费流量，为中小企业在新时代找到新的成长路径。

例如，闪剪AI数字人这一工具，可以有效地赋能内容创作（见图14-1）。

核心功能一：多元数字人创作

包括照片数字人、分身数字人、卡通数字人等，满足用户多样化的内容需求。通过批量生产用户喜爱的内容，提升内容的曝光率和用户的互动性。

核心功能二：口播视频智能成片

简单的操作，只需输入指令或关键词，选择数字人形象，便可一键生成完整的口播视频。极大地简化了视频制作流程，提高了生产效率。

图14-1 AI数字人工具——闪剪

核心功能三：口播视频自由创作

提供分页、编辑、自定义等强大功能，满足创作者对非营销类场景的个性化需求，释放创意潜能。

核心功能四：在线定制数字人/声音

为用户提供个性化的数字人形象和声音定制服务，进一步丰富内容创作的多样性和独特性。同时，分身数字人支持文本和声音两种驱动方式，灵活适应不同创作场景。

在AI数字人时代，利用先进的工具如闪剪，我们能够有效应对短视频创作的各种挑战，实现高效、低成本的内容生产。

此刻，我们再回到开头的那个问题，相信各位企业家朋友已经找到了答案。

躬身入局，执行才有结果！

第四部分

基业长青

在商海中，盈利模式是企业的航行舵手，它指引着企业破浪前行。然而，仅有盈利模式并不足以支撑企业远航，资本运营的智慧同样不可或缺。企业家要想让企业之船驶向更广阔的海域，就必须深谙资本运作之道。

资本运作是一场精妙绝伦的游戏。企业家需要深刻理解资本的内在逻辑，通过精准的资本运作，实现财富的增值与扩张，从而为企业注入更为强大的动力，推动企业不断攀登新的高峰。

海尔集团是一个典型的资本运作高手。2002年，海尔集团正式向金融行业进军，成立了财务有限责任公司，之后更是控股了多家金融机构。这种产融资本的结合模式，为海尔集团注入了强大的资金动力，推动了其向跨国公司的转变。这充分展示了资本运作如何助力企业扩张和发展。

当然，盈利始终是企业的核心使命。资本运作虽然好，但绝不能替代稳健的盈利模式。市场上不乏依靠资本输血而生存的企业，然而，这种偏离商业本质的做法，注定无法长久。资本应当成为企业发展的助推器，而非替代品。

然而，过度依赖资本而忽视盈利模式的企业往往会陷入困境。例如，曾经风光一时的某共享单车企业，在烧钱扩张后，由于未能建立起可持续的盈利模式，最终走向了衰败。这警示我们，企业家需要在盈利和资本运作之间找到平衡点。让资本成为你的得力助手，而非束缚你的枷锁。只有这样，才能实现基业长青。

第十五章

CHAPTER 15

做值钱的企业,

实现财富跃迁

在这个快速变化的时代，拥有金融思维已经成为企业家必备的能力。企业家不仅要做赚钱的企业，更要打造值钱的企业。

近年来，包括许多巨头企业都存在"缺钱"的通病，其实企业"缺钱"往往只是表象。

资本市场纷繁复杂，我们要明白，消费市场不仅是卖产品，更是在卖会员的忠诚度；创业市场不仅是项目的竞技场，更是商业模式的试验田；而在广阔的资本市场上，我们交易的不仅是资金，更是企业的未来与股权的价值。金融思维并非空中楼阁，它必须扎根于实体经济的土壤，为企业的长远发展服务。

千万不要说，我不图钱，那我可以不学习这种思维吗？

企业不是慈善家，别忘了我们在开篇就说过，员工跟随你不是你的产品能救死扶伤，而是希望跟着你能够发家致富，探索如何实现企业的财富跃迁本就是企业家的责任，但要想成为真正值钱的企业则任重道远。

企业家要有金融思维

金融思维，简而言之，就是以金融的逻辑为基础构建的思维框架。这种思维方式运用金融知识对微观和宏观的社会经济现象进行深入分析、归纳和判断。通过金融的工具，我们能够找到解决现实问题的方法，同时以金融的价值观为指引，来规划未来的愿景和目标。

懂资本的企业家才能将企业做大

金融的本质在于高效利用资源，实现共同的价值创造与分享。这包括"用好别人的钱，让别人干好活，让大家好挣钱，让自己好分钱"。这种金融思维体现了一种高效的资源整合方式，能够调动各方积极性，创造社会财富，并让参与者分享到应得的价值。

对于无论是做生意还是打工的人来说，具备资本思维都是至关重要的。资本思维让人们不仅局限于眼前的收益，而是能够从更长远、更宽广的视角来规划和决策。通过理解和运用金融思维和资本思维，人们可以更好地把握机会、规避风险，实现个人和企业的长远发展。

金融思维可分为两个层次来理解。

1. 企业经营层面的金融思维

这一层次的思维主要关注企业日常运营中的资金流管理。

它确保企业的资金与物资相匹配，维持企业的稳定运作。

企业家在这一层面需要考虑如何优化现金流、降低财务风险，并通过金融手段提高经营效率。

2. 资本经营层面的金融思维

这一层次的思维更加注重企业作为商品在资本市场中的表现。企业家需要思考如何通过资本运作（如并购、上市等）来提升企业价值。在这个层面，企业被视为一种可以交易和投资的资产，其目标是实现资本增值。

很多人可能不解，企业为什么要进行资本运作？

进行资本运作，不仅是出于对当前经营状况的考量，更是对未来发展的战略布局。表15-1是企业选择资本运作的四大关键原因。

表15-1 企业选择资本运作的原因

企业选择资本运作的原因	
扩展融资渠道，优化现金流	资本运作能够为企业打开更广阔的融资门户，解决"融资性现金流"的瓶颈。企业家不必再单纯依赖销售产品后的经营性现金流。在产品研发、人才吸引及市场拓展等关键环节，通过资本运作提前注入资金，可以显著加速企业的成长步伐
完善公司治理，构建现代企业架构	无论是已上市企业，还是准备上市的企业，资本运作都推动着公司治理结构的升级。建立包括董事会、监事会、股东大会和高级管理层在内的"三会一层"现代企业管理体系，有助于提高企业的决策效率和风险控制能力
强化竞争优势，实现战略并购	在市场竞争日益激烈的今天，资本运作赋予企业通过股权等非现金方式进行兼并、收购与扩张的能力。这不仅降低了企业的资金压力，还能更灵活地整合行业资源，从而提升市场地位
确保财富传承，打造可持续股权结构	资本运作使企业家的财富不再局限于实体企业，而是转化为可流通、有公开市场定价的有价证券。这种形式的财富不仅易于传承，而且通过精心的股权设计，可以实现家族财富的跨代持续增长

企业家要想引领企业走向更强、更大，不仅需要精通业务运营，更需要具备资本运作的智慧。跟随资本家的步伐，以更宽广的视野审视企业的成长之路，为企业插上腾飞的翅膀。

下面我为大家分享一个某珠宝店运用金融思维破局的实例。

早在2017年7月，我经朋友介绍认识了深圳一家珠宝店的许总。他的店铺主营黄龙玉、翡翠、金银首饰等珠宝及名家字画。当时，许总的困境是价值3000万元的珠宝滞销。面对这一挑战，我运用金融思维为许总量身定制了一套解决方案。

在传统的销售思维中，商品需要被售出以获取利润。然而，我反问许总："为何非要卖出去呢？租出去不也是一种选择吗？"这个新颖的想法让许总感到惊讶，因为在他的30年商业生涯中，从未考虑过珠宝租赁的可能性。

在得到许总的信任后,我为他设计了一套创新的营销方案,并承诺若方案成功,仅收取千分之五的利润作为服务费。

这套方案的核心在于利用许总的珠宝店品牌历史和信誉,通过举办珠宝品鉴会吸引老客户及新客户。在品鉴会上,我们推出了一个独特的会员充值计划。客户可以选择不同档次的充值金额,享受不同的珠宝换戴和年化收益权益。例如,一次性充值50万元的客户,不仅可以无限次换戴珠宝,还能获得10%的年化收益,且无须支付任何清洗费用。品鉴会当天,就有众多客户积极响应,充值金额远超预期。这仅仅是第一步的成功。

随后,我提出了更宏大的计划——在100天内开设100家珠宝店,而且无须许总自己投入资金。这是通过运营加盟业务实现的,我们注册了新公司来专门负责这一业务,并通过招募创始人和合伙人的方式,让他们既成为投资者,又成为经营者,同时还是推广者。这一模式的巧妙之处在于,它能够将资源有效整合,实现快速扩张,而总部无须承担任何资金压力。

从2017年到2018年,凭借金融思维和社交裂变商业模式,许总的珠宝店从1家迅速扩展到100家分店。虽然我不能透露具体的盈利数字,但可以肯定的是,许总在这一年时间内的净收入不低于8000万元。

通过这个案例,我们不难理解金融思维和创新商业模式在商业实践中的巨大潜力。通过巧妙地整合资源和运用金融策略,企业不仅能够解决眼前的困境,还能实现跨越式的发展,实现财富跃迁。

做有钱的企业,更要做值钱的企业

在企业经营的过程中,我们往往专注于追求业绩和利润,这是挣钱的基础。然而,要让企业更加值钱,我们需要思考更深层次的问题:企业为何会具有更高的价值?

我们习惯追求庞大的销售额和丰厚的收入,比如设定1亿元的销售目标。但高销售额并不意味着高利润,因为还需要考虑到各种费用。因此,我们努力降低费用，假设费用控制在9000万元。这样一来，收入减去费用，即1亿减去9000万，我们得到了1000万元的利润。

但这样的做法真的轻松吗？答案显然是否定的。市场竞争激烈，每个人都想提高收入、降低费用。这导致我们每天早出晚归，依靠体力去拼搏。这种困境不仅小企业难以避免，大企业如苹果、阿里、腾讯也面临挑战。

直到有一天，我们恍然大悟："我为什么这么辛苦？原来我一直在做和别人相同的事情，承担了太多琐碎的工作。"我们忙于处理别人无法完成、不愿承担或无法胜任的任务，以至于没有时间去思考如何推动企业实现十倍增长，也没有精力去关注那些可能对企业产生深远影响的管理和战略问题。我们一直在低头苦干，却无法从中解脱。

那么，出路在哪里呢？或许，我们需要寻找合伙人，共同分担这些繁重的工作。通过合伙人的力量，我们可以摆脱"无休止的劳作"的困境。

归根结底，企业之所以显得不值钱，是因为我们缺乏股权思维和合伙思维。

重塑企业价值：从赚钱到值钱的转变

企业常见的运作模式有两种：一种是持续为自己赚钱，另一种是值钱时卖给别人。

赚钱与值钱，其实是两种完全不同的经营思路：赚钱如养儿，值钱如嫁女。

对于那些专注于赚钱的企业来说，它们的终极目标是成为百年老店，历经时间的考验，世代相传。这类企业的成功秘诀往往在于它们所拥有的独家秘方或特殊技艺，这些宝贵的资产被严格保密，不轻易外传。在医药、餐饮、食品等行业中，这样的例子屡见不鲜。

对于值钱企业来说，它们的理想归宿则是资本市场。这类企业要么通过上市实现自身价值的最大化，要么被上市公司收购，从而实现资源的优化配置。值钱企业通常具有广阔的市场前景，但同时也需要大量的资金投入来支持其快速发展。如果仅依靠企业自身的力量，可能会面临巨大的资金压力和市场风险。

在运作赚钱企业时，我们更像是养育子女，需要持续投入并关注其成长。而运作值钱企业则更像是为女儿寻找佳婿，需要在企业最具价值的时刻，为其找到最合适的归宿。

对于赚钱企业来说，如何保持长久的发展是首要考虑的问题。要成为百年老店，企业必须具备独特的竞争优势，并将这些优势代代相传。在传统文化的影响下，我们更倾向于将家族秘方或技艺传承给最亲近的人。因此，许多历史悠久的品牌最终都发展成为家族式经营的小而美企业。当然，在每个时代都不乏规模庞大的赚钱企业，但其中很多都依赖于特定的官方支持或市场垄断地位。这些企业不在我们讨论的范畴之内。

在打造一家值钱企业的过程中，核心关注点并非是如何通过产品或服务实现盈利，更重要的是如何推动企业迅速成长与扩张。对于那些需要大量资金投入且短期内收益不明显的企业来说，每一刻都弥足珍贵。因此，加快企业进入资本市场的步伐远比短期内的小额收益来得更为关键。

若企业有进入资本市场的规划，那么就必须提前进行全方位、科学化的策划与提升。这包括但不限于产品的优化、商业模式的创新、组织架构的调整以及激励机制的完善等多个维度。通过这样的综合打造，我们旨在向外界展示一个高品质、高潜力的企业形象，从而吸引投资者的目光与信赖。

总的来说，赚钱企业和值钱企业有着截然不同的归宿和发展路径。企业应根据自身的实际情况和市场环境，选择最适合自己的发展策略。

企业成长的挑战与合伙人策略

在如今这个各方面都极度内卷的时代，我们不仅要拼体力，还要拼认知、拼底层逻辑。

为了提升企业的价值，例如实现从1000万元利润到3000万元利润的增长，我们需要明确的路径和有效的方法。每一家追求长远发展的企业，都应该学会寻找并携手以下六位合伙人：联合创始人、人才合伙、项目/产品合伙、资金合伙、资源合伙以及上下游合伙（见图15-1）。

```
         联合创始人
    ↗             ↘
上下游合伙         人才合伙
    ↑      合伙人    ↓
资源合伙           项目/产品合伙
    ↖             ↙
         资金合伙
```

图15-1　企业的重要合伙人

1. 第一个合伙人：联合创始人

为了推动企业迈向新的高度，寻找联合创始人成为关键一步。联合创始人应该具备哪些特质呢？理想情况下，一家企业应拥有三位核心成员：擅长营销、精通产品以及熟悉管理。例如，如果创始人擅长销售，那么他需要找到在管理和产品或技术方面有专长的合伙人。因为一个人很难在所有领域都达到专业水准，通过联合创始人的加入，可以弥补这一不足。当两三位联合创始人携手并进时，企业有望实现从3000万元到1亿元的营收突破。

然而，随着企业的持续发展，仅仅依靠联合创始人的力量也会显得捉襟见肘。这时，企业需要更多的核心力量来推动。

2. 第二个合伙人：人才合伙

为了支持企业的更大发展，吸引并留住核心人才至关重要。这些人才将成为各个部门的"领头羊"，就像动车的每个车厢都有动力组一样，共同推动企业前进。在这一阶段，企业的营收有望从1亿元增长到3亿元。

但企业的发展永远不会一帆风顺。随着市场的变化和技术的进步，企业可能会遇到技术和产品的瓶颈。这时，又该如何应对呢？

当企业面临技术和产品的瓶颈时，必须进行持续的创新和升级。这可能意味着对现有人才进行培训和提升，或者引进新的人才和技术。同时，企业也需要对产品进行迭代，以满足市场的新需求。此外，商业模式的改进也是必不可少的。通过这一系列的努力，企业有望突破瓶颈，实现更长远的发展。

3. 第三个合伙人：项目/产品合伙

随着企业不断发展，寻找项目/产品合伙人成为关键。以我们原本专注的玻璃水杯为例，通过与项目/产品合伙人的紧密合作，我们的业务范围得以拓展至纸杯、各类玻璃杯及其他器皿等。这种产品线的衍生不仅增强了企业的市场竞争力，还为我们打开了新的营收增长点。

要实现营收的大幅增长，比如达到10亿元，关键在于整合与联动。通过与企业内外部的技术专家和资源进行有效整合，我们可以创造出更多有价值的产品和服务。例如，如果我们在玻璃杯领域有深厚积累，但在其他器皿方面遇到困难，那么就可以通过内部创业的方式，如创客计划或小老板计划，来推动新产品的开发和市场推广。

小米公司的成功就是一个典型的例子。它通过整合与联动，从一家专注手机的公司发展成了一家销售众多产品的综合性企业。雷军巧妙地整合了市场上的技术和人才资源，从而推动了企业的快速发展。

在这个日新月异、竞争激烈的市场环境中，我们不仅需要联合创始人、优秀的产品和人才，更需要借助资本的力量，让企业迅速崭露头角。

4. 第四个合伙人：资金合伙

资本的力量是巨大的，正如阿基米德所说："给我一个支点，我可以撬起整个地球。"在市场竞争中，如果我们和别人都赚取了1000万元，那么我们没有明显的优势。但是，如果我们能利用资本杠杆，将这1000万元放大100倍，那么我们就能够迅速拉开与竞争对手的差距。

当别人还在用加减法计算利润时，我们需要运用乘法思维，借助资本、股市和投资人的力量，实现资产的快速增值。通过将1000万元放大到1亿元，我们可以远超竞争对手，奠定市场领导地位。这也是提升企业市值和估值的有效途径。

5. 第五个合伙人：资源合伙

要让企业在竞争中脱颖而出，除了资本助力外，掌握独特资源也至关重要。这些资源可能包括以下内容。

- 稀缺性资源，如珍贵的矿产资源如石油、金银、宝石等，这些资源的稀缺性赋予了企业独特的竞争优势；

- 不可模仿性资源，如地理位置得天独厚的香港半岛酒店，其位于九龙半岛尖沙咀区的黄金地段无法复制，同时商标、版权和发明专利等也属于此类难以模仿的资源；
- 不可替代性资源，这类资源是竞争对手无法通过其他途径取代的，为企业构建了坚实的护城河；
- 持续性资源，如政府提供的专项补贴，能够为企业带来稳定且长期的支持。

6. 第六个合伙人：上下游合伙

在企业的利润公式"收入-费用=利润"中，我们可以举一个简单的例子：1亿元收入减去9000万元费用等于1000万元利润。如果我们从财务成本的角度来看（暂时忽略其他成本），这9000万元对我们来说是采购成本，但对于上游供应商来说则是他们的收入。他们的成本可能是8000万元，因此他们也能获得1000万元的利润。

进一步推导，对于上上游供应商来说，8000万元是他们的收入，而他们的成本可能是7000万元，这样他们也能赚取1000万元的利润。

如果我们仅仅试图增加自己的那部分利润，难度会很大。但是，如果我们能够将上游、上上游以及下游的合作伙伴都整合到一起，形成一个产业链控股公司，情况就会大不相同。在这样的模式下，控股公司的利润就变成了1亿收入减去7000万元成本，等于3000万元利润。这种整合的妙处在于，它并没有增加任何额外的收入，也没有降低任何成本费用，但企业的报表利润却增加了惊人的300%。这无疑会显著提升企业的市场价值。

通过系统的思考和合伙发展的策略，我们可以共同推动企业不断增值，让企业越来越值钱！

消费市场卖会员，创业市场卖模式，资本市场卖股权

你是否注意到，银行虽然本身并不拥有资金，但它却是全球最盈利的机构之一？这背后的原因，正是银行巧妙地运用了金融思维，通过有效地运转社会的资金来创造价值，它是世界上最有钱也是最值钱的企业。

在现实中，我们同样可以看到两类截然不同的经营者：一类是企业家，他们主要使用自有资金来拓展业务；另一类是资本家，他们擅长利用外部资金来推动自身事业的发展。

企业家们通常稳扎稳打，用赚取的利润再投资，逐步扩大经营规模。而资本家们则更加灵活，他们通过融资、贷款等方式，用别人的钱来实现自己的目标。这就像银行一样，虽然本身没有资金，但是能通过吸纳社会资金，再将其贷给需要的人，从中赚取利息差。

有些企业为了追求高利润，牺牲了现金流，结果导致货款被拖欠，甚至需要融资来维持运营。而另一些企业则通过牺牲部分利润，换取了充足的现金流，从而能够更灵活地应对市场变化，抓住投资机会。此外，还有一些资本家通过透支未来的利润来融资，比如通过上市来筹集资金。这种方式虽然会牺牲一部分未来的收益，但却能为企业带来即时的现金流支持，有助于企业快速扩张和抢占市场份额。

今天，在多元化的市场环境中，企业的经营策略需灵活多变。在消费市场中，我们侧重于推广会员，以此建立稳定的客户群体和持续的消费关系；在创业市场，我们则着重推广创新的商业模式，帮助创业者找到成功的路径；而在资本市场，我们交易的是企业的股权，这是掌控现金流的重要手段。

许多人传统地认为，企业经营只是销售产品，然而，这种观念已经过时。如今，卖产品不如卖服务，卖服务不如卖会员，卖会员不如卖模式，而更高一级的，则是在资本市场中通过股权交易来优化资产配置和现金流。例如，与其单纯地卖茶叶，不如考虑如何卖茶树，甚至是茶园的股权，这样不

仅能获得一次性收益，还能长期分享茶园的经营成果。这种策略的转变，将为企业带来更为广阔的发展空间和持久的盈利能力。

赚钱是干出来的，值钱是设计出来的

合理的股权划分就是能够让一家企业顺利起航、越行越远的帆。

都说合伙盈利，股融天下，纵观人类的经济制度，其发展史就是一部如何分钱的历史。关于如何分钱制度的进化，可以简单概括为三个要素：股权、期权与币权（见表15-2）。

表15-2 股权、期权与币权

	股权、期权与币权
股权	股权是指有限责任公司或者股份有限公司的股东对公司享有的人身和财产权益的一种综合性权利。即股权是股东基于其股东资格而享有的，从公司获得经济利益，并参与公司经营管理的权利
期权	期权是指一种合约，源于18世纪后期的美国和欧洲市场，该合约赋予持有人在某一特定日期或该日之前的任何时间以固定价格购进或售出一种资产的权利
币权	币权是新世界的数字资产进行定价和流通的标尺，是新世界的一种激励机制。币权的价值锚定和升值是基于我们在第4章节讲到的"共识"，币权是因共识而相聚的项目团队和社群成员这一群共识人的属性和化身

纵观历史长河，资本的发展脉络清晰可见。在资本1.0时代，资金被视为核心资本，股权制度应运而生，确保了出资人能够公平地分享利益。随着时代的进步，我们迈入了资本2.0时代，人才成为最宝贵的资本，期权制度便在这一时期崭露头角，为员工提供了公平参与分配的机会。

如今，在风起云涌的数字化浪潮中，我们迎来了资本3.0时代。区块链技术的崛起使得用户成为价值创造的主力军，币权制度由此诞生，标志着用户作为资本的新纪元已经到来。这一转变不仅打破了资金和人才作为唯一资本的旧有观念，更是人类在财富分配与价值创造理念上的一次重大革新，同时也代表了世界经济制度的三次重要升级。

数字化转型是一场深刻的变革，它牵一发而动全身，不仅触及人员、资金和系统，更与企业的技术、产品、市场、业务乃至财务、人力资源等各个团队紧密相连。若各团队间无法形成共识，数字化的进程将举步维艰，甚至

可能导致整个企业陷入疲惫和停滞。

孟子早在两千多年前就深刻指出："有恒产者有恒心，无恒产者无恒心。"这同样适用于企业管理。管理的本质在于洞察并满足各方的需求。当员工感受到企业是"我们的"，他们就会像企业家一样投入和操心。这种归属感的转变，是激发企业活力的关键。

因此，对于寻求企业管理新路径的企业家们来说，运用创新的思维和方法至关重要。例如，通过精妙的股权设计，不仅能够明确合伙人的权利、责任和利益，还能为企业的稳定发展奠定基础，助力控制权的合理分配，并为未来的融资和上市铺平道路。

然而，值得注意的是，有价值的股权需要经过精心设计。否则，就可能会像某些企业家那样遭遇困境，例如俏江南的创始人张兰最终被资本无情地踢出局。

为了避免类似的困境并提升企业的整体价值，以下是一些关键步骤。

1. 精准定位业务领域

企业要在特定领域内深耕，打造自己的稀缺性。无论是产品、服务，还是运营模式，都需要有独特的优势。在激烈的市场竞争中，只有成为某个细分领域的佼佼者，才能脱颖而出。毕竟，在任何比赛中，人们往往只关注第一名。

2. 创新运作模式

除了产品质量，成功的运作模式也至关重要。企业要快速发展，不能只依靠创始人的个人努力。考虑采用股权合作、区域联营、连锁经营等创新模式，可以放大企业的优势并通过合作弥补短板。这样，企业可以在核心竞争力上不断加码，同时通过合作强化整体实力。

3. 构建顶层架构

企业的顶层架构是其战略目标的直观展现。一个具有前瞻性的顶层架构设计，比单纯强调产品更能清晰地传达企业的发展愿景。完整的顶层架构应包括业务布局、股权结构以及组织架构，这体现了企业家的宏观视野和管理层的清晰思路。

4. 设计激励机制

制度再好，也需要人的执行。对于希望持续发展的企业来说，建立一套全面、有动力的激励体系非常关键。这包括短期的保障、中期的动力以及长期的可持续性。实践证明，股权合作、股权激励及与外部资源的股权联动等都是有效的激励方法，企业应根据自身情况灵活选择。

现实中，小型企业可能更关注盈利，而大型企业则更注重市场价值的提升。但这两者并不矛盾，而是取决于企业的发展目标和定位。明确方向并坚持自己的道路，是企业持续成长的核心所在。同时，精心设计股权结构，避免重蹈某些企业家的覆辙，也是企业稳健发展的关键一环。

为实体服务，金融思维不能虚无缥缈

金融，简而言之，便是资金的有效流转与增值。在这个世界里，我们可以清晰地看到四种不同的角色定位。

角色一：资本的持有者，他们手握资金，寻求的是通过金融手段实现资金的进一步增值。

角色二：金融机构，如银行等，它们虽然不直接持有大量资本，但能为资本持有者提供专业服务，助力资金增值。

角色三：创业者，他们或许初期资金匮乏，但凭借独特的商业理念和创新思维，能够将想法转化为实际的商业价值。

角色四：广大的劳动者，他们通过自己的劳动和智慧，为投资者创造价值，同时也为自己赢得报酬。

守法经营是底线，成魔成佛在发心

可以说，金融，既如天使般为需求者提供资金支持，又似魔鬼般加剧社会贫富差距。但归根结底，金融的核心在于资金的增值。在这一过程中，信用、杠杆、风险三者相互交织，共同构建了一个庞大而复杂的金融系统。

而信用，作为金融的基石，是所有金融活动的前提和保障。没有信用，金融活动便无从谈起。在这个系统中，信用的重要性不言而喻，它不仅是获得资金杠杆的基础，更是维护金融稳定的关键。

金融虽然看似高深莫测，但它绝不能脱离实体经济而存在。金融的本质，其实就是实体经济活动的映射。无论是企业融资、平台投资，还是银行贷款，都必须紧密围绕实体经济的实际需求和风险承受能力来进行。

在金融市场中，无论是股票交易、投资决策，还是房产购置，都涉及人性的博弈。这种博弈不仅考验着参与者的专业技能和心理素质，更是一场对人性弱点的挑战。只有那些能够洞察人性、控制自我、超越物质诱惑的人，才能在金融市场中游刃有余，达到"道术"的境界。

然而，在这个世界上，企业经营者——被普遍认为是高风险的职业，特别是涉及商业法律和刑事法律的风险。身为企业负责人，不仅要对自己的决策负责，还要为团队中的每一位成员，包括员工、高管和合伙人的行为承担责任。

以销售部为例，若在销售过程中因疏忽未签订合同，或因过于偏向客户而导致巨额货款无法回收，最终的责任往往落在企业负责人的肩上。正如《墨子》所言："钓者之恭，非为鱼赐也；饵鼠以虫，非爱之也。"这句话提醒我们，在商业交易中，每个行为背后都有其深层的目的和动机，我们需要保持清醒的判断力，不被表面的现象迷惑。

谈及法律，许多企业负责人会感到一种莫名的不安。他们可能认为自己的企业运营得已经相当出色，但实际上，随着企业业绩的提升，法律风险也在相应增加。以知名企业华为为例，尽管其取得了显著的商业成功，但与之相关的法律事件也达到了惊人的4420起。这充分说明，从企业创立到终止的整个生命周期中，法律风险始终如影随形。

毋庸置疑，企业发展的终极目标，是创造经济效益。在短期内，或许可以选择以资本为支持，暂时不考虑盈利，但从长远来看，一个明确的盈利规划和实施方案是必不可少的。如今，市场上不乏以烧钱为手段的公司，它们忽视了商业的本质，最终即便积累了大量用户，也难以逃脱失败的命运。资本，就如同战场上的雇佣军，我们应当善用其力，借助其冲破阻碍，推动企业持续健康发展，而非被其束缚，更不能沦为资本的附庸。

老板作为企业的第一责任人，必须时刻保持警惕，增强法律意识，建立完善的法律风险防范机制。面对欲望与责任，在这个博弈过程中，我们不仅要面对外部的竞争和挑战，更要面对内心的恐惧和贪婪。只有当我们战胜了自己，才能真正跳出纷扰的世俗，以一颗平常心去看待金融市场的起起落落。此时，我们便能体会到"人弃我取，人取我予"的豁达与智慧，真正做到"大我无我"，在金融市场中找到属于自己的位置和价值。

第五部分

迈向顶峰

最高境界的商业征途，是属于王者的游戏，中途或许步履蹒跚，但终将迈向顶峰。

《庄子·大宗师》云："知天之所为，知人之所为者，至矣。"意思是那些功成名就者，可谓是"家"；而那些开创新业、见道的人，方能被称为"师"。一个宗师级别的企业家，不仅需要建立个人或组织的"家"，更要成为他人甚至众生的"师"。

王者的游戏不是一场简单的竞赛，而是一次对智慧、勇气和决心的全面考验。在这场游戏中，每一位参与者都是向着顶峰迈进的勇士，他们或许会在路途中遇到困难和挑战，步履蹒跚，但他们的目光始终坚定，心中只有一个目标——迈向顶峰。

在这个时代，商业的边界正在被不断打破和重塑。万物万联，企业不再是一台孤立的机器，而是一个充满活力的生态系统。在这个生态中，各种要素相互关联、相互影响，共同推动着商业的进步和发展。

对于迈向顶峰的王者来说，他们需要在这个生态中找到自己的位置，与各种力量形成共生共长的关系。他们不仅要深谙"知天之所为"，把握外部环境的规律和趋势，更要"知人之所为"，洞察人心的变化和需求。只有这样，他们才能引领企业走向成功，成为真正的商业宗师。

在未来的商业征途中，让我们一同见证这些终极通关的王者们如何迈向顶峰，如何开创属于他们的商业传奇。

第十六章

CHAPTER 16

万物万联，共生共长

—— 未来的企业不是一台机器，
　　而是一个生态

在这个日新月异的时代，企业已不再是过去那种孤立的、机械化的存在。我们正迈向一个"万物万联，共生共长"的新世界，其中每个企业都是一个充满活力的生态节点，与周围环境紧密相连，共同呼吸，共同成长。

在这个高度互联的世界中，万物之间的联系变得前所未有的紧密。每一家企业，无论大小，都在这个庞大的网络中扮演着重要的角色。这种万物万联的趋势，不仅是一场技术革命，更是一场对企业管理者和经营者的深刻挑战。他们必须重新审视企业的定位，思考如何在这个互联互通的生态中找到自身的位置，并与其他企业形成良性互动。

然而，在这个追求快速发展的时代，我们不应忘记内心的平和与安定。无论是个人还是企业，都需要在追求物质成功的同时，注重精神的滋养和内心的满足。天道忌全，人道忌满，只有保持一颗谦逊、知足的心，才能在纷繁复杂的商业世界中保持清醒的头脑和坚定的步伐。

更进一步，作为社会的一分子，企业不仅承载着经济责任，更肩负着社会责任。"企业报国"的深层含义，是每一位有远见的企业家应该追求的目标。

当我们站在这个万物万联的时代之巅而俯瞰整个世界时，不要忘记抬头仰望那片"穹顶之上"的星空。那是我们心灵的归宿，也是我们前行的指引。在这个充满变革与挑战的新时代，让我们携手共进，以心安为基石，共同构建一个和谐共生的企业生态。

第十六章 万物万联，共生共长 —— 未来的企业不是一台机器，而是一个生态

物物而不物于物，万物万联是一场挑战

"物物而不物于物，念念而不念于念"是一句出自《庄子》的名言，意思是利用外物而不受制于外物，保持内心的平静和清明，超越琐碎的念头，达到心灵的升华。这句话的含义可以理解为，我们应该学会利用外物，而不是被外物驱使，同时也要保持内心的平静，不被琐碎的念头困扰。

这句话的前半句给我的职业生涯和创业生涯带来很大的启发。这里的"物"是物品的物，意思是说我们人是利用外物，却不被外物所牵制，反过来你可以利用外物。第一次读到这句话时，我不禁惊叹，我们中国人一句话就把这么冗长繁杂的心理学层面的事情，说得明明白白。

之于人生，你要对物质有丰盛感，你不要有匮乏感，它是来服务你的，钱也是来服务你的，你不用去跟钱作对，你不用觉得钱不能给你带来幸福。当你能利用金钱服务自己和社会，却不受制于金钱，那你就可以要求它给你带来幸福。别人不会用钱，所以不会给他带来幸福，但你会。

之于企业，在科技日新月异的今天，当元宇宙、AI数字人等人工智能正在冲击我们的生活，企业管理正迎来前所未有的挑战。互联网的深入渗透已重塑了组织的内外部环境，使得未来充满了不确定性。企业所面临的竞争格局越发模糊，曾经稳固的核心竞争力也可能在一夜之间被新技术颠覆。在此背景下，企业如何与整个商业生态圈中的组织和资源实现有效协同，成为持续创造价值的关键。换句话说，无论是万物互联还是万物万联，我们人类该如何为其所用而不被牵制？

面对现实挑战，我们不难发现，互联网技术正推动着"个体价值"的崛起。传统的"服从关系"已逐渐被"共生关系"所取代，组织形态也开始向"水一样"灵活多变的方向发展。一些前沿企业已经在内部打破了部门界

限，允许员工根据项目和需求自由流动，甚至未来的一切都是数字化模式。

如海尔的人单合一模式和腾讯的人才活水计划，都是赋能个体、激发创造力的典范（如图16-1所示）。同时，也有企业勇敢地跨越行业边界，如盒马鲜生成功转型为集零售、餐饮、生活服务为一体的新型空间，展示了跨界发展的无限可能。

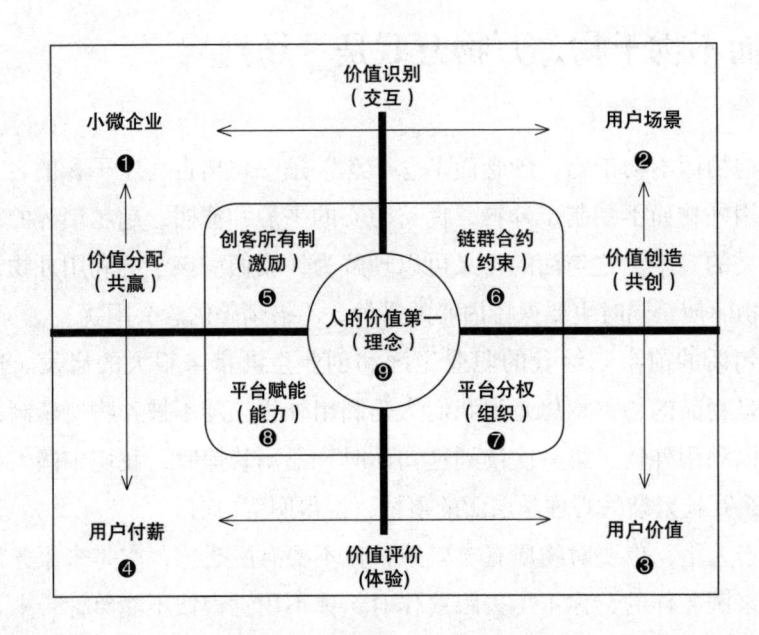

```
                    价值识别
                     （交互）
  小微企业                                用户场景
     ❶          ←——————————→              ❷
                ┌──────────────┐
                │创客所有制  链群合约│
                │ （激励）   （约束）│
  价值分配      │    ❺        ❻    │      价值创造
  （共赢）      │    人的价值第一   │      （共创）
                │     （理念）      │
                │       ❾          │
                │  平台赋能  平台分权│
                │ （能力）   （组织）│
                │    ❽        ❼    │
                └──────────────┘
  用户付薪       ←——————————→           用户价值
     ❹                                     ❸
                    价值评价
                     （体验）
```

图16-1 海尔的人单合一模式

共生组织以其独特的特征引领着企业组织的新潮流：互为主体性凸显了各成员间的平等与尊重；整体多利性则强调共赢与合作的重要性；柔韧灵活性使得组织能够快速适应变化；而效率协同性则是共生组织高效运转的保障。共生组织不再追求单一的"赢"，而是致力于寻找更广阔的发展空间。它们将顾客和合作伙伴视为平等的主体，共同追求共生共赢和整体利益最大化。为实现这一目标，共生组织需要具备像水一样的灵活性，主动打破边界与其他组织进行协作，与顾客和合作伙伴共同成长并创造价值。

对于企业领导者来说，调整认知至关重要。首先，他们需要打开内部边界，鼓励员工自由流动和创新；其次，要打破外部边界，积极与顾客和其他组织进行合作共创。同时，企业领导者还应聚焦为顾客创造真实价值，将顾客的需求和满意度作为一切工作的出发点。只有领导者改变认知，企业向共生组织的变革才能获得强大的推动力。在了解共生组织的四重境界后，企业家们的实践方向也将变得更加明确和坚定。

引领企业走向共生：调整认知与探索四重境界

在当今这个快速变化的时代，企业领导者必须调整他们的认知，以引领企业向共生组织的变革迈进。这包括两个方面的重要转变：一是要打破内外边界，促进员工、顾客和其他组织的自由流动与合作共创；二是要聚焦为顾客创造实实在在的价值，始终将顾客的需求和满意度置于首位。只有领导者率先改变观念，才能为企业向共生组织的转型提供强大的初始动力。

了解共生组织的四重境界对于企业家来说至关重要，它为企业实践指明了方向。

首先，企业应将共生理念深植于企业文化之中，使之成为日常管理的核心原则。其次，在不确定的商业环境下，虽然绝对的顾客忠诚已不复存在，但企业必须清晰地认识到，顾客仍然是唯一可靠的价值源泉，因此需要始终从顾客的角度出发去思考问题。再次，技术的重视不可忽视，它已成为组织实现共生目标的关键工具。最后，企业家应追求"无我"的领导风格，不仅助力员工成长，还要与顾客和合作伙伴携手共进。

商业的本质在于创造更美好的生活，而"共生"理念则提醒我们回归自然法则，尊重并满足消费者需求的多样性，以此创造价值，让整个价值链上的每一个参与者都能感受到幸福。

如今，跨界能力已成为企业竞争力的重要标志。无论是华为还是小米，都展示了强大的跨界整合能力，从而赢得了市场的广泛认可。对于创业公司而言，若能获得阿里、腾讯等大企业的战略投资，或者得到顺为资本、红杉资本等知名机构的风投，无疑会大大提升其市场影响力。这就是跨界所形成的竞争壁垒。

在选择企业组织形态时，我们应保持一种"自然观"，即尊重和维护物种的多样性。我选择"共生"作为一种未来组织的建设方案，正是因为它保留了组织内外物种的多样性。虽然"共生"只是未来组织形态的一种可能选择，但我坚信它将能够解决企业当前面临的许多问题，并为企业带来更广阔的发展空间。

以海尔为例，其内部的上万个"小微单元"共同构成了一个充满活力的共同体。这些小微单元在海尔的平台上共同发展，不断创新，为海尔的持续发展注入了强大的动力。特别是像卡萨帝这样的高端品牌，正是海尔寻求共生发展的创新典范。

在共生组织中，员工不再只是执行者，而是成了企业的主人。他们享有更多的权利，同时也承担着更大的责任。为了适应这种共生型组织，员工需要不断提升自己的学习能力，尤其是跨界学习的能力。同时，他们还要努力寻找自己能够为企业贡献价值的领域，成为真正的价值创造者。从这个角度而言，"共生"不仅是一种组织形态的选择，更是一种全新的商业哲学。它提醒我们要打破边界、跨界合作、持续学习并创造价值，以此引领企业走向更加美好的未来。

没有心安的福报，都不会长久

"月盈则亏，水满则溢，人骄则败"——这不仅是描绘自然现象的箴言，更是对人们处世哲学的深刻揭示，蕴含着道家思想的精髓。

我们常追求"十全十美"，期望达到完美无缺的境界。然而，在现实中，我们都是普通人，"人无完人，金无足赤"才是常态。

"天道忌满，人道忌全"是一句值得深思的格言。它告诫我们，万事万物都不应追求完美无缺，而应留有余地。这样，我们便能避免走向极端，保持平衡与和谐。

换言之，"物极必反，盛极必衰"是自然界的普遍规律。任何事物，一旦发展到顶峰，便会开始走向衰败。因此，在企业经营中，我们也不应过分追求利润最大化，而应注重可持续发展和平衡。

能多如意，凡事只求半称心

犹太人的智慧宝典《塔木德》中说道："赚钱不要太过贪心。"这实际上与我们的经营哲学不谋而合。

第十六章 万物万联，共生共长 —— 未来的企业不是一台机器，而是一个生态

在经营过程中，我们应遵循吸引力法则，明确目标并持之以恒地追求。但同时，我们也要避免过度用力。因为过度追求往往会导致我们失去平衡，反而无法实现目标。对于企业家来说，"理想中的利润"并非一味追求最大化，而是在保持企业稳健发展的基础上，实现合理的利润增长。

东方思想，特别是以王守仁为代表的心学，为中国企业家提供了一条切实可行的觉醒之路，我将其总结为"合一"的四个层次（见图16-2）。做到这几点，我们才能在追逐利润的道路上勿忘心安。

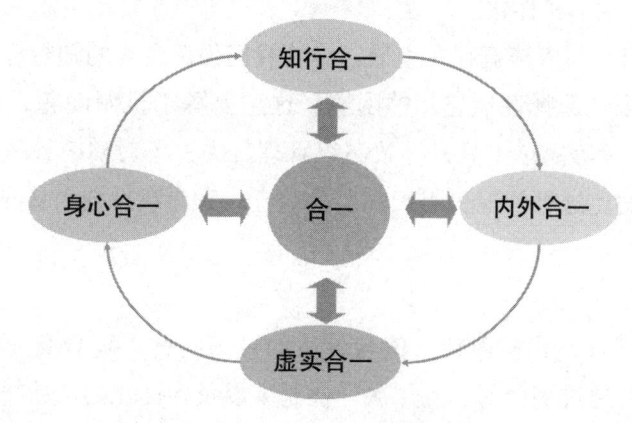

图16-2 "合一"的四个层次

1. 知行合一

王守仁强调知行合一，认为知识与行动是密不可分的。他明确指出："知是行的起始，行是知的成果。"这种理念对于管理者来说，意味着必须将理论与实践紧密结合，以实现真正的进步。

为了避免自我欺骗和自我催眠，高级管理者需要勇敢地面对并接受真实的自我。这是解决"装睡"问题的关键所在。在企业环境中，"装睡"或许容易，但长时间闭眼不看外界变化，最终只会导致落后。

王守仁的知行合一观念提醒我们，任何借口和推脱都是无用的。管理者必须成为自我认知和自我担当的主体，才能真正承担起管理的责任。那种将自己无法完成的事情归咎于过去或外部环境的思维惯性，只是一种逃避现实的心理表现。

因此，企业家的首要任务是认识自己，"遇见"并接受真实的自我。在此基础上，进行自我对标，而非盲目追求与外界的对标。因为当自身情况尚

未清晰时，盲目对标外界只会带来更大的困惑。如今，创新已成为组织发展的常态，很难找到完全可对标的组织。所以，最可行的方法是对标自己，实现自我超越。

2. 内外合一（表里如一）

一个组织的气质和成败，往往反映出其领导者的气质和决策。企业家不仅是企业的代表，更是企业精神的缩影。企业的成功与失败，与企业家的素质和能力密切相关。因此，我们可以说，企业家就是企业本身，企业则是企业家思想和行动的具体化。

然而，组织与人毕竟存在差异。尽管我们强调个人的知行合一，但组织往往容易陷入"选择性遗忘"的困境。这主要源于机制问题，如过度依赖KPI和绩效评价等简单工具，导致高级管理者失去了对高级管理工具的运用能力。为了避免这种情况，组织高层应建立一种自我批判和真诚面对问题的机制。

3. 虚实合一

在商业领域，我们面临市值与价值的平衡问题。随着商业模式的复杂化，我们需要通过多公司、多层次合伙制度以及多样化的产品线来整合大纵深的价值链。然而，这引发了一个问题：商业运行的半径究竟有多大？当行业被完全纳入商业范畴时，价值主体仍在整个价值链中得以体现。但一旦行业超出了商业的边界，价值主体便可能脱节。在创新环境下，这种情况或许可以被接受，但高级管理者仍需平衡价值创造与市值治理，避免商业完全社会化或金融化，从而保持其本质。

此外，生态创新一直是商业发展的重要驱动力。然而，在追求生态创新的同时，我们必须认识到商业和社会的边界，确保商业逻辑符合商业价值规律。想象力在商业创新中至关重要，但更为关键的是学会克制想象力，确保企业在社会化组织方式下稳健运行。生态的价值来源于最大限度的开放与异构，以及利益的均衡分布。

在互联网时代，业务分布在网络的各个端点上，整个网络的价值并非局限于某个具体点。过去的制造业以实体为基础，而互联网和金融的发展引入了虚拟元素。虚拟部分虽然具有吸引力，但过度追求可能导致资源整合的表象、市值炒作和短期套现行为。为实现可持续发展，我们必须平衡虚拟与实体,确保可进可退。

4. 身心合一

成功的企业家往往注重身心兼修。他们通过修行提升自我,从而更好地引领组织。身体是灵魂修行的场所,若连自己的身体都无法修行好,又怎能带领组织走向更高境界呢?

华为等企业的成功并非仅仅依赖于速度和动力,更在于他们对速度的克制和对管理的持续优化。这种克制和管理智慧使得企业能够长期稳健发展。同样,企业家也需要学会克制自己,避免过度劳累,以实现可持续发展。

企业家的最高境界:见自己、见天地、见众生

稻盛和夫先生所倡导的"追求全体员工物质和精神两方面的幸福,同时致力于顾客服务与企业价值的双向提升,以及对社会进步的贡献"这一理念,为我们揭示了企业经营的真谛。企业的使命不仅是其存在的基石,更是所有决策与行动的指南针,确保企业在历史长河中屹立不倒。

商业实践,其实是一场心灵的历练,是对利他思维的不断追求与体悟。那些达到事业巅峰的"家",若要进阶为开宗立派、洞悉真理的"师",便需深谙天地之道,明了人心之所向。这种内外兼修的境界,正是从"小我"走向"大我",从成就自我到成就他人的转变过程,也体现了"认识自我、了解世界、赋能众生"的修行之路。伟大的企业家,不仅引领企业走向协同治理的新高度,更以思想引领者、战略谋划者、实践先行者的多重身份,推动企业长久繁荣,助力国家崛起。

· "见自己"——意味着以改变世界为己任,留下独特的价值观印记。

· "见天地"——象征着在变幻莫测的商海中,成为把握趋势、引领方向的舵手。

· "见众生"——则是在构建卓越商业模式的同时,打造一个能够激发集体智慧、共同成长的组织。

"见自己，见天地，见众生"的三重修炼（见图16-3）

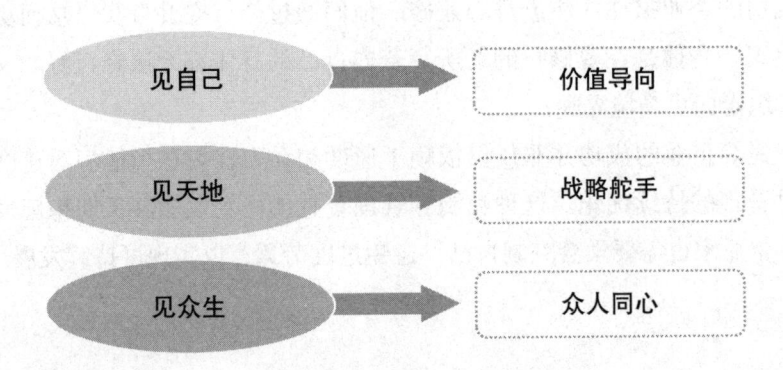

```
见自己  →  价值导向
见天地  →  战略舵手
见众生  →  众人同心
```

图16-3　企业家的三重修炼

1. "见自己"——以清晰的价值观为导向，致力于改变世界并留下深刻的印记

这一境界，指的是企业家以清晰的价值观为导向，致力于改变世界并留下深刻的印记。他们以这样的价值观来引领企业和产品，从而影响整个世界。

乔布斯，这位苹果公司的创始人，就是以改变世界为己任的杰出代表之一。他不仅明确了自己的价值观，更将其贯穿企业经营的每一个环节，从产品设计到市场策略，都体现了他对美和实用的极致追求。乔布斯深知，只有明确并坚守自己的价值观，才能引领企业走向成功，改变世界。

乔布斯的价值观不仅影响了苹果的产品，更影响了整个科技行业甚至全世界。他通过苹果的产品，改变了人们对科技的认知，让科技变得更加人性化、艺术化。他的"不同凡想"（Think Different）理念，鼓励人们跳出框架，勇于创新，这一理念已经远远超越了苹果本身，成为一种全球性的创新精神。

乔布斯对价值观的坚守也体现在他对苹果产品线的精简上。他坚决砍掉了那些不符合苹果价值观的产品，即使它们在当时看起来很有市场潜力。这种对价值观的执着，让苹果能够集中精力打造出真正符合用户需求、引领市场潮流的产品。

在中国，也有许多企业家像乔布斯一样，以明确的价值观引领企业发展。

第十六章 万物万联，共生共长 —— 未来的企业不是一台机器，而是一个生态

"见自己"是企业家达到最高境界的第一步。

2. "见天地"——成为在云谲波诡的商海中洞察先机的战略舵手

在当今这个复杂多变的商业环境中，企业家必须拥有深刻的战略洞察力，才能在云谲波诡的商海中稳稳掌舵。如何在这变幻莫测的海洋中看清航向、把握市场脉动，是对企业家战略智慧的严峻考验。

海尔集团的张瑞敏深知，企业的成功离不开对时代脉搏的准确把握。他在海尔的发展历程中，不断根据市场环境调整战略方向，从名牌战略到多元化战略，再到国际化、全球化品牌战略，每一次转型都彰显了其对市场趋势的敏锐洞察。张瑞敏提出的"人单合一"模式，更是颠覆了传统企业管理理念，将海尔打造成一个以个人价值为核心的生态平台。这种前瞻性的战略思维，不仅引领了海尔在新时代的航行方向，也为整个商业界带来了深刻的启示。

张瑞敏的战略智慧，不仅引领了各自企业的成功发展，也为整个商业界树立了典范。他们深谙"见天地"之道，能够在惊涛骇浪中洞察先机、把握趋势，成为真正的战略舵手。他们的商业实践和战略思想，无疑为后世企业家提供了宝贵的经验和启示。

3. "见众生"——构建卓越商业模式，打造众人同心的制度型组织

1960年，惠普公司创始人帕卡德在一次演讲中深刻指出："公司存在的真正目的并非仅仅为了盈利，而是为了集结众人之力，共同实现对社会的贡献。"这一理念揭示了企业存在的更深层次意义，即聚集人才，共创社会价值。在实现这一愿景的过程中，构建卓越的商业模式和打造制度型组织成为关键。

有了明确的愿景和战略后，企业需要通过制度化的管理来引领人才，激发他们的奉献精神，进而实现企业的终极目标——对社会的全面贡献。在当前人才流动频繁、竞争激烈的商业环境中，企业必须从组织制度建设入手，为人才提供稳定的成长环境。

被誉为"经营之神"的台塑集团创办人王永庆，深知管理制度化的重要性。他强调，规章制度不能简单照搬他人，而应结合企业自身的环境、条件和问题，量身定制。台塑的管理制度设立遵循了切实可行、有法可依和公平公正三大原则，为员工创造了一个公平竞争的工作环境。这种制

度化的管理方式，使工作量和工作品质都得以衡量，为企业稳健发展奠定了坚实基础。

另一位杰出的企业家，京瓷集团创始人稻盛和夫，也在经营制度模式上展现了卓越的智慧。他提出的"阿米巴经营模式"将大组织划分为多个小集体，通过独立核算制度与市场挂钩，培养员工的经营者意识，实现全员参与经营。这一模式在京瓷的实践中历久弥新，成为大企业管理经营的重要参考。

稻盛和夫的经营哲学更是让人深受启发。他总结的"经营十二条"明确了事业的目的与意义、设定具体目标、激发强烈愿望等关键要素，为企业的持续发展提供了有力指导。他强调的"敬天爱人"和"利他经营"理念，更是将企业经营提升到了哲学层面。稻盛和夫不仅是一位成功的企业家，更是一位思想家和哲学家。

企业家的历程是宝贵的财富，他们的修炼和经验需要被深入挖掘并传承给全社会。当前中国拥有众多优秀的企业家，如何更广泛地传播正面的文化价值观，扩大其影响力，让企业家们成长为宗师级别的人物，这是值得我们深思的问题。当企业家经历"见自己、见天地、见众生"的三重修炼后，他们将兼具思想家、战略家和实践家的身份，成为能够深刻影响商业世界乃至整个社会的宗师。

大师们的故事虽然结束了，但他们对世界的影响才刚刚开始。而企业家的境界，不仅是在商海中乘风破浪，更是在人生的旅途中不断探寻、成长与超越。若想达到这一境界的企业家，已然超越了我们单纯的商业追求，或许我们这一生都无法在财富与地位上与这些伟大的企业家比肩，但我们同样可以用智慧、勇气和担当，书写着属于自己和时代的传奇。

总归一句话，企业家认知决定了他的行为，而他的行为又决定了企业的未来。回顾过去，是为了更好地走向未来。无论是见自己、见天地，抑或是见众生，人生的每一次遇见，每一次成功和失败，都是我们学习和成长的机会。只有深入了解自己的过去，反思自己的行为，才能从优秀迈向卓越，从一个成功走向另一个成功；在不确定的未来做好确定的事，在危机中找到转机，在危难到来时置之死地而后生。

第十六章 万物万联，共生共长 —— 未来的企业不是一台机器，而是一个生态

企业报国：修身、齐家、治国、平天下

杰克·韦尔奇在其自传中的《企业与社会》一章中深刻阐述："我认为一个强大、有竞争力的公司才能对整个社会负起责任。只有健康的企业才能提高并丰富人类及其社区的生活。一个强大的公司，不仅仅通过纳税这一主要方式服务于社会，它更为全球提供了各种便利条件，增进了安全和环境的标准化。强大的公司会再投资到人力和设备中。健康发展的公司提供良好而稳定的工作，职员可以获得充足的时间、精力和各种资源，成倍地回报给社会……"

这一理念与古人的智慧不谋而合，正如那句古训所说："欲明明德于天下者，必先治国；欲治国者，必先齐家；欲齐家者，必先修身；欲修身者，必先正心；欲正心者，必先诚意；欲诚意者，必先致知；致知在于格物。"从古至今，无论东方还是西方，管理的核心理念都是相通的。

重视人心，成就他人，勇于担当，回馈社会是企业永续经营的基石

"修身、齐家、治国、平天下"，这句源自《礼记》的箴言，在朱熹编订四书时被纳入《大学》开篇，成为历代读书人的精神纲领。在宋明理学的推崇下，这句话更是被无数士人视为毕生的理想追求和信仰。

跨越千年，诸多杰出人士对"修、齐、治、平"的人生四大目标进行了深刻的阐释与实践。如《易经》所云"天行健，君子以自强不息；地势坤，君子以厚德载物"，体现了君子修身的不懈追求；孟子则强调"富贵不能淫，贫贱不能移，威武不能屈"，以及在得志与失意时的不同处世态度；诸葛亮在《诫子书》中提出的"静以修身，俭以养德"，更是将修身与养德紧密相连。这些思想都凸显了个人修养与伦理道德的重要性。

简而言之，就是要有真才实学，才能担当重任。正如俗语所说："没有金刚钻，别揽瓷器活。""你想给人一碗水，先得自己有一桶水。"这是对

个人能力与责任的一种朴素而深刻的阐释。

如今，我们将"修齐治平"融入现代企业经营伦理中。企业伦理，又称为商业伦理，它关注的是企业在处理内外部关系时应遵循的道德规范和行为准则。这涵盖了企业家与员工之间、企业与投资者、客户、供应商、竞争者以及更广泛的社会和环境之间的关系。它涉及多个方面，包括生产服务、管理、营销、竞争伦理以及企业社会责任等。

中国传统文化中的"修齐治平"理念与现代企业伦理有着异曲同工之妙（见表16-1）。

表16-1 将"修齐治平"运用到现代企业经营中

将"修齐治平"运用到现代企业经营中	
修身	修身是指个人在道德和人格上的自我提升与完善。在经营中，这意味着我们需要身心健康，具备健全的人格，并通过不断提升自己的专业知识、工作能力、职业操守和人际关系等综合素质，以最大化地实现个人在企业中的价值
齐家	齐家是建立在修身基础上的管理实践。对于企业管理者来说，他们需要承担起团队的管理职责，这涉及团队管理、项目管理和时间管理等多个方面。同时，齐家也提醒企业家要平衡好工作与家庭的关系，因为家庭是事业的坚实后盾。一个成功的企业家，也应该是一个对家庭负责的人
治国	"治国"可以理解为企业家自身及企业员工都应承担起推动企业发展的责任。无论是基层员工还是管理层，都应深刻理解并认同企业的文化、目标和战略，积极参与并推动企业愿景的实现。因为企业的成功是个人职业发展的基础，每个员工都有责任为企业的更好发展贡献自己的力量
平天下	这是企业经营的最高境界，体现了企业的社会责任。对于企业家和职场人士来说，"平天下"意味着要超越个人和企业的局限，关注更广泛的社会和环境问题。例如，环境问题、自然灾害、社会冲突等全球性问题都与每个人息息相关。企业需要积极参与社会公益事业，关注环境保护，推动社会的经济、文化、法制和道德进步。这样，我们才能共同创造一个更美好的社会和生活环境，这也是每一位企业家和职场人士应尽的责任

《易经》里面多次提到一句话："自天佑之，吉无不利。"它提醒我们，面对任何困难和挑战，我们都不应依赖外部的救援或保佑，而应该依靠自身的努力和智慧去解决问题。当我们顺应自然规律，积极面对，勇往直前，我们就会发现，最强大的力量，其实就蕴藏在我们自己心中。

最后，送给企业家朋友们一句话"危机让我们兵不卸甲，利他使企业基业长青"，共勉之。

附录

王昂商业思考警句

1. 我帮你赚钱，我教你赚钱，我让你赚更多的钱，不让你们掏一分钱，我还不分一分钱。
2. 雇员靠老板赚钱，小商人靠机会赚钱，企业家靠系统赚钱，投资家靠钱赚钱。
3. 这辈子只做镰刀，不做韭菜。
4. 全世界最顶尖的人都在做两件事：一是建立顶尖的系统；二是寻求顶端的人才，继续优化系统。
5. 我只要一个亿的百分之十，不要一千万的百分之百。
6. 量大才是致富的关键。
7. 我如果拓客一定是线上，如果引流一定也是线上。
8. 投入一百万，用百分之七十引流。
9. 危机是普通人看到的产物，商机是高手看到的机会。
10. 老板必须做的三件事：

    业务力：人从哪里来？钱从哪里来？

    组织力：事情谁来干？

    机制力：钱怎么分？
11. 流量入口决定企业存亡。
12. 把流量入口做起来，企业就有一万种赚钱的方法。
13. 销售不好就是曝光率不够。
14. 产品好不是赢家，会卖的才是赢家。
15. 上游拿货是收账，下游拿货是现金。
16. 集中精力干一件事，就是圈人；只要有人有流量，什么事情都可以做成。一看都是人，做啥都能成。

17. 老板抓住三大现金流市场：消费市场卖会员、创业市场卖模式、资本市场卖股权。

18. 我这辈子只想把盘子搞大，赚钱是迟早的事。

19. 基础员工看眼前，忠诚管理看明天，核心股东看未来。

20. 你们看到的一切都是我想让你看到的，你们想听到的都是我想让你听到的，所有的一切都是我精心策划的。

21. 搞钱的核心就是分钱：只要把钱分好，企业就能做好；只有把钱分了，才能把生意做好。